やわらかアカデミズム・〈わかる〉シリーズ

よくわかる
企 業 論
第2版

佐久間信夫 編著

ミネルヴァ書房

■よくわかる企業論［第2版］

　本書の初版が出版されたのは2006年6月であった。それから10年が経過し，企業とそれを取り巻く経済・社会環境も大きく変化した。とくに国際的な政治・経済を巡る環境の変化がきわめて大きかった。

　当時は新興国としてブラジル，ロシア，インド，中国のいわゆるブリックス（BRICs）が注目され，資源価格高騰を背景に，将来これらの諸国が世界経済を牽引することになるであろうと考えられていた。しかし，シェール革命や中国の経済失速等により，今日ブラジルとロシアの経済は見る影もないほど低迷している。またリーマン・ショック後の世界経済不況，押し寄せるシリア難民の中で動揺が続くEU諸国，イギリスのEUからの離脱とそれが引き起こした世界金融市場の激震など，近年の経済変動は以前よりはるかにグローバルで，その振れ幅も大きなものとなっている。

　日本企業もこれらの激変の波を免れることができないのはもちろん，金融市場を通し瞬時にその衝撃の中に巻き込まれる。グローバルなステークホルダーの企業への要求もますます強くなってきている。今や企業は世界経済の荒波の中で安定や成長を求めステークホルダー志向の経営に努めなくてはならないのである。

　他方，現代企業はイノベーションの嵐にもさらされている。ドローンやアシストスーツなどのロボット技術，iPSをはじめとする再生医療技術などの導入が広がっているのは周知の事実である。フィンテック（金融IT）やIoT，AIなどの技術は業種を超えた企業連携を促進し，世界各地で異業種提携やM&Aが進んでいる。民泊を初めとするシェアリング・エコノミーの進展は新しいビジネスモデルの構築というよりは，むしろ従来のビジネスのあり方そのものを変えつつある。

　企業を取り巻くグローバルな環境変化はその振れ幅もますます大きくなり，また企業内のイノベーションは従来経験したことのないスピードと質的変化で企業に浸透しつつある。

　企業はグローバルな経済・社会環境の変化と，自らのイノベーションに起因する内部環境の変化の中にある。本書は，初学者のためのテキストとして編集されたものであるが，本書から企業論の基礎的な知識と理論を学び，激しく変化する現実の企業を理解し，企業の将来を展望するのに役立てて頂ければ幸いである。

2016年7月

編　者

もくじ

■よくわかる企業論［第2版］

はじめに

第1部　企業形態の展開と株式会社

I　現代企業の諸形態

1　企業の法律形態と経済形態 ……… 2
2　企業形態展開の原理 …………… 4
3　日本における会社の種類（1）：個人企業，合名会社，合資会社 … 6
4　日本における会社の種類（2）：株式会社，合同会社 …………… 8

II　公企業と公益事業

1　公企業の定義・役割と経営形態 … 10
2　公企業の改革と課題 …………… 12
3　公益事業の定義と特質 ………… 14
4　公益事業の現状と課題 ………… 16

III　株式会社の発展と支配，統治

1　株式会社の発展と経営機能の分化 … 18
2　大規模株式会社の経営者 ……… 20
3　大規模株式会社の支配 ………… 22
4　企業支配から企業統治へ ……… 24

第2部　企業と社会

IV　企業とステークホルダー

1　ステークホルダーの定義と理論研究 …………………………… 28
2　企業とステークホルダーの具体的な関係 ……………………… 30
3　社会的課題事項と社会的責任 … 32
4　日本における企業とステークホルダーの関係 ………………… 34

V　CSRをめぐる理解（1）：理論編

1　CSRとは何か …………………… 36
2　CSRの歴史的展開と関連分野 … 38
3　CSRの理論的視座と実証研究 … 40
4　CSRの新動向：社会的課題と企業の役割 ……………………… 42

Ⅵ　CSRをめぐる理解（2）：実態編

1. CSRの国際的動向 ……………… 44
2. ソフトローとしてのCSR国際規格 ……………………………… 46
3. CSR報告の現状と課題 ………… 48
4. ステークホルダー・エンゲージメントの実践と課題 ……………… 50

Ⅶ　企業倫理の理論と実際

1. 企業倫理の意義 ………………… 52
2. アメリカの企業倫理 …………… 54
3. 日本の企業倫理 ………………… 56
4. 企業倫理とリスクマネジメント ……………………………… 58

Ⅷ　CSRと環境経営

1. 環境経営の類型と発展 ………… 60
2. 持続可能型の環境経営とは …… 62
3. エコプロダクツのマネジメント ……………………………… 64
4. 環境会計 ………………………… 66

第3部　株式会社の機関とコーポレート・ガバナンス

Ⅸ　日本のトップ・マネジメント組織とコーポレート・ガバナンス

1. 株式会社の機関とコーポレート・ガバナンス ……………… 70
2. 株式所有構造の変化と株主総会 … 72
3. 取締役会改革と執行役員制 …… 74
4. 指名委員会等設置会社（委員会設置会社）と監査等委員会設置会社 ……………………………… 76

Ⅹ　アメリカのトップ・マネジメント組織とコーポレート・ガバナンス

1. アメリカのトップ・マネジメント組織の構造 ………………… 78
2. 株主総会と機関投資家の活動 … 80
3. 取締役会の特徴と問題 ………… 82
4. エンロン破綻以降のコーポレート・ガバナンス改革の特徴 …… 84

Ⅺ　ドイツのトップ・マネジメント組織とコーポレート・ガバナンス

1. 労資共同決定制度と会社機関構造 ……………………………… 86
2. 監査役会改革 …………………… 88
3. 資本市場改革とコーポレート・ガ

バナンス……………………………90

　4　銀行を中心とする企業間関係の
　　　解消……………………………92

XII　市場および監督機関とコーポレート・ガバナンス

　1　会社支配権市場とコーポレート・
　　　ガバナンス……………………94

　2　機関投資家とコーポレート・ガバ
　　　ナンス…………………………96

　3　証券取引所および金融庁の上場規
　　　則とコーポレート・ガバナンス…98

　4　監査法人とコーポレート・ガバナ
　　　ンス……………………………100

第4部　新しい価値を追求する企業

XIII　BOPビジネス

　1　BOPビジネスの概要……………104

　2　BOPの特徴……………………106

　3　インドにおけるBOPビジネスの
　　　方法と事例……………………108

　4　日本企業のBOPビジネスの事例…110

XIV　社会的企業

　1　社会的企業とソーシャル・イノベー
　　　ション…………………………112

　2　ソーシャル・ビジネス：社会的
　　　企業の事業領域………………114

　3　社会的企業の組織形態………116

　4　社会的企業の資金調達手段……118

XV　長寿企業のビジネスモデル

　1　日本の長寿企業………………120

　2　近江商人の三方よし経営………122

　3　ファミリービジネスの永続性……124

　4　伝統を受け継ぐ長寿企業………126

XVI　長寿企業の進化

　1　リビングカンパニーの概念……128

　2　リスクマネジメントの最適化……130

　3　新たな競争軸と誠実な経営……132

　4　持続的発展企業の組織能力……134

XVII　NPO経営

　1　NPOとはなにか………………136

　2　NPOの類型とNPO法人の活動
　　　…………………………………138

　3　NPO法人の経営………………140

　4　NPO法人のパートナーシップ戦略…142

XVIII 新しい出資形態と企業

1. 公共サービスの民営化とPFI……144
2. コンセッション方式：新たなPFIの方式……146
3. クラウドファンディング：群衆からの資金調達……148
4. プロボノ：専門知識を活かした社会貢献活動……150

第5部　経営戦略の理論と実際

XIX 経営戦略

1. 経営戦略とは何か……154
2. 経営環境と企業の関係……156
3. 企業ドメイン……158
4. 経営資源と事業の多角化……160

XX 競争戦略

1. 競争を優位に進める視点……162
2. 業界を分析する……164
3. 3つの基本戦略……166
4. 市場地位別の競争の定石……168

XXI M&A戦略

1. M&Aの概念と類型……170
2. M&Aの目的……172
3. 敵対的企業買収と買収防衛策……174
4. M&Aの動向と特徴……176

XXII 戦略的提携

1. 戦略的提携の意義……178
2. 戦略的提携の類型……180
3. 多国籍企業の戦略的提携……182
4. 戦略的提携の課題……184

第6部　中小企業とベンチャービジネス

XXIII 日本の中小企業の現状と課題

1. わが国における中小企業……188
2. 戦後の中小企業の歴史的背景……190
3. 中小企業の多様性……192
4. 問題性中小企業と完全機能型中小企業……194

XXIV 日米のベンチャービジネス

1. ベンチャービジネスとは……196

2 アメリカのベンチャービジネスの特徴 …………………… *198*

3 日本のベンチャービジネス …… *200*

4 ベンチャービジネスとイノベーション ………………………… *202*

XXV 中小企業とIT

1 中小企業にとってITとは何か… *204*

2 発展段階説から見た中小企業のIT ………………………… *206*

3 ナレッジマネジメントと中小企業 ………………………… *208*

4 ビッグデータ時代への展開 …… *210*

さくいん ………………………… *212*

第 1 部
企業形態の展開と株式会社

guidance

　企業形態の展開をめぐっては近年2つの大きな流れがみられる。1つは，日本においても合同会社（LLC）や有限責任事業組合（LLP）のような新しいタイプの企業形態が認められるようになったことである。これらの企業は資本以外の特許や技術などを拠出して企業を設立することができるという点で，従来と全く発想を異にする企業である。知的財産が資本以上に重要な経営資源となってきた時代を反映するものということができる。

　もう1つの流れは，共産主義経済体制の崩壊により東欧やロシアなどで国有企業の民営化が進められたが，日本やヨーロッパにおいても国有企業が次々に民営化されていることである。日本ではNTT，JR，そして日本郵政などの巨大企業が民営化によって誕生したが，民営化の背景やプロセス，そして成果などが検討されなければならないであろう。

　第1部では企業形態の発展の歴史や公企業，公益事業の経営原理などとともに近年のこうした動向について学ぶ。

I 現代企業の諸形態

企業の法律形態と経済形態

1 法律形態と経済形態

企業は，広義には継続的に経済活動を行う組織体と定義することができる。企業の形態には法律形態と経済形態とがある。法律形態は民法や商法に規定されている形態で，大きく個人企業，組合企業，会社企業に分けることができる。組合企業には民法上の組合と匿名組合があり，会社企業には**合名会社**，合資会社，**有限会社**（日本では2005年の会社法で廃止された），**株式会社**，**相互会社**，**合同会社**などがある。

これに対して企業の経済形態は出資者の構成や出資と経営のあり方などから類型化されたものである。企業の経済形態は出資者が民間の私人であるか，あるいは国や地方公共団体であるかによって，大きく**私企業**，**公企業**，**公私合同企業**の3つに分けることができる。私企業は出資者が単独かあるいは複数かによって，単独企業と集団企業とに分けることができる。単独企業は個人企業とも呼ばれている。

2 集団企業の種類

集団企業はさらに出資者が少数か多数かによって少数集団企業と多数集団企業とに分けることができる。少数集団企業は少数の出資者が全員経営を担当する第1種少数集団企業と，出資者が経営を担当する出資者と経営を担当しない出資者から構成される第2種少数集団企業とに分けることができる。第1種少数集団企業は人的集団企業，第2種少数集団企業は混合的集団企業とも呼ばれている。

多数集団企業は，経営活動から利潤を獲得することを目的として設立される，営利的多数集団企業と，経営活動から生まれた成果を自ら利用することを目的として設立される非営利的（第2種）多数集団企業に分類することができる。これらの経済形態はそれぞれ法律形態と対応している。

3 協同組合

民間の出資によって設立された企業であるが営利を目的としないのが協同組合である。協同組合の歴史は1844年にイギリスのロッチデールで労働者によって設立された「ロッチデール公正開拓者組合」に始まる。協同組合は相互扶助

▷**合名会社**
⇨Ⅰ-3「日本における会社の種類（1）」
▷**有限会社**
⇨Ⅰ-4「日本における会社の種類（2）」
▷**株式会社**
⇨第Ⅲ章「株式会社の発展と支配，統治」，Ⅰ-4「日本における会社の種類（2）」
▷**相互会社**
⇨Ⅰ-4「日本における会社の種類（2）」
▷**合同会社**
⇨Ⅰ-4「日本における会社の種類（2）」
▷**私企業**
私企業は営利を目的として民間の出資によって設立された企業である。
▷**公企業**
公企業は公益性の高い事業領域や営利活動になじまない事業領域において，国や地方公共団体が自ら企業活動を営むものである。⇨第Ⅱ章「公企業と公益事業」
▷**公私合同企業**
公私合同企業には政府と民間が共同出資する政府公私合同企業と，地方自治体と民間が共同出資する地方公私合同企業とがあり，後者は一般に第3セクターと呼ばれている。

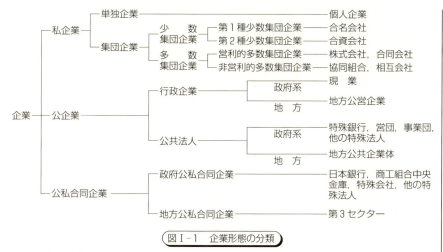

図 I-1　企業形態の分類

出所：鈴木岩行「企業の諸形態」佐久間信夫・出見世信之編著『現代経営と企業理論』学文社，2001年，3頁を一部修正。

ではなく，労働者の自助をその理念としている。**ロッチデール経営原則**は今日でも，日本を含む世界の協同組合で受け入れられている普遍的な原則である。

❹ 公企業と公私合同企業

公企業には国や地方公共団体の行政組織そのものが事業活動を行う行政企業と国や地方公共団体が100％出資して法人を設立し事業を営む公共法人とがある。行政企業や公共法人においては，経営の裁量の幅を拡大することや競争の促進および効率性の追求という観点から，近年独立行政法人への転換や民営化が進められている。

公共性の高い事業領域に利潤追求を目的とする私企業が参入した場合，公共性が損なわれる恐れがあることから，従来このような事業領域は公企業が担ってきた。しかし，その一方で，公企業の経営はきわめて非効率であるため，公私の共同出資によって公共性と効率性を同時に実現するために設立されたものが**第3セクター**である。しかし，現実には，多くの第3セクターが地方自治体への財務的依存体質を脱却することができず，巨額の赤字をかかえ倒産や解散が相次ぐ事態となっている。とくにリゾート開発や地域開発を目的とした会社，鉄道会社などで経営危機が深刻化しており，第3セクターの約半数は経営不振に陥っている。

▷ロッチデール経営原則
ロッチデール公正開拓者組合が打ち出した8つの経営原則で，国際協同組合同盟も，今日ほぼこの原則を踏襲している。①民主的運営，②自由加入制，③出資に対する配当金の固定的制限，④剰余金の分配に当たっての購買高比例法，⑤現金売買，⑥純粋な品質の商品に限っての販売，⑦教育のための積み立て，⑧政治上・宗教上の中立。（小松章『企業形態論〔第3版〕』，新世社，2006年，261-264頁）。

▷第3セクター
⇨ II-1「公企業の定義・役割と経営形態」

I　現代企業の諸形態

 企業形態展開の原理

1　規模の拡大と支配の統一

　企業は常により大きな資本を集め，大規模化することを要求されている。それは規模を拡大すればするほど，**規模の経済**を追求することができるため，単位製品当たりの生産コストを低下させることができるからである。企業は常に激しい競争にさらされているため，生産コストを引き下げる努力を怠れば，競争に敗れ市場から淘汰されてしまう。

　より多くの資本を集めるためには出資者の数を増加させればよいが，多くの出資者が経営に参加することは統一的な支配の維持（＝意思決定の統一）を難しくする。より大きな資本を集めること，および統一的な支配を維持することという２つのお互いに矛盾する要求を企業は同時に満たしていくことを要求される。企業形態はこの相矛盾する２つの要求を同時に満たす装置として展開されてきた。

2　中世イタリアにおける企業形態の展開

　中世のイタリアの商業都市で始めて形成されたソキエタス（societas）は複数の個人が出資する，今日の合名会社形態に相当するものである。ソキエタスは単独出資よりも多くの資本を集めることができる。この企業形態は出資者すべてが**無限責任**を負い，話し合いによって企業の意思を統一する，すなわち企業経営に参加する形態であるが，この企業形態のままでは出資者数をあまり拡大することができない。出資者全員が経営に参加する形のままで出資者が増加した場合には，企業の統一的な支配の維持ができなくなるのである。ソキエタスという資本集中の枠組みがネックとなってそれ以上の資本集中は不可能となるのである。

　そこで，企業の統一的支配を維持しながら，より一層の資本集中を可能にするコンメンダ（commenda）という企業形態が創出されることになった。コンメンダは無限責任出資者のほかに，経営に参加しない**有限責任**出資者を有する企業形態である。無限責任出資者による支配という形を維持したまま，支配に参加しない有限責任出資者の出資分だけ資本を拡大することができる。コンメンダは今日の合資会社に相当する企業形態であるが，この形態も一定の資本集中の拡大を達成した後，その資本集中の枠組みそのものがネックとなって，そ

▷**規模の経済**（economies of scale）
資本や労働といった生産要素の投入を増加させていくと，要素全体の増加率よりも高い割合で収益が増加すること。したがって規模の大きな企業であるほど収益率が高くなる。⇨ⅩⅪ-2「M&Aの目的」も参照。

▷**無限責任**
会社が借金を返済できなくなった時，会社に出資している者が会社の借金まで払わなければならない責任のこと。会社が倒産した場合，無限責任社員はその持分はゼロになるだけでなく，会社の借金に対しても弁済しなければならない。

▷**有限責任**
自らの出資額以上には責任を問われないこと。会社が倒産した場合，有限責任社員は自らの出資を回収することができないが，それを超える支払い義務はない。

れ以上の資本集中が不可能となる。

3 株式会社

　このように2つの相矛盾する要求を満たしつつ企業形態は展開してきたのであるが，最高度の資本集中形態として創出されたのが株式会社である。株式会社は全出資者を有限責任とし，資本を小額の株式に分割（資本の証券化）したため，資本集中の可能性を飛躍的に高めることができるようになった。株式会社においては無限責任出資者がいなくなったため，会社の第三者に対する責任，とりわけ債権者に対する責任を誰が引き受けるのかということが問題になる。株式会社では，**株主総会**，**取締役会**などの機関を設置し，これらの機関が第三者に対する責任を引き受けることによってこの問題を解消した。また，株式会社は会社の規模が大きくなるため，合名会社や合資会社と比べて会社そのものの信用が増大すると考えられている。株式会社では支配の統一は株主総会を通して実現される。すなわち，原則として一株につき一票の議決権が与えられ，多数決によって企業の意思が決定される。

　また，株式は自由に譲渡することが認められているため，出資金の回収も容易であり，このことも出資の決断をさせやすくし，資本集中に役立っている。

　株式会社では経営は取締役によって担当される。取締役は必ずしも出資者すなわち株主である必要はない。株式会社においては，合名会社，合資会社と異なり，経営の担当者が出資者である必要がないため，経営の専門的知識や能力を持つものを広く探し，取締役として任命することができる。大規模な株式会社では，大株主（所有者）ではない経営者が経営を担当するのが一般となっている。大株主，すなわち企業の所有者である経営者が所有経営者（owner manager）と呼ばれるのに対し，所有者でない経営者は**専門経営者**と呼ばれる。また，このように，所有者（＝大株主）と経営の担当者が別の人物になることを**所有と経営の分離**（＝出資と経営の分離）と呼ぶ。

　全出資者の有限責任制と資本の証券化は株式会社の2大特質といわれているが，資本が証券化され譲渡が自由になったことによって株式会社の資本集中機能は飛躍的に高まった。したがって，株式会社がその資本集中機能を十分発揮できるようになったのは，証券取引所やそれに伴う法律や制度が整備された18世紀後半以降のことになる。株式会社制度そのものは1600年にイギリスの東インド会社において初めて登場した（ただし，今日の株式会社制度により近いものは1602年のオランダの東インド会社が最初であるといわれている）が，株式会社がその機能を本格的に発揮したのは証券市場が整備されて以降のことになる。

▷**株主総会**
⇨ Ⅸ-2「株式所有構造の変化と株主総会」
▷**取締役会**
⇨ Ⅸ-3「取締役会改革と執行役員制」

▷**専門経営者（professional manager）**
企業が大規模になると経営には高度な専門知識や能力が必要になる。このような専門知識や能力は高度な教育によって修得されることが多いが，大株主ではないが，このような専門知識や能力のゆえに経営者となった人物は専門経営者と呼ばれる。

▷**所有と経営の分離**
所有者（大株主）が経営を専門経営者に任せるようになると企業の所有者と経営者が別の人物になり，所有と経営が分離する。

【参考文献】
植竹晃久『企業形態論』中央経済社，1984年。

I　現代企業の諸形態

 # 日本における会社の種類（1）：個人企業，合名会社，合資会社

1　会社法制定

かつて日本の会社形態は商法のほか有限会社法やさまざまな特例法の中で規定されてきた。また商法の条文はカタカナ文字で書かれているうえ，文章も古い形式が用いられており，改正が求められていた。こうしたさまざまな法律の中に散らばっていた条項を1カ所にまとめ，この中に一体化する取組みが続けられ，2006年に「会社法」として施行された。「会社法」制定の主な目的の1つは，会社の設立を容易にすることである。そのために，これまでの**最低資本金制度**を廃止し，1円でも会社を設立できるようにした。また有限会社は廃止し，株式会社に一体化した。さらに新たに合同会社（Limited Liability Company: LLC）という会社形態も創設されることになった。会社の設立を容易にし，中小企業を中心に**新規開業率**を引き上げ，経済の活性化と雇用拡大につなげようとする意図がある。このように会社法の制定によって，日本における会社の種類にはいくつかの変化が生じた。

2　個人企業

初めに，会社の範疇には入らないが，数としては日本で最も多い企業である個人企業を取り上げる。個人企業は出資者が1人の企業であり，個人の財産を資本として用い，出資者が自ら経営を担当する企業である。出資者が1人であるので出資規模には初めから限界がある。企業の経営は出資者自らが担当するため，経営能力にも限界がある。金融機関などからの借り入れは，出資者の個人的信用をもとに行われる。つまり，企業が返済不能に陥った場合には，出資者が責任を持って返済するということを前提に融資が行われるため，融資額はそれほど大きいものにはなり得ない。出資者は無限責任を負う。個人企業においては，出資者の個人的財産と企業の資本との区別が明確でないことが多い。

3　合名会社

個人企業よりも多くの資本を集めるためには，出資者を複数化することが必要である。出資者の集団は一般に「会社」と定義される。

合名会社は，2人以上の**社員**が出資することにより設立される。会社の負債に対しては，社員全員が連帯して無限責任を負い，社員全員が会社の経営を担

▷**最低資本金制度**
1991年から最低資本金制度が導入され，株式会社の設立には1000万円以上の資本金の払い込みを必要とすることになった。しかし，2006年に施行された会社法においては最低資本金制度が撤廃され，1円でも株式会社の設立が可能になった。

▷**新規開業率**
既存の企業数に対して新しく企業を設立した数の比率。日本では1986年までは，新規開業率が廃業率を上回っていたため，企業数が増加していたが，86年を境に新規開業率が廃業率を下回り，企業の数が減少し続けている。

▷**社員**
会社における出資者は法律上「社員」と呼ばれる。一般には社員は従業員のことを示すことが多いので，注意が必要である。

▷**無限責任社員，有限責任社員**
無限責任社員は経営を担当する義務と責任を持ち，会社を代表する。これに対して有限責任社員は経営を担当したり，会社を代表する権限を持たない。有限責任社員は経営を監視する権限だけを持つ。無限責任社員がその持分を譲渡する場合にはほかの無限責任社員全

当する義務と権利を持つ。

出資者が複数になると支配の統一を維持することが問題になるが，合名会社では出資者全員の話し合いによって支配の統一が図られる。社員の出資持分を第三者に譲渡する場合には，ほかの社員全員の承諾を必要とする。会社の経営や負債に対して全社員が連帯して責任を持つことから，社員同士の人間的信頼関係が重視され，社員は血縁関係にある人やきわめて親しい人で構成されるのが普通である。出資者は信頼関係にある人だけに限られるので，出資者の数が多くなることはない。

表 I-1　会社の種類別特色

		株式会社		合同会社	合資会社	合名会社
出資者	名　称	◎株主	◎株主	◎社員	◎社員	◎社員
	責　任	◎出資の義務にとどまり会社の債権者に対しては責任を負わない	◎出資の義務にとどまり会社の債権者に対しては責任を負わない	◎出資額を限度として責任を負う	◎無限責任社員―会社の債権者に直接無限の責任を負う ◎有限責任社員―出資額を限度として直接責任を負う	◎会社の債権者に直接無限の責任を負う
	員　数	◎1名以上	◎1名以上	◎1名以上	◎無限責任社員と有限責任社員1名以上	◎1名以上
	譲渡制限	◎原則譲渡自由	◎譲渡につき会社の承認が必要	◎他の社員全員の承諾が必要	◎無限責任社員―他の社員全員の承諾が必要 ◎有限責任社員―無限責任社員全員の承諾が必要	◎他の社員全員の承諾が必要
運営	意思決定 最高	株主総会	株主総会	総社員の同意	総社員の同意	総社員の同意
	意思決定 重要な業務	取締役会	取締役会	総社員の過半数（ただし兼務執行社員を定めたときはその者の過半数）	無限責任社員の過半数（ただし業務執行社員を定めたときはその者の過半数）	総社員の過半数（ただし業務執行社員を定めたときはその者の過半数）
	意思決定 業務執行	代表取締役	取締役（取締役会設置は任意）			
	取締役数	◎取締役―3名以上 ◎代表取締役*1―1名以上	◎取締役―1または2名以上（代表取締役設置は任意）	機関は不要（組合的規律）		
	任　期	◎2年以内*2	◎10年以内			
	監査役	◎1名以上*3	◎任意			

（注）　1：委員会設置会社では代表執行役。
　　　　2：委員会設置会社では任期1年。
　　　　3：委員会設置会社にはなし。代わりに監査委員会がある。
（引用者注）　委員会設置会社は2015年改正会社法で指名委員会等設置会社に名称が変更された。
出所：岸田雅雄『ゼミナール会社法入門』日本経済新聞社，2006年，50頁。

4 合資会社

合資会社は，経営に参加しない出資者という新しい種類の出資者を作り出すことによって，出資者数を拡大しつつ支配の統一の維持も同時に図ろうとする企業形態である。経営に参加しない，すなわち，企業の支配権を放棄する出資者には無限責任を免除するという誘因が与えられる。したがって，合資会社は会社の支配権を持つ（経営を担当する）**無限責任社員**と会社の支配権を持たない（経営を担当しない）**有限責任社員**の2種類の出資者から構成される企業形態である。

このように合資会社は有限責任を条件に出資する個人が加わる分だけ，出資者の数が拡大することになるが，合資会社は出資金を返還する制度を持たないため，有限責任出資者は，いったん出資してしまった資金を回収することがきわめて困難になる。

員の承諾を必要とする。合資会社も個人的信頼関係に基礎を置いている。

▷1　出資者が資金を回収しようとするならば，出資の肩代わりをする新たな出資者を自ら探さなければならないが，これはきわめて困難である。したがって有限責任という新たな出資形態を創始したとはいえ，合資会社の出資規模にも自ら限界がある。

I 現代企業の諸形態

日本における会社の種類（2）：株式会社，合同会社

1 株式会社

日本では，株式会社は，以前は7人以上の発起人によって設立されることになっていたが，1991年からは1人でも設立できるようになった。

日本の大規模な**公開会社**には，監査役会設置会社と指名委員会等設置会社，監査等委員会設置会社の3つのタイプがある。監査役会設置会社は株主総会，取締役会，監査役会，代表取締役などの機関が法律で設置を義務づけられており，指名委員会等設置会社は株主総会，取締役会，執行役，代表執行役などが設置を義務づけられている。監査等委員会設置会社は取締役会に監査等委員会の設置が義務づけられており，取締役会，代表取締役などの機関を持つものである。これらの機関の役割については第3部で説明する。

2 有限会社の廃止

2005年の会社法では，従来会社数として最も多かった有限会社が廃止され，株式会社に一本化された。株式会社が大規模な企業のために設けられた企業形態であるのに対し，有限会社は中小規模の企業のために設けられた企業形態であった。有限会社は株式会社の利便性を中小規模の会社にも取り入れようとする目的で設けられた。したがって株式会社と同じような機関を持つが株式会社よりいっそう利便性の高いものとなっていた。たとえば，有限会社では，取締役は1名以上置けばよく，任期についての制限はなかった。代表取締役および監査役を置くかどうかは任意であった。

従来の有限会社は原則として会社法上の株式会社として存続することになったが，従来通り有限会社の商号を用いることもできる。この会社は，株式会社であるにもかかわらず，有限会社の名称がついているため，特例有限会社と呼ばれることになり，一部において会社法の適用が除外されることになった。

また，会社法では**会計参与**という新しい機関を設けることが可能になった。

3 相互会社

相互会社は保険事業を営む企業だけに認められた会社形態であり，日本の大手生命保険会社はほとんど相互会社形態によって設立されてきた。相互会社は，保険加入者が保険料として拠出した資金をためておき，万が一事故にあった加

▷**公開会社**
従来，株式市場に株式を上場している会社を公開会社と呼んできた。これに対し2005年の会社法では，すべての株式に譲渡制限を設けているのではない会社を公開会社と定義した。定款ですべての株式に譲渡制限を設けている「株式譲渡制限会社」を「非公開会社」とし，公開会社と区別している。

▷**会計参与**
会計参与は会計監査人や監査役を置かない中小企業の信用度を高める目的で設けられたもので，税理士と公認会計士が会計参与に就任することができる。会計参与は経営者と協力して決算書類を作成するため，決算書類に対する信頼性が高まる。会計参与を置く中小企業に対しては融資条件を優遇する銀行も出てきている。

入者にはこの資金から補償を行うという，いわゆる相互扶助の目的で設立される。

相互会社では保険加入者が社員（出資者）となる。相互会社は保険業法によって認められた会社形態であり，相互会社の機関も保険業法に規定されている。相互会社の最高議決機関は社員総会であるが，大規模な保険会社では保険加入者（＝社員）が数百万人にものぼるため，社員総会にかわって，社員の代表者によって構成される社員総代会を設置することが，保険業法によって認められている。

現実には日本の相互会社はすべて社員総代会を設置している。社員総代は会社に都合のいい人物を会社が選ぶことが多いため，経営者に対する監視機能が働いていないという批判がなされている。相互会社の取締役と監査役は社員総代会において選出される。保険会社には株式会社形態も認められているため，損害保険会社や中堅の生命保険会社は株式会社形態をとる会社がほとんどである。ほかの保険会社やほかの金融機関との合併・再編を行う際には株式会社形態の方が便利であること，コーポレート・ガバナンスの点からも株式会社形態の方が経営監視が容易であることなどの理由により，近年大手生命保険会社も相互会社から株式会社に転換する会社も出てきた。

❹ 合同会社

株式会社は一般に，多数の出資者が資本を拠出して設立され，1株につき1票の議決権を持つことを原則としている。したがって出資額の多い出資者ほど大きな権利を持ち，多くの配当を受けとる。これに対して2006年の会社法で導入された合同会社（日本版LLC: Limited Liability Company）は，資金のほかに特許やアイディアなどの知的財産を提供することが認められ，事業のルールや利益分配のルールを出資者間で決めることができる。たとえば，多額の資金を持つ人と知的財産を持つ研究者や学者が共同出資して会社を設立し，知的財産を持つ学者や研究者により多くの利益を配分するようなルールを決めておくこともできる。資本よりもむしろ知的財産が企業の競争力を決定するようになった昨今の経営環境に適した会社形態ということができる。出資者は全て有限責任であり，株主総会や取締役会などといった会社機関を設置する必要はない。

LLCはアメリカのワイオミング州で初めて導入（1977年）され，現在アメリカに約80万社存在する。会社形態ではないが合同会社と似たような仕組みをもつLLP（有限責任事業組合）の制度も2005年に経済産業省によって創設された。

▷ LLP（Limited Liability Partnership；有限責任事業組合）
LLPは株式会社の長所と民法上の任意組合の長所を取り入れた制度であり，出資者はすべて有限責任であり，法人税を納める必要はなく，利益配分等のルールは出資者どうしで決めることができる。出資額が少なくとも知的財産の提供や事業への貢献度が高ければ利益配分や権限などを大きくすることができる。

II 公企業と公益事業

1 公企業の定義・役割と経営形態

1 公企業の定義・要件

公企業の定義を見ると，公企業とは何かの定義はこれまで多くの研究者によってなされてきた。ここでは次の規定に従うことにする。「公企業とは，（中央および地方）政府によって所有され公的規制を受けつつ，一定水準の価格を課して財貨・サービスを提供し，独立採算を経営原則として営業される事業体である」。公企業の要件は，次のとおりである。

①公的所有：国ないし地方公共団体という公的機関による全額または部分的出資を意味する。私企業の出資が望めない場合や，公共的な政策の観点から公的な所有形態をとる。

②公的規制：政府や議会という公的機関により，人事・財政・業務等の広い範囲の規制を受ける。これらの規制は，公共性を達成するために課せられる。

③公共目的：私企業では実現を期待できない事業（例えば，国の経済の基盤となるような事業，一定限度以下には分割できないような大規模事業，産業開発等の開発性を持った事業）に従事して，国民の福祉に貢献する。

④財の市場性：公企業は価格形成可能（市場において価格を課して販売し，料金を徴収する）な準公共財や公益財を提供する。

⑤独立採算制：国や地方公共団体から財政的に独立して，自らの行動に伴う支出を自らの収入でまかなう。公企業は，独立採算制に基づいて経営がなされるべきであるという原則がある。

①から③の要件は，公企業の公共的性格を表しており，④と⑤の要件は，企業としての性格を表している。公企業は，公共性と企業性の統一体として把握すべきであり，その両方を調和的に達成することを求められている事業体である。公企業がなぜ設立されるのかについては，次の目的が指摘できる。(1)**経済政策および**(2)**社会政策の実施**，(3)**財政収入の増加**，(4)**国民の福祉に直接関係のあるサービス**の提供である。

▷経済政策および社会政策の実施
経済政策および社会政策の実施機関として公団，公庫，（政府系）銀行，事業団等があった。
▷財政収入の増加
財政収入を増加させる事業としてタバコなどの専売事業がある。
▷国民の福祉に直接関係のあるサービス
提供する事業としては交通，通信，上下水道などがある。

2 公企業の経営形態

公企業は政府ないし地方公共団体がその資本の全部ないし一部を所有する企業であって，政府が資本所有する企業が「国の公企業」，地方公共団体が資本所有する企業が「地方公企業」である。

一般行政			国	地方
公企業	公共企業	行政企業	現業	地方公営企業
公企業	公共企業	公共法人	独立行政法人 公庫，事業団，その他（公社，公団，銀行等）（特殊法人）	地方公社
公企業	公共企業	公私混合企業	特殊会社（特殊法人）	第三セクター
私企業	公共企業	公益事業：電気，ガス，運輸，通信，郵便，放送事業等		
私企業	一般私企業：独占禁止法の主要対象			

図Ⅱ-1　公企業と公益事業の区分

出所：筆者作成。

公企業は多様な組織形態を持つが，形態的に以下のように分類される。

①**行政企業**：政府ないし地方自治体の部局に属し，部局の長（大臣ないし地方公共団体長）が，一定の自律性を有して，経営する事業体。

②**公共法人**：特別法によって設立され，政府ないし地方公共団体が全額出資した法人格を有する企業であって，経営は企業の経営者に委託された企業。

③**公私混合企業**：政府ないし地方公共団体が資本の一定部分を所有する企業であり，一般に株式会社の形態をとる。

▷**行政企業**
官庁企業ともいう。

▷**公共法人**
公共企業体，法人公企業ともいう。

▷**公私混合企業**
公私合同企業，会社公企業，部分公企業ともいう。

❍国の公企業

①政府現業：行政企業は国が直接経営する行政機関であり，政府機関そのものである。しかし，国の一般会計とは区別された企業特別会計に指定され，独立採算を経営原則とする。現在は国有林野事業（農水省林野庁）のみである。

②政府系公共法人：国から独立し，独自に経営が行われ，法人格を持つ。特別法（根拠法）に基づき設立・運営される特殊法人のうち，「企業」に含まれ，かつ公私混合企業を除いたもの。現在は公庫１，事業団２，その他１である。

③政府系公私混合企業：政府と民間の双方の出資によって設立された事業体で，私企業に最も近く，経営の自主性は大きい。特殊法人のうち株式会社の形態をとる特殊会社（24社）および日本銀行である。

❍地方の公企業

①地方公営企業：地方公共団体が直接営む事業をいう。水道，工業用水道，交通，電気，ガス，簡易水道，港湾整備，病院，市場，屠畜場，観光施設，宅地造成，公共下水道事業などを行っている。

②地方公社：地方公共団体が出資をし，行政機構の外部に設立した経済事業体をいう。土地開発，住宅供給，道路各公社はまとめて地方３公社と呼ばれる。

③地方公私混合企業：地方公社のうち，地方公共団体と民間との共同出資になるものをいう。一般に**第３セクター**と呼ばれる。地域開発，都市開発，交通・流通施設，観光開発等の事業を行っている。[1]

▷**第３セクター**
公的部門を第１，民間部門を第２と見る視点から来た表現。1980年代に公共事業への民間活力導入形態として普及。英語で the third secter という場合は協同組合や NPO などの民間非営利部門を意味する。

▷１　⇨Ⅱ-2「公企業の改革と課題」

Ⅱ 公企業と公益事業

2 公企業の改革と課題

1 公企業の問題点と改革の潮流

公企業の問題点として，①公的規制による非効率，②補助依存的体質，③官僚的経営と天下り人事が指摘される。

公企業改革の世界的潮流は以下のとおりである。1970年代の2度のオイルショックを原因とした世界同時不況による財政危機のため，**ケインズ政策**が限界となり，1980年代に欧州諸国，日本，アメリカ，ニュージーランド等で公企業の民営化が行われた。1990年代はEU諸国で99年のユーロによる通貨統合に参加するには公的債務をGDPの60％以下に抑えるために公企業の民営化が行われた。2000年代，日本でバブル崩壊後の財政危機の深刻化に対処するために公企業の改革が特殊法人整理合理化として行われた。

2 日本の公企業改革と課題

○1980年代の3公社改革

1970年代後半，日本では赤字国債の発行残高が増大し，財政赤字が問題化し始めた。1981年3月には臨時行政調査会が設置され，行財政改革が行われることになった。その中心は，莫大な赤字をかかえた国鉄をはじめとする3公社改革であった。当時，日本で民営化とは公共法人の株式会社（特殊会社）化，**公私混合企業の完全民営化**と考えられていた。

①電電公社と専売公社の民営化：1985年4月，両社はともに分割されずに電電公社は日本電信電話株式会社（NTT）に，専売公社は日本たばこ産業株式会社（JT）に移行した。両社は政府全額出資，全株式保有の特殊会社であった。

②国鉄の民営化：国鉄は業績の悪化が続き，累積債務は25兆円以上に上っていた。国鉄の民営化は1987年4月以下のように行われた。鉄道事業は新会社JRが継承し，旅客事業は6社（北海道，東日本，東海，西日本，四国，九州）に分割，貨物事業は旅客事業から分離して，1社で一元的に経営させ，合計7つの新しい特殊会社に移行した。他に**新幹線鉄道保有機構など4法人**と旧国鉄の長期債務を継承しJRの全株式を保有する**国鉄清算事業団**があった。北海道，四国，九州の3島会社には経営安定基金による補助が継続されることになった。

○2000年代の郵政・道路公団等の改革

バブル崩壊後の財政危機の深刻化に対処するために，2000年代に国では行財

▷ケインズ政策
イギリスの経済学者ケインズ（Keynes, J. M.）が世界恐慌の経験を踏まえて主張した財政・金融政策。需要が供給を下回ることが不況の原因と捉え，政府が公共事業などで有効需要を創出し，不況を克服できると考えた。ケインズ政策により財政支出が拡大した。

▷公私混合企業の完全民営化
1987年に日本航空が完全民営化した。
▷1 ⇒Ⅱ-4「公益事業の現状と課題」

▷新幹線鉄道保有機構など4法人と国鉄清算事業団
すでにすべて解散している。
▷2 ⇒Ⅱ-4「公益事業の現状と課題」

政改革が進められた。2001年省庁再編が行われ、1府21省庁が1府12省庁に再編された。同年「特殊法人整理合理化計画」が閣議決定され、それに基づき国の公企業が改革されることとなった。また、地方では効率的な行財政運営も目的の1つとして「平成の大合併」と呼ばれる市町村合併が全国的に行われた。

①郵政改革：2007年10月、日本郵政公社は解散し、その事業は政府全額出資の持株会社日本郵政㈱の下で、4つの事業会社（**郵便事業**、**郵便局**、郵便貯金銀行、かんぽ生命）と独立行政法人郵便貯金・簡易生命保険管理機構に移行された。郵便事業のユニバーサル・サービスの維持のために1兆円の社会・地域貢献基金が設置される。特殊法人の資金源となっていた財政投融資への郵便貯金・簡易保険からの資金提供を断つ目的もあった。

②**道路4公団**改革：2005年、高速道路の建設・管理・料金徴収を行う6つの株式会社（東日本、中日本、西日本、首都、阪神、本州四国連絡）と旧4公団の資産と債務を引き継ぐ独立行政法人日本高速道路保有・債務返済機構が設立され、上下分離された。機構は株式会社に高速道路を貸し付け、会社が支払うリース料を財源に40兆円の債務を45年間で完済する予定である。

この時期に営団地下鉄や新東京国際空港等は株式会社化され、その他の多くの特殊法人は独法に移行した。

○公企業改革の課題と新しい公共経営

①独立行政法人の実態：独法は所管大臣が中期経営目標を設定し、期間中の業務を毎年度各省庁内に設置された独立行政法人評価委員会が評価することとなった。しかし、政府規制は特殊法人とほとんど変わらず、官僚の天下りや政府からの補助も改善が見られていない。

②**第3セクター**：第3セクターの事業は基礎的サービスか選択的サービスか、補完型か開発型かを基準に類型化される。1980年代後半、民活法やリゾート法に基づき設立された開発型第3セクターは経営が悪化し破綻、または破綻に瀕したケースが多い。このような第3セクターに損失補償や債務補償をした地方公共団体の中には財政再建団体になったものもある。

③**新しい公共経営**と**PPP**：新しい公共経営とは、民間企業の経営理念や手法を公共部門へ適用することにより、公共部門の効率化やコスト削減を目指すものである。新しい公共経営の根本にあるのは国民のために財政資金を最大限に有効活用するVFM（Value for Money）の考え方である。新しい公共経営をさらに発展させたものがPPPである。PPPは官から民へという画一的発想ではなく、官と民、さらには市民・地域などが協力しあいながら、公共サービスの質的改善に向けて努力するというものである。PPPには**PFI**、**公設民営**、市場化テスト、指定管理者制度、業務委託などが含まれる。

▷郵便事業会社と郵便局会社
2012年に合併した。
▷3 ⇒Ⅱ-4「公益事業の現状と課題」
▷道路4公団
日本道路公団、首都道路公団、阪神道路公団、本州四国連絡橋公団をいう。日本道路公団は東日本、中日本、西日本各高速道路会社に分割されたが、首都、阪神、本州四国連絡橋各道路公団は、そのまま首都、阪神、本州四国連絡高速道路会社となった。
▷4 ⇒Ⅱ-4「公益事業の現状と課題」
▷第3セクターの類型化

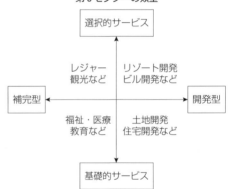

出所：入谷貴夫『第三セクター改革と自治体財政再建』自治体研究社、2008年、13頁。

▷5 ⇒Ⅱ-1「公企業の定義・役割と経営形態」
▷新しい公共経営
New Public Managementの訳語、NPMと略される。
▷PPP（Public Private Partnership）
官と民が連携すること。
▷PFI（Private Finance Initiative）
民間資金を活用した社会資本整備のこと。
▷公設民営 ⇒Ⅱ-4「公益事業の現状と課題」、⇒ⅩⅢ-1「公共サービスの民営化とPFI」

Ⅱ 公企業と公益事業

 # 公益事業の定義と特質

公益事業の定義と範囲

　公益事業は，「われわれの生活に日常不可欠の用役を生産する一連の事業のことであって，それは，電気，ガス，水道，鉄道，軌道，自動車道，バス，定期船，定期航空，郵便，電信・電話，放送等の諸事業が包括される」（公益事業学会規約）と定義される。

　公益事業は，（公有公益事業を除き）一般に資本主義の発達した段階に登場し，公益事業的特性を有し，自然独占的傾向が強く公的規制の対象となる私企業とされる。公益事業の供給サービスの多くは，一般の財・サービスと同じく，市場機構を通じて取引され，価格が成立し，経済法則に従う。しかし，多くの公益事業のサービスの価格は全くの自由市場によって決まるのではなく，何らかの公的規制によって決定される。公的規制されるのは，公益事業の特質に基づいている。

2 公益事業の特質

　①自然独占と経済的規制：主要な公益事業のサービスの生産には市場規模や供給規模に比べて巨大な設備と固定費用が必要である。経済効率の観点から1企業のみ存在する自然独占が形成される。競争の過程での重複投資は資源の浪費となることもあり，地域独占が認められるが，一方で**参入規制**や**料金規制**などの経済的規制が行われる。

　②ネットワーク産業：公益事業は，サービスを提供するために，何らかのネットワークの整備，維持管理を不可欠としている。ネットワークで生産と消費を結び付けている。その際，多くの公益事業では，生産と消費が同時に行われ，したがって，サービスは貯蔵できないという性質を有する。大規模で，貯蔵できないという性質から，需要の変動への対応が困難であるという性質も有る。

　③ユニバーサル・サービスの提供：公益事業は，ネットワークを利用して，ヒト，モノ，エネルギー，情報を運ぶサービスを人々に提供しており，コモン・キャリアと呼ばれる。それは，誰でも，どこでも，いつでも，比較的安価な価格で受けられるサービス，すなわち**ユニバーサル・サービス**を提供している。

▷参入規制
公益事業などでは競争市場に委ねておいては適切な事業の供給が行われないので，需給調整などにより新規参入を抑制すること。退出規制も同時に行われる。

▷料金規制
料金を一定水準に規制すること。経費に一定の利益を認める総括原価方式が主流であったが，規制緩和の中でプライス・キャップ方式（物価上昇率を考慮し設定した上限価格までの範囲で公共料金等の値上げ申請を認める）なども採用されている。

▷ユニバーサル・サービス基金
ユニバーサル・サービスを確保する際に発生する赤字の補填方法としてユニバーサル・サービス収支の赤字部分を業者が拠出する基金で負担する制度。

▷1 ⇨ Ⅱ-4 「公益事業の現状と課題」

表Ⅱ-1　ネットワーク型インフラの事業と活動区分

事業区分	非競争活動	競争活動
電　力	高圧送電，ローカル配電	発電，最終消費者への供給
ガ　ス	高圧輸送，ローカル配送	生産，最終消費者への供給，貯蔵
通　信	市内通信網	長距離，携帯，付加価値サービス
鉄　道	レール，信号インフラ	鉄道運行・設備維持
上下水道	配水，汚水収集網	浄水，下水処理など
航　空	空港設備	航空管制，設備維持，商業活動

出所：塩見英治編著『現代公益事業ネットワーク産業の新展開』有斐閣，2011年，6頁，筆者により一部修正。

3　公益事業の規制と競争の導入

①公益事業の規制：公益事業は，自然独占がもたらされるために，1970年代前半まで以下の公的規制が行われていた。(1)製品・サービスの供給停止，廃止，事業縮に対する規制，(2)供給者と比べて不平等となる需要者を守るため，サービスの料金・品質，供給条件・方法に対する規制，(3)他業兼業の規制，(4)労働争議の規制，(5)公益事業に与えられた特権（土地収用，公道の私的利用等）行使の規制

②公益事業の規制緩和と競争の導入：公益事業は，1970年代後半から現在まで世界的に競争導入を目的とする規制緩和政策が行われている。西欧と日本では，公益事業の多くは公企業形態をとっていたので，緩和政策は民営化と並行して行われた。規制緩和の目的は，競争の導入に基づく経営効率の向上・価格の低下により経済の活性化と消費者利益の向上を図ることにある。

その背景には，技術革新と国際競争力の激化がある。技術革新により，電気通信・電力・航空産業等で，公益事業への参入規制・市場区分および料金規制を除去する基盤が形成された。また，国際競争の激化では，アメリカにおける規制緩和の結果，電気通信や航空産業を中心に世界的規模での競争が生じた。規制緩和政策の採用を促進したOECD（経済協力開発機構）やWTO（世界貿易機関）などの国際機関の役割も大きかった。

近年は規制当局の役割が，独占企業への規制から，ネットワークが有する特性を考慮した競争環境整備へ移りつつある。ネットワークを利用する産業では，単に新規参入を認めても，自動的に競争メカニズムが機能する訳ではなく，ネットワーク構造に起因する競争環境の整備に政府の役割があると考えられているからである。組織改革による自然独占分野と競争分野の分離も国際的に進展している。

▷2　西欧の緩和政策
英，仏，独，伊各国で規制緩和が行われたが，イギリスで最も急進的な規制緩和政策が実施された。

▷3　規制緩和の背景
規制緩和の背景に参入と退出の費用（埋没費用）が小さい場合には，実際に独占的市場でも潜在的競争によって企業は独占的行動が取れないとするコンテスタブル・マーケット理論があった。

参考文献
塩見英治編著『現代公益事業ネットワーク産業の新展開』有斐閣，2011年。

Ⅱ 公企業と公益事業

4 公益事業の現状と課題

▷**安定供給，環境への適合，経済性**
3つのE（Energy Security, Environent, Economy）と呼ばれる。

▷**アンバンドリング（unbundling）**
競争を機能させるための条件整備の1種。垂直的統合組織を業務別に分離・分割すること。

▷**自由化**
自由化による弊害を防ぐために2015年4月に全国規模で電力を融通する電力広域的運営推進機関が設置された。電気不足の地域に，余裕のある地域から電気を送るよう，電力会社に指示できる強い権限を持つ。10電力会社だけでなく，新規に参入する事業者も参加義務がある。送電網の充実や公平に送電線を使えるようにする運用ルールの整備も含まれる。

▷**スマートエネルギーネットワーク**
電気と熱の組み合わせによる省エネルギー，省 CO_2 の実現を目的とした分散型エネルギーシステム。

▷**公設民営**
フランスの公設民営方式はアフェルマージュといい，公共サービスの運営権を委譲された民間が施設の維持管理・運営・料金徴収業務を行う。設備投資費用は公共側の責任となる。

1 エネルギー・水道

①エネルギー：エネルギー産業は，地球温暖化防止のため再生可能・低炭素エネルギー供給に取り組む必要がある一方，**安定供給，環境への適合，経済性**を望ましい状態で達成するエネルギーのベストミックスも求められている。

・電力：1950年代以降9電力（現在は10電力）会社の地域独占が認められてきたが，1990年代から自由化が進められている。その結果，需要者の60％まで自由化が進み，電気料金も低下した。電力会社の兼業規制や独禁法適用除外も撤廃された。2016年には家庭用電力の自由化，20年には発送電事業が分離され，**アンバンドリング**が行われることになっている。これらの自由化により，家庭は自由に電力会社を選択でき，電力会社も他の地域に自由に進出できることとなった。しかし，**自由化**により家庭の電気料金は下がるか，誰でもどこでも同じ料金で電気を使えるか，送電網の維持・更新投資が行われるか，さらには低炭素エネルギーとして期待されたが，東日本大震災以後稼働が制限されている原子力発電をどうするかなど課題は残っている。

・ガス：ガス事業とは，一般に導管によるガス供給事業を指す。ガス事業者数は200を超え，10電力で全国をカバーする電気事業とは規模，需要家数等で大きく異なる。1994年からの3回にわたる規制緩和により参入規制が緩和され，2017年からは家庭用へも供給が自由化される。ガス事業でも兼業規制が撤廃され，電気事業へ参入できることとなり，エネルギーのベストミックスとして**スマートエネルギーネットワーク**構築への期待が高まっている。

②水道：水道事業は高い必需性と非代替性が存在するため，公営原則の下行われてきた。公益事業の中で民営化が最も進んでいない分野である。日本全国に1300以上の事業体があるが，10万人未満の中小規模の事業体が大半を占めている。日本の水道事業は地域の状況に応じて市町村により整備が進められたためであるが，水道料金の地域格差を生み，民間企業のノウハウが育たず，海外企業に後れを取る一因となっている。今水道事業は，次のような課題に直面している。(1)人口減少，節水トイレ等の普及による料金収入の減少，(2)水道施設の維持・更新費用，(3)技術の継承等である。2018年，水道法が改正され，管理業務の第三者への委託が認められ，民間活力の導入も可能となった。多くの中小水道事業を短期間に統合することは難しいが，**公設民営**やPFIの手法を用

い，地域の特性・住民の実情に応じて民営化を進めることは可能であろう。

❷ 交　通

　1996年旧運輸省はそれまでの需給調整規制を撤廃し，それに伴い運輸分野の事業免許制を許可制に，運賃・料金の許可制を届け出制等に変更した。
　①鉄道：日本の鉄道事業は民営，地方公営，第3セクターにより行われている。JRは1987年の民営化後，旅客の本州3社は経営が順調で完全民営化したが，3島会社と貨物の経営は厳しい状態が続いている。私鉄は大手は経営が順調であるが，中小私鉄の状況は厳しい。地方の公営や第3セクターの経営も厳しい状況にある。その中で公がインフラを維持・運営し，民が運行を受け持つ**上下分離**により経営を安定させる方式が広がっている。
　②航空：日本の航空産業は，第2次大戦後発展が遅れたため，公益事業型の規制が行われた。1953年，日本航空が公私混合企業として設立され，その後も大手3社により事業分野を調整し，競争を回避しながら成長した。米国の規制緩和を受け，日本でも1985年に**45・47体制**の廃止，日航の完全民営化が行われた。1996年の需給調整規制撤廃を受け，航空会社の新規参入が行われているが，大手2社の寡占が続き，競争が確立しているとは言えない状態である。日本の空港は，旅客の60％が羽田空港に集中しており，地方空港の経営状況は厳しい。その打開策として，**コンセッション方式**による民営化が予定されている。

❸ 郵便，通信，放送

　①郵便：2007年の民営化後，郵便事業はインターネットや**代替サービス**の普及等もあり，厳しい経営状況が続き，郵便事業会社と郵便局会社は合併した。郵便事業のユニバーサル・サービス確保と過疎地での地域拠点としての郵便局の維持が課題である。2015年に日本郵政，ゆうちょ銀行，かんぽ生命の株式が上場され，売却益は郵便局網維持の社会・地域貢献基金となる。
　②通信：1985年以前は国内電話は電電公社，国際通話は国際電電の独占であったが，民営化以後通信業界では大きな変化が起こった。新規参入が相次ぎ，競争のため電話料金が低下した。また，インターネットや携帯電話の普及により，固定電話が減少し，NTTの経営に影響を及ぼしている。NTTは東西に分割されたが，市場支配力を有するとして規制は続けられており，NTT以外の事業者との**非対称規制**となっている。
　③放送：日本で地上波の放送事業を行う場合，放送免許が必要であり，**マスメディア集中排除原則**にも従わねばならない。NHKのみ公企業であり，受信料は国会の承認が必要である。地上波の民間テレビ放送は全国が5社に系列化されている。近年のインターネット技術の向上により，放送側はオンデマンド，通信側はデータ放送を行い，通信産業との競争・融合が生まれている。

▷上下分離　⇨Ⅱ-2「公企業の改革と課題」
▷**45・47体制**
1970年の閣議了解と1972年の運輸大臣通達の2つをあわせたもので，航空憲法とも呼ばれていた。その骨子は(1)日本航空は国際線と国内幹線，(2)全日空は国内幹線とローカル線，近距離国際チャーター，(3)東亜国内航空（後に日航と合併）は国内ローカル線と一部幹線を割り当てるというものであった。
▷**コンセッション方式**
国や地方公共団体が公共施設を所有したまま，運営する権利を民間事業者に与える仕組み。民間事業者が特別目的会社（SPC）を作り，資金調達・投資・事業を行う。この方式で関西国際空港の運営権が売却される。
⇨Ⅻ-2「コンセッション方式」
▷**代替サービス**
郵便の代替サービスとして電子メールやメール便の普及がある。
▷**非対称規制**
規制当局が価格設定能力を有する企業に繁雑な価格規制を課し，それ以外の企業に対し簡素な規制を適用することで，規制のコストの軽減と企業行動に柔軟性を与える規制方式。
▷**マスメディア集中排除原則**
放送は言論機関としての性格が強いため，特定の者に言論が支配されないようにするための施策。ある放送局の所有者・支配者は他の放送局の所有・支配が禁じられている。

Ⅲ 株式会社の発展と支配，統治

1 株式会社の発展と経営機能の分化

1 企業規模の拡大と株式の分散

現代の大規模企業はほとんど例外なく株式会社形態をとっている。株式会社は規模の拡大とともに所有と支配および経営機能の関係を大きく変化させる。ここでは株式会社の発展にともなうこれらの諸関係の変化について見ていくことにしよう。小規模な株式会社においては大株主が経営を担当しているのが普通であるが，株式会社が大規模化すると，大株主は経営を別の人物に任せ，経営から退くことになる。株式会社がさらに大規模化すると有力な大株主が存在しなくなり，株主は会社の支配からも退くことになる。

株式会社は全出資者の有限責任制と資本の証券化を実現したことによって，飛躍的にその規模を拡大することが可能になった。成長する株式会社の株式は徐々に多数の小額な出資者によって所有されるようになり，また出資者の地域的分散も進むことによって，いわゆる株式の分散が進んでいくことになる。

現在でも大規模でない株式会社のほとんどは個人または同族などによって所有される企業であるが，これらの株式会社が大規模化するにしたがい，増資，相続などの要因によってこれらの個人や同族の持株比率は低下するのが普通である。

▷ **株式の分散**
企業は大規模化するのに伴って何度も増資を繰り返し，その発行株式数は増加する。新たに発行された株式を購入することによって株主の数も増大していくが，株主の数が増加し，地域的にも広がっていくことを株式の分散という。

2 所有と経営の分離

ほとんどの大規模でない株式会社においては，出資者である大株主が自ら経営を担当し，ほかの小額出資者である多数の小株主は経営を担当することはせず，出資から得られる配当のみを受けとる立場にあるのが普通である。このように，多額出資者であり自ら経営にたずさわる大株主は機能資本家と呼ばれ，小額出資者であり自ら経営にたずさわらない小株主は無機能資本家と呼ばれる。株式分散の初期の段階においてはこのように資本家に2種が生じ，機能資本家においては（資本ないし株式の）所有と経営が結合した状態であるのに対し，無機能資本家においては所有と経営が分離した状態にある。大株主，つまりその会社の所有者で同時に会社の経営を担当する者は所有経営者と呼ばれる。

企業規模がさらに拡大し，同時に株式の分散も一層進んだ大規模企業においては，企業経営はきわめて複雑になり，経営者は科学的，専門的な知識と能力を必要とするようになる。専門的な知識や能力を持った人物は，専門的教育を

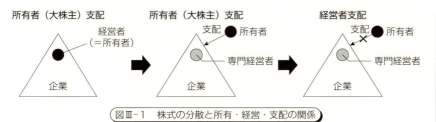

図Ⅲ-1　株式の分散と所有・経営・支配の関係

出所：経営能力開発センター編『経営学検定試験公式テキスト①経営学の基本』中央経済社，2015年，25頁。

受け，大きな企業組織の中の現実の企業活動の中で業績をあげることによって，企業組織を昇進してきた人々の中に容易に見つけ出すことができる。大株主あるいはその親族がこうした専門的な知識・能力を持っていたとしても，それは単なる偶然にすぎないであろうが，知識や能力を持つがゆえに企業組織を昇進してきた人物は必然的にこの知識・能力を持っているということができる。したがって大規模な企業であればあるほど，経営について専門的な知識や能力を持ついわゆる**専門経営者**が大株主に代わって経営を担当する傾向が強くなる。これがいわゆる**所有と経営の分離**ないし資本と経営の分離と呼ばれる状況であり，それは所有者（大株主）と経営者の人格的分離を意味する。

したがって，この場合，支配者は大株主である。つまり，所有と経営は分離していても所有と支配は結合した状況にあるのである。支配は一般に「経営者を任免する力」あるいは「企業の広範な意思決定を行う力」と定義されるが，このケースにおいては所有と経営は分離したものの，依然として所有者（大株主）が支配を行っており，専門経営者が業績を落としたり，所有者の意に沿わない行動をとることになれば，所有者はこの専門経営者を解任し，別の人物を経営者として任命することになる。このような支配形態は，所有者支配と呼ばれている。

3　所有と支配の分離

株式の分散がいっそう進むと，その企業を支配するのに十分な株式を持つ大株主が存在しないような状態になる。株主が企業の所有者であることに変わりはないが，企業を支配する力を持たない状態である。所有と経営が分離しただけでなく，所有者から支配が分離した状態となる。このような状態においては経営者が企業の支配を行うことになる。経営者が企業の主要な意思決定を行い，次期経営者や取締役の任命を行う権限を持つ状態で，経営者支配と呼ばれる支配形態である。先進資本主義国の大企業の多くで経営者支配形態がとられている。

▷**専門経営者**（professional manager）
専門経営者は（資本ないし株式を）所有せざる経営者のことであり，被傭経営者，俸給経営者とも呼ばれる。経営者は大株主に雇用され，給料をもらっているのであり（被傭経営者，俸給経営者），経営者が大株主の意にそわない行動を取れば大株主はこの経営者を解雇し別の専門経営者を雇用することになる。

▷**所有と経営の分離**
企業の所有者（大株主）が自ら経営を担当する場合，このような経営者は所有経営者と呼ばれる。企業が大規模になり，経営管理も複雑・専門的になってくると所有経営者は経営から退き，企業の経営は別の人物に任せるようになる。このように所有者と経営者が別の人格になることを所有と経営の分離と呼んでいる。

Ⅲ 株式会社の発展と支配，統治

 大規模株式会社の経営者

▷支配
バーリ＝ミーンズは支配を「経営者を任免する力」と定義した。その後，支配は「会社の広範な意思決定を行う力」と定義されるようになってきた。会社の広範な意思決定の中には経営者の任免権も含まれると考えられている。⇒Ⅲ-3「大規模株式会社の支配」，Ⅴ-2「CSRの歴史的展開と関連分野」

▷経営者支配
大株主ではない専門経営者が企業の主要な意思決定，とくに取締役の選任や次期経営者を選任する力を持つ状態。現代の株式の分散した多くの企業が経営者支配の状況にある。

▷委任状
株主総会を開催するに当たっては，一般に全株式数の3分の1などという定足数が決められているのが普通である。大規模な企業では発行株式数が多く，定足数を満たすだけの株主が株主総会に出席することは困難であるが，定足数を満たさなければ株主総会が成立しない。そこで経営者は株主総会に出席しない株主から委任状を集め，これを出席株主と見なして定足数を満たすことになる。

1 株式の高度な分散と株式会社の支配

発行済株式の50％以上を所有するような個人や同族であれば完全にその企業を**支配**することができる。しかし，きわめて大規模な企業においては，その50％以上の株式を所有するためには莫大な資本を必要とするため，このようなケースは現実には少数しか存在しない。株式の分散が極度に進んだ大規模な株式会社においては，まとまった株式を持つ大株主は50％未満の株式所有であったとしても会社の支配が可能である。このような大規模会社においては，株式が広範に分散し，ほかに大株主が存在しない場合には5％以上の株式所有によって企業の支配が可能であると考えられている。これは少数所有支配ないし少数持株支配と呼ばれる支配形態である。

2 経営者支配

株式の分散がさらに進み5％以上を所有する大株主が存在しないような企業では，これまでのような株主による支配は成立しなくなる。このようにすべての株式が広範に分散した場合には，専門経営者が企業を支配することになる。専門経営者は株主総会に際して株主からの**委任状**を収集するための機構を掌握しており，また取締役会の決定を掌握しているため企業の支配が可能となる。大規模な株式会社においては，株主数は膨大な数にのぼるため，株主総会に実際に出席する株主の比率はきわめて低い。そこで企業は株主総会の定足数を満たすために委任状を収集することになるのであるが，経営者は企業の費用と人手を使って委任状を収集し，それを経営者自らの提案に賛成する形で行使しうる立場にある。そこで経営者は自ら株式を所有することなく，事実上，過半数の議決権を握り，株主総会の決定権を掌握することになる。また，経営者に対する任命権を持ち，経営者の経営活動を監視する立場にある取締役会も，取締役が株主総会において選出されることが法律で定められているため，事実上経営者によって選任される取締役で占められることになる。

取締役会が経営者を選任するという法律上の規定とは逆に，経営者が取締役を選任することになるため，結局，経営者は経営者によって選任されることになる。経営者が経営者を選任する権限と，企業の広範な意思決定を行う権限を掌握するこのような状況は経営者支配と呼ばれている。

経営者支配は株式が広範に分散し，支配力を行使するような大株主が存在しない大規模な企業にのみ成立し得る。しかし，株式が分散することだけでただちに経営者支配が成立するというわけではない。株式の分散という量的変化が支配形態の転換という質的変化にそのまま結びつくわけではない。大株主による支配力はその持株比率が減少することにともない徐々に稀薄になっていくが，それにともなって，経営者は株主総会や取締役会などの機関を介して支配力を持つようになるのである。支配が所有者（株主）の手から離れ，経営者に移行した状況は一般に所有と支配の分離と呼ばれている。

③ 法律と現実との乖離

　資本主義国の株式会社においては，株主総会で取締役が選任され，取締役会で業務執行担当者すなわち経営者が選任されることが法律で規定されているのが普通である。経営者は取締役会で選任・解任され，取締役は株主総会で選任・解任されることになっている。しかし現実には経営者が次期取締役候補を指名し，それが株主総会に提案され取締役として選任されるのが，一般的な取締役の選任プロセスとなっており，事実上，経営者が取締役の選任権を持っているのである。

　取締役の選任権（支配）に関して法律と現実との間に乖離があることを最初に指摘したのはバーリとミーンズであった。その後，この問題は1970年代にアメリカの法律家の間で広く取り上げられることになった。1970年代にはアメリカでは大企業の不祥事が相次いだが，その際にこうした大企業において取締役会が法律の規定どおりに機能していないという現実が明らかになった。法律と現実との乖離を埋めようとする法律家たちの活動は，コーポレート・ガバナンス運動と呼ばれるようになったのである。

　株主総会において株主に与えられている権利は私有財産制度によって保証されている権利であり，私有財産制度→株主総会→取締役会→経営者というように次々と連鎖状に権限が委譲されることになっている。しかし，経営者支配型企業においては取締役会が経営者を支配していないため，経営者による権限はこうした権限委譲の連鎖からは説明できない。経営者の持つ強大な権限（特に巨大企業のそれは絶大なものであるが）は誰から与えられたものなのか，その権限には正当性があるのかという問題が提起されることになる。この問題もバーリ＝ミーンズの指摘した論点の1つである。

　たとえば，アメリカの大統領は強大な軍隊を統帥する権限や巨額な国家予算の配分，公務員の人事権，等々，極めて多くの権限を持つが，それは選挙民から与えられた権限であり，その意味で正当性がある。しかし，巨大企業の経営者の持つ強大な権限の正当性については，私有財産制度からも，法律的視点からも説明ができないものである。

▷1　2016年4月，日本のコンビニエンスストアのモデルを築き上げたセブン＆アイ・ホールディングス（持株会社）の鈴木敏文会長が退任した。鈴木はイトーヨーカ堂の創業者伊藤雅俊に雇用された一従業員に過ぎなかったが，コンビニエンスストアの事業で目覚しい業績を上げ，セブンイレブンを流通界トップ企業に押し上げたカリスマ経営者である。彼はセブン＆アイ・ホールディングス，セブンイレブン・ジャパン，イトーヨーカ堂などのグループ企業の会長を兼任し，組織上の地位や名声などを背に，グループ企業の役員人事において創業者をはるかにしのぐ支配力を行使していた。しかし，役員人事を巡る対立で敗北し退任に追い込まれた。創業者は10％の株式を握る大株主であったにもかかわらず，有能な専門経営者による支配が行われていた例としてあげることができる。

Ⅲ 株式会社の発展と支配，統治

3 大規模株式会社の支配

1 バーリ＝ミーンズの調査

株式の分散によって大規模株式会社の支配形態が経営者支配に移行しつつあることを最初に実証したのは**バーリとミーンズ**である。彼らは1929年時点でのアメリカの最大200社（金融会社を除く）の株式分散状況の調査から，その支配形態を6つのタイプに分類した（**表Ⅲ-1**）。その結果，会社数で44％，資産比率で58％が経営者支配型に分類され，アメリカ大企業の多くで経営者支配が成立していることを明らかにした。

彼らは，個人または少数の集団が80％以上の株式を所有し支配している場合を「私的所有支配」，50％以上80％未満の株式を所有して支配している場合を「過半数所有支配」，20％以上50％未満の場合を「少数所有支配」に，そして5％以上を所有する大株主がいない場合を「経営者支配」に分類した。その他にも**法律的手段による支配**，**共同支配**などの分類項目も設定した。

このようにして分類されたものが，直接的支配形態分類である。

▷ **バーリとミーンズ**（Berle, A. A. and Means, G. C.）
バーリは法学者，ミーンズは経済学者で，2人は共同でアメリカの最大200社の会社支配状況についての調査を実施し，その結果を『近代株式会社と私有財産』（*The Modern Corporation and Private Property*, 1932）という書物で出版した。この著書は現在のコーポレート・ガバナンス論の先駆的研究と評価されている。

▷ **法律的手段による支配**
この支配形態においては，議決権のない株式を発行し，議決権のついた株主が支配を容易にする方法，1株で複数の議決権を持つ株式を発行し，その特権株を持つことによって支配を容易にする方法，議決権を信託機関に預け，その信託機関を支配することによって会社を支配する方法などが挙げられている。

▷ **共同支配**
個人または少数の集団が5％以上20％未満の株式を所有しているような会社は（株主と経営者の）「共同支配」に分類した。

表Ⅲ-1　最大資産額200社の支配型別分布

（単位：％）

支配の型	直接的支配		究極的支配	
	会社数	資産額	会社数	資産額
完全所有支配	6	4	6	4
過半数所有支配	5	2	5	2
法律的手段による支配	10 1/2	12	21	22
少数所有支配	36 1/2	32	23	14
経営者支配	32 1/2	44	44	58
共同支配	8	6	—	—
特殊なもの	1 1/2	—	—	—
管財人の手中	—	—	1	—
計	100	100	100	100

（注）1930年初頭におけるこの200社を業種別にみると，42鉄道会社，52公益事業会社，および106の工業会社からなる。

出所：Berle, A. A. & Means, G. C., *The Modern Corporation and Private Property*, Transaction Publishers, 1932, pp. 115-116.

2 究極的支配形態分類

その後，彼らはこの直接的支配形態分類に若干の統計上の操作を加える。すなわち，「共同支配」形態に分類された企業の半分を「経営者支配」に，半数を「少数所有支配」形態に分類し直した。また，「法律的手段による支配」に

分類された企業の中で「**ピラミッド型持株会社**」によって支配されている会社については，その親会社，つまり持株会社の支配形態に注目する。そして，親会社が「経営者支配」であれば調査対象となった会社も「経営者支配」に，親会社が「所有者支配」であれば調査対象会社も「所有者支配」に分類し直したのである。このようにして直接的支配形態分類を再分類して導き出されたのが究極的支配形態分類である。

▷ ピラミッド型持株会社
親会社が子会社の株式を50％超所有し，子会社が孫会社の株式を50％超所有することによって支配に必要な資本を節約しながら，親会社が多くの子会社，孫会社を支配する方法。

③ 経営者支配の進展

アメリカの大企業の多くで「経営者支配」が成立しているという彼らの調査結果は，アメリカだけでなく日本やヨーロッパの研究者たちに大きな衝撃を与え，さまざまな角度からの論争を巻き起こす契機となった。その中でも「株式会社の支配者は誰か」を巡る論争は，経営者支配論，所有者支配論，**金融支配論**の3つを軸として，その後50年間の長きにわたって展開されることになった。

この論争の過程で，経営者支配論の立場を取る研究者は，その分析手法を高度化させながら，アメリカにおいて経営者支配型企業の比率が時の経過とともに高くなっていることを指摘した（表Ⅲ-2）。

その後，幾多の企業不祥事の際などに，経営者の権力が絶大であることやこの権力を制御する仕組みが欠如していることが明らかになり，経営者の絶大な権力をいかに監視・制御していくべきなのかという問題が提起されることになった。経営者支配の実態が誰の目にも明らかになり，人々の関心は「株式会社の支配者は誰か」から「株式会社は誰のものか」に変わったのである。つまり，株式会社を巡る論点は「企業支配」から「企業統治」に変わったということができる。今日の企業統治論（コーポレート・ガバナンス論）はこうした長期の論争の成果ともいうことができる。

▷ 金融支配論
アメリカでは1950年代から商業銀行の信託部門が大量の株式を保有するようになったため，大企業の支配者は経営者でも所有者でもなく，銀行ないし金融機関であるという主張がなされた。金融支配論は銀行への株式集中の拡大とともに論争における大きな勢力となったが，後にウォール・ストリート・ルールにみられるように銀行は支配を行っていないことがわかった。

表Ⅲ-2 最大資産額（非金融）200社の支配形態

（単位：％）

支配のタイプ	バーリ＝ミーンズ（1929年）	ラーナー（1963年）	ハーマン（1974年）
完全所有支配	6		
過半数所有支配	5	3	1.5
少数所有支配	23	9	14.5
法的手段による支配	21	4.5	
経営者支配	44	83.5	83.5
金融支配	―	―	0.5
その他とも　計	100	100	100

出所：正木久司『経営学講義』晃洋書房，1991年，88頁。

Ⅲ 株式会社の発展と支配，統治

 企業支配から企業統治へ

① 会社機関の無機能化と経営者支配

　資本主義国の法律においては，企業は株主のものであり，企業は株主の利益のために経営されなければならないと定められている。それにもかかわらず，先進資本主義国の多くの大企業では経営者支配が成立しており，株主の利益が軽視されている。経営者支配型企業では，経営者が経営者層の人事権を握り，経営者自身に対する巨額の報酬の決定権を握ることになる。配当を低く抑え，株価を下げるような，株主に不利益をもたらす政策を経営者が実施しても株主はそれを阻止するような手段を見出せないような状況が続くことになる。資本主義経済体制の下では，経営者は企業の所有者である株主に雇われた存在であり，経営者が株主の意に沿わない行動をとるならば，株主は株主総会や取締役会を通して経営者を解任することができる仕組みが設けられていたはずであった。

　しかし，経営者支配型企業では，本来経営者に対して支配力を行使し，経営者の行動を監視するために設置された株主総会や取締役会などの会社機関が，むしろ逆に経営者の権力強化のために経営者によって利用されるようになってしまっているのが実状である。また経営者支配型企業においては，経営者を監視するために設けられている会社機関がその役割を果たしていないことが多いため，経営者自身が粉飾決算や**インサイダー取引**などの**法令違反**に関わっていた場合，それを初期の段階で発見し是正させることがきわめて困難である。それは大きな企業不祥事を発生させる要因ともなっている。

② 企業統治運動の変化

　今日，世界各国で企業統治（corporate governance）をめぐる議論が活発になっているが，企業統治活動は，まず第1段階として，このように「企業が経営者のために経営される」実態を，本来法律が想定していた「企業が株主のために経営される」ように改善しようとする活動である。こうした企業統治改善への取り組みは，法律と実態の乖離を重要問題と認識したアメリカの法律家たちによって1970年代から始められた。

　アメリカでは1970年代に**ペンセントラル鉄道の倒産**（1970年）やロッキード・エアクラフト社の経営危機（1971年），ウォーターゲート事件（1973年）な

▷**インサイダー取引**
⇨ Ⅳ-3「社会的課題事項と社会的責任」
▷**法令違反**
アメリカでは，エンロンの破綻（2001年）やリーマンブラザーズの破綻に見られるように，企業の法令（コンプライアンス）違反が世界経済を揺るがすような事態を経験した結果，法令違反を防止するための取り組みが続けられた。エンロン事件の直後に制定されたSOX法にはコンプライアンス強化のための内部統制のシステムが求められることになった。
▷**ペンセントラル鉄道の倒産**
ペンセントラル鉄道の倒産は年間9000万人に及ぶ鉄道利用者，9万5000人の従業員，沿線の地域社会，同社に融資している金融機関，取引企業などに対して大きな打撃を与えることになった。倒産後に明らかになったのは，ペンセントラルの財務状況の悪化や経営陣の違法行為を取締役会が見落していたことである。つまり，取締役会が経営者に対する監視機能を果たしてこなかったために，企業が倒産し，多くのステークホルダーが損失を被ったのである（出見世，1997，53-54頁）。

どの企業不祥事が相次いで発生した。巨大企業の経営危機や不祥事は，その企業を取りまく多くの**ステークホルダー**（利害関係者）に甚大な影響を与えることになる。アメリカの法律家たちの取組みはこうした不祥事を契機に始められたものである。

3 企業統治とCSR

　企業不祥事の多発は多くのステークホルダーの犠牲をともなうことから企業経営の監視に対する社会の関心は高まり，経営者の監視の強化，そのための法律や制度を整備すべきであるという社会的要求が高まることになった。すなわち企業統治の改善に対する社会からの要求が高まると同時に，「企業が株主のために経営される」だけでよいのかということも問われることになった。消費者や従業員，地域社会などのステークホルダーの企業に対するさまざまな要求も強くなり，しだいに「企業はステークホルダーのために経営されなければならない」という考えが浸透するようになった。

　すなわち，企業統治活動は第2段階として，「企業が（株主を含む）ステークホルダーのために経営される」ように改善しようとする活動である。第2段階の企業統治活動は「企業の社会的責任（Corporate Social Responsibility：CSR）」を追求する活動である。

　1932年に，バーリ＝ミーンズによって，株主のものと法律で規定されている企業が現実には経営者のものとなっていることが指摘された。このような中で，企業統治活動は，企業を株主のものに変えていこうとする活動として，1970年代にアメリカで開始された。しかし，1980年代後半以降は，企業統治活動の中心は，企業を株主のものに変えていこうとする第1段階の活動から，企業をステークホルダーのものに変えていこうとする第2段階の活動へと移行したのである。

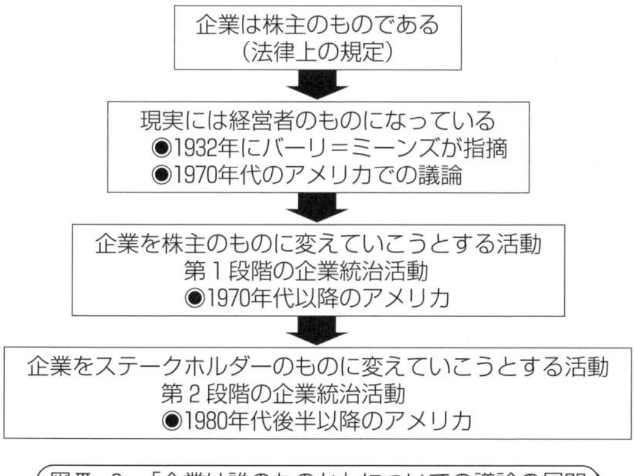

▷ステークホルダー
⇨第Ⅳ章「企業とステークホルダー」

```
┌─────────────────────────┐
│   企業は株主のものである    │
│     （法律上の規定）       │
└─────────────────────────┘
              ↓
┌─────────────────────────┐
│  現実には経営者のものになっている │
│ ●1932年にバーリ＝ミーンズが指摘 │
│ ●1970年代のアメリカでの議論   │
└─────────────────────────┘
              ↓
┌─────────────────────────┐
│ 企業を株主のものに変えていこうとする活動 │
│     第1段階の企業統治活動    │
│    ●1970年代以降のアメリカ   │
└─────────────────────────┘
              ↓
┌─────────────────────────┐
│企業をステークホルダーのものに変えていこうとする活動│
│     第2段階の企業統治活動    │
│   ●1980年代後半以降のアメリカ  │
└─────────────────────────┘
```

図Ⅲ-2　「企業は誰のものか」についての議論の展開

出所：経営能力開発センター編『経営学検定試験公式テキスト①経営学の基本』中央経済社，2015年，29頁。

（参考文献）
出見世信之『企業統治問題の経営学的研究』文眞堂，1997年。

第2部 企業と社会

guidance

　企業と社会の関係は具体的には企業とステークホルダーの関係のことである。近年ステークホルダーの企業に対する発言力や影響力はきわめて大きなものとなってきている。企業はステークホルダーの要求，すなわち社会の要求を経営に反映せざるを得ない時代となってきている。経営戦略論，企業の社会的責任論，企業統治論，企業倫理，環境経営などの経営学の研究分野でもステークホルダー・アプローチと呼ばれる研究方法が用いられるようになってきている。

　環境問題への取り組みや社会的責任の遂行は，かつて企業にとってコスト要因にほかならなかったのであるが，CSR経営こそが企業の売上げや利益を増大させ，株価を上昇させるようになってきた。社会がCSR経営を要求するようになってきており，その要求がますます強くなってきているということができる。企業もまたCSRを経営戦略の中核に据えるようになってきている。

　第2部ではCSRの世界的な流れや企業の実践について考えていく。

IV 企業とステークホルダー

 ステークホルダーの定義と理論研究

1 ステークホルダーの定義

一般に，企業活動によって影響を受ける個人や集団は**ステークホルダー**ないし利害関係者と呼ばれている。ステークホルダーにはさまざまな定義があるが，ここではフリーマン（Freeman, R. E.）の定義を取り上げることにしよう。

フリーマンはステークホルダーを「その支持がなければ組織が存在を停止してしまうような集団」と定義した。そしてそのような集団として**株主**，従業員，納入業者，金融機関，社会などをあげた。その後彼は，ステークホルダーの概念を企業がその存続を依存している集団だけでなく，社会運動団体のような，企業にとって敵対的な集団にも拡大した。具体的には公衆や地域社会，自然保護団体，消費者団体などもステークホルダーに含められることになった。

その結果，フリーマンはステークホルダーを広義には「組織体の目標の達成に影響を及ぼすことができるか，もしくは，それによって影響を被るかする，集団または個人」と定義し，狭義には「組織がその存続を依存している，集団または個人」と定義することになった。

2 ステークホルダー・アプローチ

1970年以降のアメリカ経営学はこのステークホルダーの存在を前提に展開されることが多くなったが，こうした研究方法はステークホルダー・アプローチと呼ばれている。経営学においてステークホルダー・アプローチがとられるようになったのは，ステークホルダーが企業経営に対して非常に重要な影響を与えるようになってきたからにほかならない。そして，その傾向は今日ますます強くなってきている。

ステークホルダー・アプローチは経営戦略論，企業の社会的責任論，企業と社会論，企業統治論，企業倫理論などの分野で重要な地位を占めている。アンゾフ（Ansoff, H. I.）は著書『新企業戦略論』（*The New Corporate Strategy*, 1965）の中で，企業の目的が労働者，株主，納入業者，債権者などの要求の中から導き出されるということを指摘している。

企業の社会的責任論においては，株主，顧客・消費者，納入業者，地域住民などは企業の構成員と捉えられている。かつて企業は財やサービスの生産・販売によって利潤を獲得する手段と考えられてきたのに対し，企業と社会論では，

▷ステークホルダー
（Stakeholder）
Stakeholder という英語は stockholder（株式を所有する人＝株主）という言葉を意識して造られた用語である。Stakeholder という用語が経営学の文献に最初に登場するのは，スタンフォード研究所が1963年に配布した資料の中であったといわれている。⇨ Ⅶ-2「アメリカの企業倫理」も参照。

▷株主
株主はステークホルダーの中でも特別な存在である。法律上，企業は株主のものであり，企業は株主の利益のために経営されなければならない。かつては，企業が社会貢献のために寄付をすることは株主の利益を損なう（配当などが減る）ため違法であるとして裁判が起こされたこともある。こうした考えは株主主権論と呼ばれ，現在でもこの考えを主張する研究者が存在する。しかし実際には，企業は多くのステークホルダーの利益を考慮しなければ存続することができなくなっているのが現実であり，すでにほとんどの企業において株主以外のステークホルダーの利益も重視する経営が実践されている。

企業はステークホルダーがその生活と繁栄を依存するような社会制度へと変わったとして，企業概念の変化を強調する。

また，アメリカの機関投資家は企業統治活動の一環として人種差別，環境問題，工場閉鎖などの社会的課題事項に関する株主提案を活発に行ってきたが，企業統治論におけるステークホルダー・アプローチはこうした現実を踏まえたものとして展開されている。

3 ステークホルダーの分類

ステークホルダーの分類にはさまざまなものがある。まずステークホルダーを**第1次ステークホルダー**（primary stakeholders）と**第2次ステークホルダー**（secondary stakeholders）とに分類する方法がある。第1次ステークホルダーは企業と相互依存関係にあり，企業活動に影響を与える集団のことで，従業員・株主・債権者・納入業者・顧客・小売業者などがこれに当たる。第2次ステークホルダーは，企業活動によって直接的・間接的に影響を受ける集団のことで，具体的には行政機関・外国政府・社会活動団体・報道機関・経済団体・一般公衆・地域社会などである。

ステークホルダーは**社会的ステークホルダー**（social stakeholder）と**非社会的ステークホルダー**（non social stakeholder）に分類することもできる。社会的ステークホルダーは企業に対して直接的な意思疎通が可能なステークホルダーのことであり，非社会的ステークホルダーは企業に対して直接的な意思疎通が困難なステークホルダーのことである。

社会的ステークホルダーはさらに第1次社会的ステークホルダーと第2次社会的ステークホルダーに分類される。第1次社会的ステークホルダーは，企業とその存続に直接的な関係を持つステークホルダーであり，具体的には地域社会・納入業者・顧客・投資家・従業員・経営管理者などである。第2次社会的ステークホルダーは企業とその存続に代表参加的な関係を持つステークホルダーであり，具体的には行政機関・市民社会・圧力団体・労働組合・報道機関・有識者・業界団体・競合企業などである。

非社会的ステークホルダーも「企業とその存続に直接的な利害関係を有し，意思疎通が困難な個人または動作主体」である第1次非社会的ステークホルダーと，「企業とその存続に代表参加的な利害関係を有し，意思疎通が困難な個人または動作主体」である第2次非社会的ステークホルダーに分類することができる。前者の例には自然環境，未来世代，人類以外の生物などをあげることができ，後者の例には環境圧力団体，動物愛護団体などをあげることができる。

▷**第1次ステークホルダーと第2次ステークホルダー**
ポストとローレンスとウェーバー（Post, J. E., Lawrence, A. T., & Weber, J.）による分類で水村典弘（『現代企業とステークホルダー』文眞堂，2004年，72-78頁）によって整理が行われている。

▷**社会的ステークホルダーと非社会的ステークホルダー**
ウィラーとシッランパー（Wheeler, D. & Sillanpää, M.）がザ・ボディショップの経営理念を紹介しながら著した『ステークホルダー・コーポレーション』において用いられている分類法で，水村（同上書）によって紹介されている。

Ⅳ 企業とステークホルダー

 企業とステークホルダーの具体的な関係

1 従業員や消費者などとの関係

　企業とステークホルダーの関係は，元来，互恵的な関係でなければ，それを長期にわたって維持することは困難であろう。例えば，企業と株主との関係は，企業が株主に対して高い配当を安定的に支払い，株価を高く維持することが望まれる。これに対し，株主は企業の株式を積極的に購入・保有することが企業にとって望ましい。さらに企業には，株主総会における議決権の行使など，株主に対して株主としての権利を保証することも求められる。

　また企業は従業員や労働組合に対して雇用の安定と高賃金を保証し，これに対して従業員・労働組合は積極的に経営に参加することが双方にとって望ましい。企業は従業員に対し，職場での安全や健康に配慮することも求められる。

　企業は消費者に対して安全で品質の高い商品を提供し，消費者は企業の商品を積極的に購買することが両者にとって望ましい関係である。近年，食品の安全性に対する消費者の要求はしだいに厳しさを増しており，企業は食品の生産・加工・販売の経路を遡って調べることができる**トレーサビリティ**制度の整備などを迫られている。

2 他の企業や政府などとの関係

　日本の大企業は下請け，孫請けなど多数の関係会社をもち，これらの関係会社はコスト削減や納期の厳守などで大企業（親会社）に協力すると同時に，親会社は関係会社に対し資金提供や技術指導などで保護育成を図ることが，親会社の競争力強化にとっても望ましい。

　企業は他の企業と取引を行っているが，お互いに取引契約を守ることが両者にとって望ましい関係である。また競争企業との間には公正な競争を行うことが望まれる。具体的には，**談合**やカルテルなど独占禁止法に違反するような行為をしないことである。また産業スパイなどによって競争企業の技術や知的財産を不正に取得すべきではない。

　道路や橋，空港などの交通網や電話などの通信網はインフラストラクチャー（社会的生産基盤）と呼ばれ，企業活動にとって必要不可欠の設備であるが，個々の企業がこうしたインフラストラクチャーを整備することは不可能である。企業は国や地方自治体に正しく納税する一方で，国や地方自治体はこうしたイ

▷**トレーサビリティ**（traceability）
食品などの安全性を確保するため，製品の生産，加工，流通の履歴を管理すること。問題のある製品が出回った場合，生産，加工，流通の各段階に保管されている収穫日や生産者の情報を遡って調べることができ，製品回収や原因究明に役立てることができる。BSE（牛海綿状脳症）の発生を機に牛の生育情報などの記録を義務づけた牛肉トレーサビリティ法が2003年12月に施行されたが，他の食品，さらには機械や部品などに対してもトレーサビリティの考えが広げられていっている。

▷**談合**
官庁が公共工事などを民間企業に発注する際，民間企業が事前に話し合いによって受注企業を決めてしまうこと。国や地方自治体などが工事を発注する場合には，その工事にかかる費用を見積り，予定価格（上限）と最低制限価格（下限）を決め入札を行い，この上限と下限の間で最も低い価格を提示した業者と契約を結ぶ競争入札方式をとっている。本来は，官庁は最も低い価格を提示した業者と契約を結ぶことになっているが，業者側は上限価格の情報ももっており，どの企業が落札するかという順番も話し

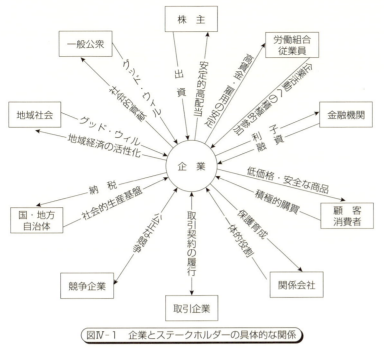

図Ⅳ-1　企業とステークホルダーの具体的な関係

出所：藤芳誠一編著『新版　経営学』学文社，1983年，66頁の図を修正。

ンフラストラクチャーを整備することによって企業活動が円滑に進められるようになる。

③ 地域社会や一般公衆との関係

　企業が活発に活動し，従業員の雇用を増やし高い賃金を支払えば，その地域の雇用の改善と所得の増大を通して地域の活性化に貢献することになる。企業が公害を発生させたり，不祥事を起こしたりすれば，地域住民がその企業をマイナスイメージで見るようになり，住民だけでなく地方自治体も一体となって企業への抗議行動にも発展する可能性がある。企業は経済活動だけでなく，**フィランソロピー**活動などによって地域社会がその企業に対して好意的なイメージを持ってもらうように努めるのが普通である。(地域)社会が企業に対して持つ好意的なイメージのことを**グッドウィル**と呼んでいる。

　企業不祥事などが続発すると企業に対する社会(一般公衆)の目が厳しいものとなり，企業を規制する法律が強化されたりするのが一般的である。また同様の理由から個々の企業も自社に対して良いイメージを持ってもらおうと努めるのが普通である。たとえば，陪審員制の裁判制度をとるアメリカでは，民間人である陪審員が特定企業に対して悪いイメージを持っている場合，その企業の関わる裁判で企業が不利な判決を受けることがある。企業は美術館や教育機関への寄付，ボランティア活動などの社会貢献活動によって常に一般公衆のグッドウィルの獲得に努めることになる。

合いによってあらかじめ決めてあるため，特定の業者が上限価格に近い価格で工事を受注することになる。談合により業者間の競争がなくなるため，工事費が高くなり税金が無駄に使われることになる。談合は独占禁止法によって禁止されているが，日本全国に見られ，日本は談合列島などと呼ばれ批判されてきたが，近年は改善の傾向にある。

▷フィランソロピー（Philanthropy）
⇨Ⅴ-1「CSRとはなにか」

▷グッドウィル（goodwill）
アメリカ企業は平均して利益の約2％を社会貢献活動に充てているが，それは一般公衆のグッドウィルの獲得が長期的な企業の発展に不可欠だからである。

IV 企業とステークホルダー

社会的課題事項と社会的責任

1 社会的課題事項と企業倫理

企業は一般にステークホルダーとの間に改善しなければならない課題をかかえているのが普通である。これは企業の社会的課題事項（social issue in business）と呼ばれている。

日本企業を例にとると、企業は競争企業との間に、カルテルや談合、といった課題事項をかかえている。また消費者との間には欠陥商品や誇大広告、悪徳商法、株主や投資家との間にはインサイダー取引、利益供与、従業員との間には、過労死やセクシャル・ハラスメントなどといった課題事項をかかえている。その他に課題事項として公害・産業廃棄物・不当工場閉鎖（対地域社会）、脱税・虚偽報告・検査妨害（対政府）、などをあげることができる。

企業倫理は、企業ないし経営者がこれらのステークホルダーとの課題事項の解決に自ら積極的に取り組んでいくことを意味する。

▷インサイダー取引

企業の重要な情報を入手できる者が、その情報を利用して有価証券の売買を行い、利益を獲得したり、損失を回避したりすること。例えばガンの特効薬など、画期的な新薬の開発に成功した企業がその事実を公表すればその企業の株価は急上昇するが、開発に携わったスタッフ、トップマネジメント、会計士など内部情報を持つ者が、事実の公表前にその企業の株式を買い、株価上昇後売却することなどが典型的なインサイダー取引である。金融商品取引法で禁止され、罰則や取引によって得た利益の没収も規定されているが、摘発される例が後を絶たない。

▷利益供与

株主総会の正常な運営を妨げたり、一般株主の利益を害する総会屋などに対して金品等の利益を供与することで、商法で禁止されている。株主総会を平穏無事に乗り切ることを望む経営者は、ふだんから総会屋に利益を供与し、総会屋に株主総会を混乱させないように依頼することが多かった。1997年には、経営者による総会屋への利益供与罪の罰則が強化されたほか、総会屋の経営者に対する利益供与要求罪も新しく設けられた。

表IV-1 企業倫理の課題事項と関係領域

〈関係領域〉	〈価値理念〉	〈課題事項〉
①競争関係	公正	カルテル、入札談合、取引先制限、市場分割、差別対価、差別取扱、不当廉売、知的財産権侵害、企業秘密侵害、贈収賄、不正割戻、など
②消費者関係	誠実	有害商品、欠陥商品、虚偽・誇大広告、悪徳商法、など
③投資家関係	公平	内部者取引、利益供与、損失保証、損失補塡、作為的市場形成、相場操縦、粉飾決算、など
④従業員関係	尊厳	労働災害、職業病、メンタルヘルス障害、過労死、雇用差別（国籍・人種・性別・障害者・特定疾病患者）、プライバシー侵害、セクシャル・ハラスメント、など
⑤地域社会関係	企業市民	産業災害（火災・爆発・有害物質漏洩）、産業（排気・排水・騒音・電波・温熱）公害、産業廃棄物不法処理、不当工場閉鎖、計画倒産、など
⑥政府関係	厳正	脱税、贈収賄、不正政治献金、報告義務違反、虚偽報告、検査妨害、捜査妨害、など
⑦国際関係	協調	租税回避、ソーシャル・ダンピング、不正資金洗浄、多国籍企業の問題行動（贈収賄、劣悪労働条件、公害防止設備不備、利益送還、政治介入、文化破壊）、など
⑧地球環境関係	共生	環境汚染、自然破壊、など

出所：中村瑞穂「企業倫理と日本企業」『明大商学論叢』第80巻第3・4号、1998年、177-178頁。

❷ 社会的課題事項と企業統治

　企業統治は，狭義には，株主が主に会社機関を通して経営者を監視していくことである。また，広義にはさまざまなステークホルダーが企業ないし経営者を監視していくことである。ステークホルダーが企業を監視する場合には，それぞれのステークホルダーにとって最大の関心事である，それぞれにとっての社会的課題事項について監視することになる。

　たとえばアメリカの株主総会では，これまで人種差別（ステークホルダーは黒人などのマイノリティ），環境問題（同，環境保護団体），雇用差別（同，従業員），動物愛護（同，動物保護団体），工場閉鎖（同，従業員・地域社会）などの問題について**株主提案**が行われてきた。これらのステークホルダーは今日，企業の内外においてますます圧力を強めている。

　このように企業倫理が企業の内側から，自発的に社会的課題事項の改善に取り組むことであるのに対して，企業統治はステークホルダーが企業の外側から社会的課題事項の改善を求めることを意味する。

❸ 社会的課題事項と企業の社会的責任

　企業の社会的責任は具体的には企業のステークホルダーに対する責任を意味する。さらに，それは企業のステークホルダーに対する社会的課題事項への責任を意味する。また，それは具体的な社会的課題事項を持っているという状態のことであり，社会的課題事項の改善へ向けた動きのことではないが，その意味で企業倫理と企業統治を包括する概念ということができる。

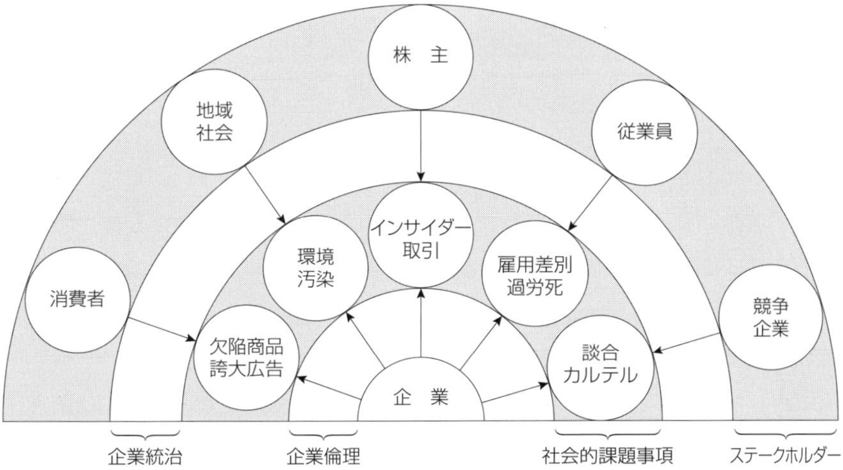

▷**株主提案**
株主総会で株主が提案を行うこと。経営者の提案に反対する提案を行う場合には，提案者は自分の提案に賛成する株主から委任状を集め，経営者との間で委任状争奪戦（プロクシー・ファイト）が繰り広げられることになる。アメリカでは1980年代以降，機関投資家が活発な株主提案を行うことによって，企業統治活動を実践してきた。

図Ⅳ-2　企業の社会的責任と企業統治・企業倫理

出所：筆者作成。

第2部 企業と社会

Ⅳ 企業とステークホルダー

4 日本における企業とステークホルダーの関係

1 法人資本主義とCSRの国際規格

　企業とそれぞれのステークホルダーは，基本的に互恵的な関係にあるのが理想的な関係なのであるが，日本においては企業利益に偏重していることが以前から指摘されている。日本は法人資本主義である，あるいは会社本位の社会であるといった批判がなされるゆえんである。企業が社会の創造物であるとはいえ，こうした企業利益への偏重はそれが企業とステークホルダーとの社会的・政治的な構造から生成され，維持されているものであるため，本来，短期的には是正されにくいものである。しかし，最近このような不均衡を是正するための強力な圧力が生じはじめている。それは，1つは企業活動のグローバル化によってもたらされた圧力であり，もう1つは一連の企業不祥事とバブル経済崩壊後の日本企業の長期低迷を契機とした戦後の経済システム・企業システムの見直しの気運という圧力である。

　今日，企業活動の急速なグローバル化の中で，企業活動の国際的基準が設定されるようになってきている。銀行の自己資本比率に関する国際的基準であるBIS規制や，国際標準化機構（ISO）の環境監査に関する国際規格「ISO14000シリーズ」（1996年10月から100カ国の企業に適用されている），WTO（世界貿易機関）の創設などがこれである。さらにCSR（企業の社会的責任）やコーポレート・ガバナンスに関しても国際規格の整備が進んでいる。このような国際的な基準への統合は企業とステークホルダーの関係についても顕著である。

2 日本企業と株主

　1990年代まで，日本の大企業の間には強固な株式相互持合いが形成されていた。大企業の株主の大半が銀行や産業会社（法人株主）であったため，個人株主の利益はほとんど顧慮されることがなかった。つまり，経営者は配当性向を低くおさえ，企業価値の向上には無関心で，また**株主総会における個人株主の権利**も軽視することが多かった。

　しかし，1990年代末から株式相互持合いの解消が急速に進み，企業は個人株主を重視する方向に政策を転換することになった。それまで株主総会における個人株主の発言を抑圧し，株主総会を30分程度で終了してきた政策を変え，経営者は個人株主の質問にていねいに回答するようになってきた。

▷ ISO
⇨ Ⅵ-3「CSR報告の現状と課題」
▷ CSR
⇨ Ⅴ-1「CSRとは何か」

▷株主総会における個人株主の権利
日本企業の株主総会は多くの企業が同一日時に一斉に開催されるため，複数の企業の株式を持つ個人株主は総会に出席する権利を奪われることが多かった。また，一般株主が質問や発言を求めてもこれを無視して強引に議事が進行されることが多かった。

34

また株式相互持合いが崩れたことにより，企業は敵対的企業買収の脅威にさらされることになったため，経営者は配当を増やし，企業価値を高めることに注意を払うように変化してきた。しかし，機関投資家が監視を強める欧米の企業と比べると，日本企業の株主に対する配慮はまだ十分といえるものではない。有価証券報告書への虚偽記載や粉飾決算などの事件が頻発し，上場廃止となる企業や破綻する企業が後を絶たず，株主に損害を与え続けている。日本企業にはコンプライアンス体制の整備や企業統治の改善が強く求められている。

③ 日本企業と消費者

先進国においては消費者を保護する法律が整備されているため，欠陥商品等によって消費者が被害を被った場合の救済が比較的容易であるのに対し，日本ではこのような法律の整備は遅れたものとなっている。

例えばアメリカでは，**製造物責任**（Product Liability：PL）**制度**が，これに関する1963年のカリフォルニア州最高裁判所の判決以来，急速に全国に普及していったが，日本でPL法が制定されたのは1994年であった。しかも消費者保護の観点からはアメリカのPL制度よりもはるかに実効性の低いものとなった。アメリカの製造物責任法では，被害者の受けた実際の損害額をはるかに上回る**懲罰的損害賠償**が認められているため，企業の欠陥商品に対する大きな抑止効果を生んでいる。

④ 日本企業と従業員

日本企業は，従業員との間に長時間労働，男女の雇用差別，障害者雇用など実に多くの社会的課題事項をかかえている。日本の年間総労働時間は1985年には2186時間で，米・英の1900時間台，フランス・ドイツの1600時間台と比べて著しく長時間であった。そのため，働きすぎによる過労死や過労のためノイローゼとなって自殺する過労自殺が大きな社会問題となった。

そこで，政府は年間総労働時間を1800時間に短縮する目標をたて，改善に取り組み，1992年には2017時間，現在は1900時間前後と改善が見られるようになった。しかし，依然としてサービス残業が横行し，また中小企業の年間総労働時間は政府統計よりもかなり長くなっているなど，多くの問題が残されている。

雇用条件における男女の格差は，国際比較において日本は最も大きい状況にあり，女性は採用，昇進，賃金などにおいて男性と比べてきわめて不利な条件を強いられている。1986年には男女雇用機会均等法が施行されたが，罰則規定を持たない法律であったため，現在も日本の雇用差別は解消されていない。

たとえば2013年時点での女性管理職比率は11％で，欧米の3～4割にすぎない。2016年には女性活躍基本法が施行されたがこの法律も罰則をもたないため，大きな効果は期待できない。

▷**製造物責任（PL）制度**
従来，消費者が欠陥商品によって被害を被った場合，消費者が損害賠償を請求するためには，その欠陥が製品の製造や流通の過程で，ある者の過失によって引き起こされ，それが原因で被害が生じたことを証明しなければならなかった。これに対し製造物責任制度では，被害者は製品に欠陥があったことおよびその欠陥によって被害が引き起こされたことを証明すればよい。これにより被害者の立証のための負担は大幅に軽減されることになり，被害の救済が容易になった。

▷**懲罰的損害賠償**
たとえば，アメリカではフォード社の乗用車ピントの運転者が追突事故による車両炎上で重い火傷を負ったいわゆるフォード・ピント事件が起こった。この損害賠償裁判では，陪審がフォード社に対して1億2500万ドルの懲罰的損害賠償を支払うよう評決が行われた例がある（後に裁判官によって350万ドルに減額された）。

第2部　企業と社会

V　CSRをめぐる理解（1）：理論編

　CSRとは何か

1　CSRの一般的イメージ

CSRと聞くと，そのイメージとして，企業の慈善活動や寄付活動，あるいは環境保護活動といったものを思い浮かべることはないであろうか。企業の自主的な活動が想定されるこのイメージは実は修正される必要がある。世界のCSRをめぐる考え方は変化してきており，多くの国で経営活動を行う多国籍企業は，法的責任を超える社会的責任を遂行する必要性を意識するようになった。また，本業にCSR活動を組み込むことが重視され，**企業価値**の向上に向けた取り組みとしてCSRが位置づけられるようになっている。

2　今日のCSRの考え方

それでは，CSRの考え方はどのように変わってきたのか。近年のCSRは企業に課せられた責任や義務が拡大してきていることが特徴である。従来のCSR活動は経営者や企業の「自発性」によるものと理解されることが多かった。しかし今日，とりわけグローバルな活動を展開する多国籍企業に対しては，マスコミや市民社会の関心が集まりやすく，自社の行動の正当性を社会に訴えていく必要性が増している。その背景の1つとして，CSRをめぐる国際的な規格やガイドラインのような**ソフトロー**の影響があり，それらが企業行動の規範として作用し，自社の正当な活動を広める情報開示を拡充させるようになった。情報開示はインターネットの発展にともない，企業と社会の相互理解を促すコミュニケーションとして位置づけられ，現代企業はそれを基点にしてさまざまなステークホルダーとの関係管理を志向するようになった。このような現代的なCSR動向を理解するには，今日のCSRが課題としている領域を具体的に理解することが必要である。

3　CSRをめぐる課題領域

2000年代に入り，CSRをめぐる新しいうねりへの対処が重要になってきている。この背景には，社会的課題に対応する企業の役割への期待がある。貧困，高齢化，気候温暖化，水資源の保全など，山積する社会課題に対し，国際機関や各国政府の対応能力は万全でなく，企業の関与が期待されるようになった。

企業活動が社会に及ぼす影響を考える上では，まず，企業が社会に及ぼすポ

▷**CSR (Corporate Social Responsibility)**
CSRという略語は，アカデミックな領域では散見されるものの，一般的に普及した時期は，欧米・日本ともに2000年以降として捉えるのが適当と思われる。

▷**企業価値**
企業の経済的価値のこと。企業価値の理論的な評価についてはいくつかの考え方があるが，たとえば，経営者は時価総額（株価×株式総数）を上げるために株価の上昇を常に意識している。

▷**ソフトロー (soft law)**
企業や私人の行動を事実上拘束している規範のこと。ハードローの場合，司法によるエンフォースメント（法の執行）が保証されるが，ソフトローの場合，実際の遵守をどう確保すべきかが課題である。

▷**メセナ (mécénat)**
メセナとは，企業が主として資金を提供して文化，芸術活動を支援することを指す。

▷**フィランソロピー (philanthropy)**
フィランソロピーとは，博

ジティブな作用を考える必要がある。企業は製品やサービスの供給を通して，社会に便益をもたらしているが，加えて社会的課題の解決に結びつくような活動を一層意識することは，企業の利益にも資する可能性がある。

表V-1　ISO26000による社会的責任（SR）の定義

組織の決定及び活動が社会及び環境に及ぼす影響に対して，次のような透明かつ倫理的な行動を通じて組織が担う責任：
　―健康及び社会の繁栄を含む持続可能な発展への貢献
　―ステークホルダーの期待への配慮
　―関連法令の遵守及び国際行動規範の尊重
　―組織全体に統合され，組織の関係の中で実践される行動

出所：ISO SR 国内委員会監修・日本規格協会編『ISO 26000：社会的責任に関する手引』日本規格協会，2011年。

今日，このような「企業価値に貢献するCSR」の考え方が重要性を増している。かつての日本企業は**メセナ**や**フィランソロピー**といった社会貢献活動に注力した時期もあったが，今日のCSRは企業価値向上を念頭に置いた経営活動を重視するようになった。

また，企業活動は時として社会にネガティブな影響をもたらす危惧も警戒されよう。したがって，ネガティブな影響を減じるための対策として，「リスク管理としてのCSR」を講じることが現代企業の重要な責務である。海外諸国で生産活動を行う企業や鉱物を調達する企業は，現地での労働・人権面での対策を講じる必要があり，サプライチェーン（原材料・部品等の調達網）の末端で生じるリスクを点検する対応に力を入れている。かつてスポーツ用品メーカー・ナイキは，海外製造委託先の工場における児童労働についてNGOによる告発が契機となって，消費者による製品不買運動に直面した。今日，**人権CSR**への対応が重要な関心事となっている。

4　CSRの定義

以上のような今日的なCSRの動向を踏まえて，CSRの定義はどのように考えられているのか。**表V-1**は，**ISO26000**の定義である。ISO26000は2010年に発行された組織の社会的責任（**SR：Social Responsibility**）に関する包括的な文書である。そこでは，企業を含めたさまざまな組織の事業活動が社会・環境に及ぼす影響に対して，透明かつ倫理的な行動を担う責任と捉えられる。

また，EU（欧州連合）が2011年に発表したCSRの定義は「企業の社会への影響に対する責任」とされ，企業が社会に及ぼす「ネガティブな影響」を最小化するとともに，「ポジティブな影響」を最大化することが現代企業の責務として期待されている。重要なのは2001年に発表されたEUの定義と比して，企業の「自発性」という文言が消えていることである。すなわち，CSRは企業が自発的に対応すべき事項でないとの考え方が示されたともいえよう。

このようなCSRの定義から見るに，かつて**CSR消極論**が唱えられた時期もあったが，現代においてはCSR積極論が大勢を占めるようになったと考えられる。また，CSRの考え方は，グローバルな活動を行う企業の対応が進み，世界的な動きとして捉えていくことが適当である。

愛，慈善を意味するが，企業が直接または財団を通じて行う公益活動を指す場合が多い。フィランソロピーという言葉は主に米国で使われ，英国ではチャリティ（charity）という言葉が使われる。

▷ 人権CSR
⇒ V-4 「CSRの新動向」
▷ ISO26000
組織の社会的責任（Social Responsibility：SR）についてのガイドライン規格である。ISO（国際標準化機構）において，比較的長い審議を経て2010年に発行された。⇒ VI-2 「ソフトローとしてのCSR国際規格」
▷ SR（Social Responsibility）
SRとは，企業以外のさまざまな組織，自治体，NPO，教育機関などを含めた社会的責任を指す。また，CR（Corporate Responsibility）という呼称もあり，この場合，企業の社会的側面に限定されない，環境等を含めた企業の幅広い責任に留意した意味として眺めたい。
▷ CSR消極論
社会の基本的ルールを守った上で，利益を追求することが企業の社会的責任だとする見方である。代表的論者として，フリードマン（Friedman, M.）が有名である。

V　CSR をめぐる理解（1）：理論編

 # CSR の歴史的展開と関連分野

① 経営者の社会的責任から企業の社会的責任へ

　CSR の議論がアメリカにおいて比較的早く活発化したのは，20世紀に大規模な株式会社が発達し，その影響力が社会の中で増大したことに関係する。

　株式会社の大規模化が進行する中で，経営管理を担う経営者の役割が重要な存在となっていった。実業家のシェルドン（Sheldon, O.）は，1924年の著書『経営管理の哲学』において「社会的責任」の用語を用いて，経営哲学の前提として，株主の利益の追求のみならず，企業が社会サービスを提供する責任を強調した。また，バーリとミーンズ（Berle, A. A. & Means, G. C.）は，1932年に有名な著書『近代株式会社と私的財産』を著し，株式会社の巨大化とそこでの株式所有の分散化を背景に，**所有と経営の分離**が起こっていることを明らかにした。そこでは，**専門経営者**の役割が重要視されるべきことを唱え，民間企業の経営者といえども，公共的な使命を意識して，企業を取り巻く多様な構成員の期待に応える対応が必要であることを指摘した。さらに，「CSR の父」とも称されるボーエン（Bowen, H.）は，1953年に著書『ビジネスマンの社会的責任』において，ビジネスマンとして社会に期待される責任を遂行する義務を説き，「経営者は社会に対する受託者である」という考え方を示した。

　このように，経営者の責任を説く論調が強まる一方で，社会の中の企業の影響力の増大に対して警鐘を鳴らす見方も現れた。すなわち，経営者の会社運営に対して，経営者への監視を強化するメカニズムの必要性が訴えられるようになったのである。イールズ（Eeels, R.）は，1960年の著書『現代ビジネスの意味』において，企業を含めた私的部門の統治の分析が政府統治と同様に重要視されるべきと述べ，用語として**コーポレート・ガバナンス**をいち早く用いた。

② 社会からのアプローチ

　1960年代後半になると，社会から企業に向けて展開された運動が見られるようになった。**キャンペーン GM** では，公衆の利益をめぐる要求が株主提案権を行使する形で提起され，その後の取締役の選任のあり方等に大きな影響を及ぼすことになった。このように企業をとりまく**ステークホルダー**（利害関係者）によって，企業への影響力の行使が試みられ，実際に企業の政策変更を促す例が出てきた。企業は社会の意向をくみ取る中で，行動の正当性を担保すること

▷**所有と経営の分離**
株式会社の大規模化においては，株主の数が増大し，中小株主がふえて株式所有が分散するとともに，相対的に大株主の持株が低下する。他方，経営管理の職能が専門化するため，経営の支配権が株主から専門経営者に向かう現象を指す。

▷**専門経営者**
所有者ではない職業的経営者として，経営管理の職能を担う。

▷**コーポレート・ガバナンス**
⇨第Ⅳ章「企業とステークホルダー」，第Ⅻ章「市場および監督機関とコーポレート・ガバナンス」

▷**キャンペーン GM**
自動車の危険性について，その告発の対象として当時最大のメーカーである GM で展開されたキャンペーン活動。ネーダー（Nader, R.）らが主導した。

▷**ステークホルダー**
⇨Ⅳ-1「ステークホルダーの定義と理論研究」，Ⅴ-3「CSR の理論的視座と実証研究」も参照。

を意識するようになっていく。このような企業と社会をめぐる見方は，**ステークホルダー・アプローチ**と呼ばれ，数多くのステークホルダーとの適切な関係管理を志向していくことが企業の社会的責任をめぐる議論の重要課題となっていった。

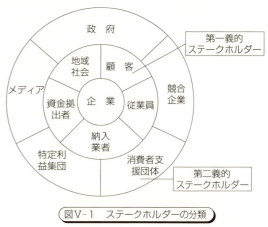

図V-1　ステークホルダーの分類

出所：フリーマン，R. E.・ウィックス，A. C.・ハリソン，J. S./中村瑞穂訳者代表『利害関係者志向の経営：存続・世評・成功』白桃書房，2010年，8頁を基に修正。

③ 企業の社会的責任論の細分化

1970年代には，アメリカで「企業と社会（Business & Society）」論が学問分野としての発達を遂げ，多くのビジネススクール（経営管理大学院）において「企業と社会」論の科目が設置されるようになった。

企業倫理論（Business Ethics）もこの時期に研究領域として進展を見せた。企業倫理論の学問的起源は，哲学・倫理学をその基礎とする応用倫理学の一部として展開されたものと，経営学の一部としての「企業と社会」論を基礎とする社会科学からのアプローチがある。前者は，従来からの企業経営を支える原則や価値観を規範論的に見直し，現代社会に適合するビジネスのあり方を探ろうとする変革志向の議論が多い。一方，後者は，現状に対する客観的な観察や測定を重視していこうとする見方が多い。

企業の社会的責任論は，以上のような分野への細分化を経ながら，消費者や市民運動の隆盛の中で議論の展開が拡大した。その中で企業はさまざまな社会的課題に対して，事前対応的（proactive）な行動を志向すべきことが明らかにされ，企業側の対応の進展もまた理論の展開を促すことになった。

④ 企業不祥事とコーポレート・ガバナンス

1990年代になると，世界諸国で発生した企業不祥事を契機とし，コーポレート・ガバナンスの議論が活発に行われるようになったが，その1つの焦点は株主重視の考え方を強調していくことで経営者への規律を確認していこうとするものであった。株主以外のさまざまなステークホルダーへの配慮を志向するCSRの議論は，経営の目標・優先順位をあいまいなものにさせてしまう危惧もある。そこで改めて経営者に対し，株価による経営規律を意識させるために，**企業価値**の向上を経営の重要目標として設定し，そのための経営者に対する監視制度を設計していく必要性を訴える議論が起こったのである。

以上，これら複数の学問領域の発展も，CSRの議論を考えていく上で相互関係を有する問題群を形成し，議論の活発化に寄与したといえる。

▷ステークホルダー・アプローチ
⇨ V-3「CSRの理論的視座と実証研究」も参照。

▷1　⇨ Ⅶ-2「アメリカの企業倫理」を参照。

▷企業価値
⇨ V-1「CSRとはなにか」

参考文献
佐久間信夫・田中信弘編『現代CSR経営要論』創成社，2011年。

V　CSRをめぐる理解（1）：理論編

CSRの理論的視座と実証研究

1　CSRの代表的理論

CSR研究の第一人者であるムーン（Moon, J.）の2014年の著書『企業の社会的責任』によれば，CSRの理論的視座として次の4つを取り上げている。

○CSRピラミッド

キャロル（A. B. Carroll）の「CSRピラミッド」では，CSRの構成要素として4つの責任をあげる（図V-2）。それぞれの要素間の関係として，経済的責任を土台に，次に法的責任があり，さらに倫理的責任を位置づけ，その上に社会貢献的責任が最上部を形成するようなものとして位置づけた。

経済的責任は，企業の利益責任であり，ほかのすべての責任の基礎として優先されねばならないものとした。市場競争の中での優位を保つことで企業は**ゴーイングコンサーン**となる。法的責任は，コンプライアンスであり，たとえば，わが国における企業活動を行う上での基本的な法的枠組みとして，会社法や上場企業に課される金融商品取引法などがあげられる。さらに，現代社会は企業行動に対してさまざまな規制を求めている。たとえば，消費者保護基本法，製造物責任法，労働関連法規，環境関連法規，独占禁止法や下請法などがあり，企業は法的な約束事を遵守しながら，適正な企業活動を行うことが求められる。

倫理的責任は，法的に規定されていないが，社会が期待する価値や規範を取り込もうとする責任である。今日，各種機関が制定する**ソフトロー**に自主的に従うことも必要であり，法令を超えた社会規範を遵守する意味を包含している。また，企業によって作成された経営理念や倫理の制度化施策などにも企業は事実上拘束されると考えられる。社会貢献的責任は，**良き企業市民**として地域や社会への貢献に関与しようとするものであり，この責任は企業の自発性に基づくものである。このようなCSRの意味内容を示す枠組みは，実務家にとっても理解しやすいもので，多くの支持を得た。

○ステークホルダー・アプローチ

フリーマン（Freeman, R. E.）は，1984年の著書『*Strate-*

▷**ゴーイングコンサーン**
(going concern)
継続事業体のこと。企業が将来にわたって事業を継続することを前提とする考え方のこと。⇨ⅩⅨ-1「経営戦略とは何か」も参照。

▷**ソフトロー**
⇨V-1「CSRとはなにか」

▷**良き企業市民（Corporate Citizenship）**
企業も，企業人も市民社会の一員，すなわち「企業市民」であるとして，企業の存立基盤である地域社会やコミュニティの健全な発展に貢献することを指す言葉である。

図V-2　キャロルの社会的責任ピラミッド

（ピラミッド上から）
- 慈善的責任：良き企業市民であること／共同体への資源貢献／生活の質の改善
- 倫理的責任：倫理的であること／正義・公正なことをする義務／他者を傷つけない
- 法的責任：法律に従うこと／法律は社会の善悪を成文化したもの／ゲームのルールによってプレーする
- 経済的責任：収益を上げること／全ての責任の基礎

出所：Carroll, Archie B., "The Pyramid of Corporate Social Responsibility: Toward the moral Management of Organizational Stakeholders," *Business Horizons*, Vol. 34, No. 4, 1991, p. 42.

gic Management（戦略経営論）』などでステークホルダー・アプローチを提唱した。企業とステークホルダーとの関係性から，現代企業を理解しようとするものである。ステークホルダー・アプローチでは，企業は多様なステークホルダーに配慮し，全体の利害を調整することが必要であるとする。したがって，企業とステークホルダーとの間には，相互依存的信頼関係が存在しなければならず，その形成と維持こそが企業の社会的責任にほかならないとされる。フリーマンが取り上げるステークホルダーの範囲は幅広く，企業から見た第一義的ステークホルダーとして，顧客，従業員，納入業者，資金拠出者，地域社会が該当し，第二義的ステークホルダーは，政府，競合企業，特定利益集団，消費者支援団体，メディア等をあげ，現代企業は後者のステークホルダーに配慮していくことも必要であるとしている。▷1

○トリプルボトムライン・アプローチ

トリプルボトムラインとは，企業を収益性のような経済的側面のみで評価するのではなく，企業活動を持続的発展の観点から，経済だけでなく，環境と社会の側面からも評価する考え方のことをいう。イギリスのサステナビリティ社代表のエルキントン（Elkington, J.）による造語であり，企業が行った人権配慮や社会貢献（社会的側面），資源節約や汚染対策（環境的側面）などについても評価していくべきと提唱した。彼が提唱した内容は，その後，CSR 報告の基本となる GRI のサステナビリティ・ガイドラインにも反映されている。

○CSV（共有価値）モデル

ポーター（Porter, M. E.）によって提唱された見方であり，企業利益と社会利益の両立を目指す活動を唱えた。

2 経済的業績と社会的業績の関係

一方，1980年代以降，企業の社会的業績を実証的に眺めようとする研究が数多く現れた。すなわち，社会的責任を果たしている企業は，財務的業績もよいのかといった問題関心が広がった。その背景として，**SRI（社会責任投資）**の動きが進展し，CSR を評価しようとする投資家による行動が拡大し，企業評価の考え方の発達を促すことになった点もあげられる。すなわち，株式市場評価の分析視点からも，企業の社会性を捉えていこうとする関心が増大していった。

数多くの実証研究の結果からは，企業の経済的業績と社会的業績について正の関係があることを一般化するには至っていないが，近年の研究動向においては，社会的業績が優れた企業は良好な経済的業績を示す結果が多い。この点は，現代のCSR 活動が本業およびそのプロセスを強く意識するようになったことを反映した結果であると考えられる。CSR 活動が経済的業績に及ぼす影響は近年強まっている可能性がある。

▷1 ⇨ V-2「CSR の歴史的展開と関連分野」

▷GRI（Global Reporting Initiative）
GRI は国際的な CSR 報告のガイドラインを策定する非営利団体である。⇨ VI-3「CSR 報告の現状と課題」も参照。

▷2 ⇨ V-4「CSR の新動向」

▷SRI（Socially Responsible Investment，社会責任投資）
従来の投資判断基準である財務的側面に加えて，その企業が「社会的責任を積極的に果たしているか」を判断材料として行う投資方法である。

（参考文献）
Moon, J., *Corporate Social Responsibility: A Very Short Introduction*, Oxford University Press, 2014.

V　CSRをめぐる理解（1）：理論編

 CSRの新動向：社会的課題と企業の役割

1　人権CSR：人権尊重責任を規定した「ラギー・フレームワーク」

多国籍企業に対する規制のあり方についての議論は，国連において長く交わされてきたが，2011年には「ビジネスと人権に関する指導原則」が国連人権理事会によって採択された。同原則はジョン・ラギー（Ruggie, J. G.）が国連事務総長特別代表に就任し，**ラギー・フレームワーク**として定式化した考え方に基づき，国家と企業の責任を明確化し，あわせて救済のスキームのあり方を定めたものである。企業に期待される行動基準として，人権への影響を特定，防止・軽減し，どのように対処するかについて責任を持つという**人権デュー・ディリジェンス**の考え方が示された。その手続きを進めることで，今日の多国籍企業は進出国やサプライチェーンの末端で起こり得るリスクへの対応を講じるようになった。すなわち，企業のネガティブな影響を最小化していく対応が求められるのである。

近年では，同原則と他の **CSR国際規格**との間で覚書（MoU）が交わされるようになり，2010年に発行された **ISO26000** や，2011年に改訂された **OECD多国籍企業ガイドライン**にも人権に関する考え方が取り入れられている。このように，CSR規格間の足並みが揃ってきたことで，ソフトローとしての影響力が高まりを見せるようになったのが近年の実情である。

2　CSV：共通価値の創造

ビジネスの手法によって社会問題を解決しようとする新たな動きが広まってきている。社会的価値と経済的価値はこれまで，企業のビジネス活動展開において相反する概念であると考えられてきた。しかし，ポーター（Porter, M. E.）らが提唱する共通価値の創造（CSV: Creating Shared Value）という概念によると，社会的価値と経済的価値は相反するものではなく，両立することによって企業はむしろ新たなビジネスチャンスをつかめると主唱する。

このように，CSVは，社会のニーズや問題に取り組むことで社会的価値を創造し，その結果，経済的価値が創造されるというアプローチであり，自社事業の価値を再認識することにもつながる考え方である。そのための方法として，ポーターは，①製品・サービスの見直し，②バリューチェーンの生産性の再確認，③操業地域（local cluster）における競争基盤の強化など，3つをあげてい

▷**ラギー・フレームワーク**
「保護，尊重，救済（protect / respect / remedy）」の枠組みともいわれ，内容は31の「原則（Principles）」に整理されて提示されている。

▷**人権デュー・ディリジェンス**
事業上の人権への影響を特定し，負の影響に対して防止・軽減，救済の措置を講じて，その効果を継続的に検証・開示すること。2011年5月，OECDでは「デュー・ディリジェンス・ガイダンス」が採択されている。

▷**CSR国際規格**
⇨ Ⅵ-2「ソフトローとしてのCSR国際規格」

▷**ISO26000**
ISO（国際標準化機構）による社会的責任規格（SR）。世界99カ国の参加による討議を経て，2010年に発行した。⇨ Ⅵ-2「ソフトローとしてのCSR国際規格」も参照。

▷**OECD多国籍企業ガイドライン**
⇨ Ⅵ-2「ソフトローとしてのCSR国際規格」

る。

❸ ベネフィット・コーポレーション：社会的価値を追求する企業形態

近年，アメリカでは，社会的価値を追求する企業形態である**ベネフィット・コーポレーション**を採用する動きが広がっている。社会的使命を最優先とする行動について，株主から訴えられることがないよう法的に保護された営利企業形態である。近年，カリフォルニア州をはじめ，多くの州で法的枠組みの整備が進んだ。このベネフィット・コーポレーションの法制度導入を各州に働きかけているのが，Bラボ（B-Lab）というNPOである。Bラボは，ベネフィット・コーポレーションの導入促進と並行して，自ら「Bコーポレーション」（B Corp）という，社会に価値を生み出す企業を認証する仕組みをつくりだし，パタゴニア社などの企業が認証を受けている。CSVが通常の営利企業に新しい視点を持たせることで，社会的価値と経済的価値を両立させようとするものであるのに対し，ベネフィット・コーポレーションは社会的価値の創造を主たる使命とする新しい企業を生み出そうとする取り組みである。

▷ベネフィット・コーポレーション（benefit corporation）
⇨第XIV章「社会的企業」

❹ フェアトレードとBOP：開発支援をめぐる新しいアプローチ

フェアトレード（fairtrade）とは，開発途上国で作られた作物や製品を適正な価格で継続的に取引することで，生産業者の生活を支える仕組みである。先進国による開発援助活動だけでは開発途上国の持続可能な発展を促せないという限界も意識され，その代替案の1つとして，援助よりも市場アプローチによる貿易に活路を見出そうとしたのがフェアトレード運動である。国際フェアトレード認証ラベルは，その原料が生産されてから，輸出入，加工，製造工程を経て「国際フェアトレード認証製品」として完成品となるまでの全過程で，国際フェアトレードラベル機構（Fairtrade International）が定めた国際フェアトレード基準が守られていることを証明するラベルである。コーヒーをはじめ，バナナ，紅茶，花，砂糖，手工芸品などの製品において実践されている。

また，プラハラード（Praharad, P. K.）らが提唱した**BOPビジネス**という考え方では，ビジネスの手法を通じて，世界の約7割にあたる低所得層の人たちの生活水準の向上に貢献しつつ，企業の発展にも資するビジネスをいう。

▷ BOPビジネス
⇨第XIII章「BOPビジネス」

以上，企業行動のポジティブな影響を最大化していく対応として，CSV，BOPビジネス，ベネフィット・コーポレーション，社会ラベル認証などを指摘できる。

VI　CSRをめぐる理解（2）：実態編

 CSRの国際的動向

 欧　州

　欧州の場合，CSRはEU（欧州連合）における政策的な展開が重視され，とりわけ2000年代以降，EUの行政府である欧州委員会によるCSRの取り組みが加速した。当初，欧州CSRは若年層の失業問題を背景に，雇用対策を中心に据えるものであったが，その後，サステナビリティやイノベーションといった領域を包含する政策として推進されるようになった。

　特筆すべき欧州CSR施策の特徴は，情報開示を通じて企業の取り組みを促す政策手法が重視されている点である。いくつかの国ではCSR情報の利用や開示をめぐる法制度が先駆的に導入された。イギリスでは1999年の年金法改正により年金基金等の**機関投資家**に対し，CSR情報を加味した投資責任が課された。デンマークでは2009年，上場企業を中心に年次報告書においてCSR情報の開示が義務化された。そのような流れを受けて，欧州企業は，自社にとって重要な開示内容を決定する**マテリアリティ**の考え方や，**ステークホルダー・エンゲージメント**の取り組みを実践するようになった。

　また，2000年代以降，国際機関や民間組織による**CSR国際規格**の発行が相次ぎ，欧州諸国においては，このような国際的な企業行動規範の役割が重んじられるようになった。2011年に，EUの欧州委員会がCSRに関する政策文書を発表し，その中で欧州の大企業はいくつかの代表的なCSR国際規格にコミットしていくべき方針が示された。このように，EUは財政危機問題を抱えながらも政策的にCSRを推進していこうとする動きに変わりはない。また，このようなEUの動きは世界諸国に影響を及ぼすことになる。情報開示にはサプライチェーンの情報も求められるため，アジアで事業を行う欧州企業や欧州で事業を行うアジア企業にも開示の要請が義務付けられる。

 米　国

　米国においては，一般に市場競争が重視されるように，CSRに対して政府が主導する役割が必ずしも大きいとはいえない。企業は地域社会において**良き企業市民**としての役割を意識するが，企業経営は株主を中心に据えた企業価値の向上を基本的姿勢としている。とりわけ大企業は分散化した株式所有構造の下，機関投資家の影響に対応していく姿勢が必要である。ERISA法（従業員退

▷**機関投資家**
⇨ XII-2「機関投資家とコーポレート・ガバナンス」

▷**マテリアリティ（materiality）**
企業が取り組むべき重要課題のこと。⇨ VI-4「ステークホルダー・エンゲージメントの実践と課題」も参照。

▷**ステークホルダー・エンゲージメント（stakeholder engagement）**
⇨ VI-3「CSR報告の現状と課題」，VI-4「ステークホルダー・エンゲージメントの実践と課題」

▷**CSR国際規格**
⇨ VI-2「ソフトローとしてのCSR国際規格」

▷**良き企業市民（corporate citizenship）**
⇨ V-3「CSRの理論的視座と実証研究」

▷**紛争鉱物開示規則**
2012年8月に，SEC（米証券取引委員会）により採択。これにより，アフリカ・コ

職所得保障法）により，機関投資家の受託者責任が強く意識されており，米国でのCSRの議論はコーポレート・ガバナンスの志向性を内包している。

また，平時においては，企業活動を抑制するような法的規制が志向される傾向はあまりないが，重大な企業不祥事等の問題が発生した時には法律の介入が行われる。2008年の金融危機への対応措置も速やかに講じられ，2010年7月に成立したドッド＝フランク法における一連の措置の中ではCSRに関係する事項として，**紛争鉱物開示規則**が法案化された。これに対し，日本企業を含め，世界の大企業が対応を講じている。また，2010年にはSEC（米証券取引委員会）による上場企業に対する気候変動情報を開示すべき指針なども示されており，株主保護の観点から主にリスク要因の開示が義務化される傾向がある。

③ 日　本

日本については，CSRは企業の自主的な取り組みが中心であり，法制度による企業規制は目立たず，企業自身による取り組みの方が先行した。たとえば，日本では大多数の企業がアニュアル・レポートやCSR報告書を自主的に発行している。開示内容に対し，さまざまな機関がそれを評価し，アワードを付与する動きも慣例化している。このようにCSR情報の開示については，自主的な企業対応の結果，環境，社会，ガバナンス面での開示が拡充している。

また，日本企業には**三方よし**の考え方に代表されるように，長期的な事業を行う上でステークホルダーに対する配慮が伝統的に組み込まれた社会風土があり，そのことが今日の日本企業のCSRのあり方を規定しているともいえる。CSRをめぐるハードローについては，企業に求められる厳しい環境規制などもあるが，コーポレート・ガバナンスの法規制を含め，企業行動を抑制するような規制に対しては，概して消極的なスタンスを示してきた。すなわち，企業側の自主的な取り組みの重視がCSRデザインの基本にあり，日本企業の行動は同業他社の動きや外来文化の影響に対して適応しようとする態度がCSRへの対応を形づくっているといえる。したがって，グローバルな展開を志向する日本企業においては，CSRに関わる国際動向に注力しているのが現状である。

④ 新興諸国の動き

一方，新興諸国の動きとして，インドでは会社法（2013年）において，一定条件を満たす企業は純利益の2％をCSR活動へ拠出する定めが設けられた。南アフリカ共和国のヨハネスブルグ証券取引所では，上場企業にCSR情報を含めた**統合報告**（Integrated Reporting）の作成をいち早く義務付けた。また，ブラジルの証券取引所では上場企業にサステナビリティ・レポート作成の有無を報告させ，作成していない場合はその理由の開示を求めている。中国では，国策としてCSR報告書の作成を推進している状況である。

ンゴ民主共和国および隣国産の紛争鉱物（タンタル，錫，タングステン，金）を製品に使用する企業は報告義務が課せられる。同地域の紛争では，鉱物が武力勢力の資金源となっており，悲惨な人権侵害を引き起こす反乱軍の資金源を絶つことを主な目的として，米国における上場企業に対し，サプライチェーンのデュー・ディリジェンス（⇒Ⅴ-4「CSRの新動向」）の実施を求めている。

▷**三方よし**
「売り手よし，買い手よし，世間よし」という江戸期の近江商人が残した家訓といわれる。売り手と買い手がともに満足し，また地域社会への貢献もできるのが良い商売であり，経営の長期的発展につながるということ。⇒ⅩⅤ-2「近江商人の三方よし経営」

▷**統合報告（Integrated Reporting）**
今日，財務情報と非財務情報を統合したものを報告する動きが強まっている。そのためのフレームワークが国際統合報告評議会（IIRC: International Integrated Reporting Council）により，2013年12月に公表された。

（**参考文献**）

Vogel, D., *The Market for Virtue : The Potential and Limit of Corporate Social Responsibility*, Brooking Institution, 2005（小松由紀子他訳『企業の社会的責任の徹底研究』一灯社，2007年）.

佐久間信夫・田中信弘編『現代CSR経営要論』創成社，2011年。

VI　CSRをめぐる理解（2）：実態編

 # ソフトローとしてのCSR国際規格

▷ CSR国際規格
「国際企業行動規範」，あるいは単に「CSR規格」などともいう。

▷ソフトローとハードロー
⇨ V-1「CSRとはなにか」

▷ エンフォースメント (enforcement)
一般に法の執行を意味し，法律を実際に守らせるようにすることを指す。ここでは，CSR規格の実効性の確保を意味する。

▷ ISO14001
ISO14001は，環境面での企業行動の配慮についての認証規格である。取引開始時等に同規格の保持が求められる場合があり，日本においても取得企業は多い。

▷ SA8000
策定機関であるアメリカのNGOであるSAIによる監査手続きを経ることで，労働CSRへの配慮が示される規格である。中国や東南アジア等で製造を行う先進国企業の現地事業体による取得が進んでいる。

▷ フェアトレード認証ラベル
⇨ V-4「CSRの新動向」を参照。その他，環境に関係する認証規格として，RSPOによる「パーム油認証マーク」，森林認証の「FSCマーク」，水産物認証の「海のエコラベル」（MSC認証）などがある。

1 CSR国際規格

近年，CSRに関係する規格やガイドラインが数多く登場したが，それらを**CSR国際規格**と呼んでおこう。国際機関や民間組織によって策定されたCSRに関する規格が乱立している中で，それぞれの役割をどのように考えるべきか。代表的なCSR国際規格を取り上げて現状動向について考えていく。

2 CSR規格のエンフォースメント

ソフトローとしてのCSR国際規格は，**ハードロー**のような法的拘束力を持たないため，企業に遵守させるための仕組みが必要である。そのような**エンフォースメント**の仕組みについての形式を分類してみる。エンフォースメントの形式は，規格ごとに異なり，ここでは次の3つの類型，①認証主体による審査手続きを備えるもの，②違反や報告義務を怠った場合，社名公表措置を講じるもの，③規格の幅広い普及を目指してエンフォースメントの仕組みを持たせず，採用企業の多寡により影響力を持つようになるものを示そう。その他の分類として，企業や業界団体が策定する自主規制ルールも考えられる。

〇認証型CSR規格

第1のタイプは，認証主体による審査手続きを備える規格である。たとえば環境面での認証規格として著名な**ISO14001**，労働CSRの認証規格である**SA8000**，**フェアトレード認証ラベル**などがそれに該当する。

認証型CSR規格は，環境や社会面での広範囲の内容に対し，認証機関がすべてを精査した上で内容を保証することは困難である。したがって認証はあくまで企業が講じる対策についてのプロセスを確認するものとなる場合が多い。

〇社名公表型CSR規格

第2のタイプは，エンフォースメントの仕組みが内在するCSR規格である。国連グローバル・コンパクト，OECD多国籍企業ガイドライン，ILO三者宣言などがこれに該当する。

OECD多国籍企業ガイドラインの場合，参加国政府がガイドラインの実施に対し責任を持つことが規定されており，具体的にはガイドライン違反企業に対する申し立てを，参加国の連絡窓口（**NCP**）に提訴することができ，NCPは関係者に対して協議する場をあっせんする責任を持つ。そして，おおむね1

表Ⅵ-1 主要なCSR国際規格

	概　要
国連グローバル・コンパクト	国連事務総長であったコフィー・アナンによる提唱。「人権・労働・環境・腐敗防止」の10原則に対し，CEOの署名による参加を促す（2000年発行）。
OECD多国籍企業ガイドライン	多国籍企業に対するガイドライン。違反企業の申し立て機能があり，参加国は窓口（NCP）を設置し，解決に努める（1976年発行，2011年改訂）。
ISO26000	ISO（国際標準化機構）による組織の社会的責任（SR）に関するガイドライン。世界99か国の参加による討議を経て，2010年に発行した。
GRIガイドライン	CSR報告に関するガイドライン。1997年，セリーズ（CERES）が国連環境計画（UNEP）などの協力を得て活動開始。2013年には第4版を発行。
ISO14000シリーズ	基本となるISO14001は「環境マネジメントシステム」の国際規格。認定機関による認証を取得することが必要（1996年発行，2015年改訂予定）。
ILO三者宣言	「多国籍企業及び社会政策に関する原則の三者宣言」（1977発行，2006改訂）。政労使による労働慣行に関するガイドライン。
SA8000	米国SAI（Social Accountability International）による労働CSRについての認証規格（1997年に策定）。
フェアトレード認証ラベル	国際フェアトレード機構（Fairtrade International：FLO）による認証。FLOは1997年に世界各国にある組織がまとまり設立された。

出所：筆者作成。

年以内の解決が目指され，最終的にはNCPによる声明によって企業の取り組み姿勢を含めて結果が開示される。

国連が創設したグローバル・コンパクトについては，CEO等の署名による参加という形がとられる。参加企業は年次報告の提出を義務付けられており，未提出が続く企業に対しては除名措置がとられる。その際，社名公表による開示が行われることがエンフォースメントの手段として位置している。

このように，エンフォースメントの形式は多様な形をとるが，情報開示を基本にさまざまなステークホルダーが開示内容を監視していく，いわば「掲示板機能」がエンフォースメントの中心的仕組みとして位置している。

○ガイドライン型CSR規格

第3のタイプは，エンフォースメントのない任意的指針提示型のCSR規格である。ISO26000，GRIのサステナビリティ・ガイドラインなどがこれにあたり，企業側はそれらを自ら必要に応じて参照・準拠するものであり，ガイドラインを活用する度合いにより各企業の開示内容の量や質は異なる。

これら2つの規格はともにグローバル企業の多くが参照するようになっており，準拠すべきことが望ましい規格として認識されている。ただし，これら規格の参照の程度は，基本的に企業の自主的判断に基づいており，エンフォースメントはとくにない。すなわち，開示結果はさまざまなステークホルダーによって監視されているとの前提に立つものである。

▷NCP（National Contact Points）
NCPの役割や運用のあり方は現段階において国により違いがあるが，OECDでの年次会合の開催等を通じて経験を共有しあう形でノウハウを蓄積している途上である。

▷ISO26000
7つの中核主題（組織統治，人権，労働慣行，環境，公正な事業慣行，消費者課題，コミュニティへの参画）におけるベストプラクティスが例示される手引きとしての性格を有するガイドライン規格である。したがって，ISO14001などと異なり，第三者による認証手続きをもたない。各企業がCSRの実践活動を主導し，その取り組みをステークホルダーに向けて発信していく。

▷GRIのサステナビリティ・ガイドライン
GRIガイドラインは，CSR報告書を作成する上での包括的な参照基準を提供しており，企業側の考え方に基づき参照箇所を選択し，それを報告書の中で対照表などの形式も踏まえて開示するものである。

Ⅵ　CSRをめぐる理解（2）：実態編

 CSR報告の現状と課題

 CSR報告の動向と意義

　2000年代以降，企業によるCSR報告が拡充し，日本企業においては「環境報告書」の発行を皮切りに，その後，多くの企業が **CSR報告書** を自主的に発行するようになった。2011年のKPMGによる調査『CSR報告に関する国際調査』によれば，世界34カ国における上位10カ国で8割以上の企業（各国の売上高上位100企業）がCSR報告書を作成しており，内，上位3カ国はイギリス（100％），日本（99％），南アフリカ（97％）の順で各国上位企業では大多数が報告書を作成している。

　法制面の要請としては，デンマークやイギリス，フランスなどでCSR情報を含めた非財務情報の法定開示が早期に行われ，この動きは欧州を中心に拡大している。2014年9月にはEU（欧州連合）として非財務情報開示の指令が正式に発せられ，上場企業等は社会，従業員，環境，人権，腐敗防止に関する方針，実績，主要なリスクについての開示が義務付けられた。このようなEUの動きは世界諸国に影響を及ぼすことになる。情報開示にはサプライチェーンの情報も含まれるため，アジアで事業を行う欧州企業や欧州で事業を行うアジア企業にも開示が義務付けられる。さらに，新興諸国の最近の動向も重要であり，インド，南アフリカ，ブラジル，中国などの国でも独自の動きがある。

　一方，日本では，独立行政法人において環境報告書の作成を義務付ける動きが見られたが，企業に対する法定開示の動きは目立たず，企業自身による取り組みの方が先行した。

　ところで，企業にとってCSR報告を行う意義は，どのようなところにあるのか。株主に対しては財務情報を中心とする一連の法定開示の要請があり，また **IR活動** において株主の要望を把握し，その対策を講じていくことが企業価値を向上させる意味でも重要である。その際，長期的な企業評価を行う上で，CSR情報を含めた非財務情報の分析が重要視されるようになっており，企業としてはそのような要請への対応を行うとともに，自社事業の将来価値を積極的に訴えていくことを重視するようになった。また今日，企業活動に関心を持つNGOや市民社会も企業行動の情報開示を求めており，開示情報をもとに監視活動が行われ，企業はその対応についての報告を重要視するようになった。

▷ **CSR報告書**
日本では，「CSR報告書」以外の名称として，環境報告書，サステナビリティ・レポートなどさまざまな名称である。

▷ **IR活動**（IR: Invester relations）
投資家向け広報活動のこと。

▷ **有価証券報告書**
金融商品取引法により，上場会社等が自社の情報を外部に開示するために作成する報告書である。

② CSR 報告のための基準

それでは企業が CSR 報告を行うための基準はどのようになっているのか。各企業がバラバラな形式で情報提供を行うことは企業情報を活用する立場から見ても有用ではない。たとえば，日本で要請される**有価証券報告書**は細則主義のもとに開示すべき項目が詳細に定められているが，世界的に非財務情報を規定する法制枠組みはなく，ソフトローの自主的活用に委ねられている。

今日，世界のグローバル企業を中心に準拠すべきフレームワークとして有名なものの1つが **GRI のサステナビリティ・ガイドライン**である。多くの企業が同ガイドラインに準拠し，開示している項目について対照表を作成し，CSR 報告書等においてそれを掲載するようになった。

企業が準拠しているもう1つのフレームワークは **ISO26000** である。2010年に発行後，ISO26000 が掲げる7つの中核課題に対して，自社の CSR 活動の実践を具体的な形で報告を行うためのガイドラインとして活用が進んでいる。ISO26000 の特徴は，①企業のみならずさまざまな組織がそれを活用できるという組織の社会的責任（SR）として規格が成り立っていること，②第三者認証という形を取らずにさまざまなベストプラクティスを例示することで，企業が自由な取り組みを促進させることに配慮したことである。

このように CSR 報告が準拠するフレームワークが発達したことも，今日の CSR 報告の拡充の背景として重要である。報告書の発行形態としては，CSR 報告書等の様式で独立させるものから，財務情報と非財務情報を統合させる統合報告書の動きまで多様な進展が見られる。後者の**統合報告**の動きとしては，IIRC（国際財務報告評議会）が GRI 等の参加のもとに設立されて以降，世界的な開示フレームワークの構築に向けて活動を展開している。すでに日本企業において統合報告を行う企業も少なくなく，長期的な自社の企業価値を訴求していくための情報素材として統合報告の活用が意識されるようになった。また，開示情報の質を保つことも重要課題であり，CSR 報告に対する第三者保証や第三者意見を付与する動きも見られる。

一方，日本企業の CSR 報告の課題として，発行状況は世界有数の位置にあるが，だれに向けてどのような情報を提供するかという**マテリアリティ（重要課題）**の考え方が課題であり，**ステークホルダー・エンゲージメント**の実践方法が問われている。

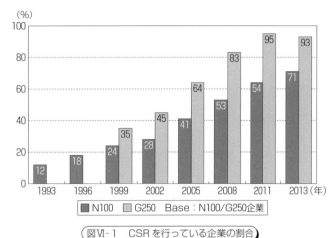

図Ⅵ-1　CSR を行っている企業の割合

（注）N100 は調査対象の各国上位100社，G250 は世界上位250社の割合。
出所：『KPMG による CSR 報告に関する調査 2013 主要データ集』KPMG，2013年。

▷ **GRI のサステナビリティ・ガイドライン**
正式名称は GRI Sustainability Reporting Guidelines。2000年に第1版が発行され，2013年には第4版に改訂されている。⇨ Ⅵ-2「ソフトローとしての CSR 国際規格」も参照。

▷ **ISO26000**
⇨ Ⅵ-2「ソフトローとしての CSR 国際規格」

▷ **統合報告 (Integrated Reporting)**
⇨ Ⅵ-1「CSR の国際的動向」

▷ **マテリアリティ（重要課題）**
⇨ Ⅵ-4「ステークホルダー・エンゲージメントの実践と課題」

▷ **ステークホルダー・エンゲージメント**
⇨ Ⅵ-4「ステークホルダー・エンゲージメントの実践と課題」

（参考文献）
田中信弘「三方よしのための CSR 報告」水尾順一・田中宏司編『三方よしに学ぶ，人に好かれる会社』サンライズ出版，2015年。

Ⅵ　CSRをめぐる理解（2）：実態編

 ステークホルダー・エンゲージメントの実践と課題

▷エンゲージメント
英語の engagement は，通常，取り決めや約束などを意味する。ここでは，ステークホルダーとの関係づくりを通じた協働の意味を持つものと捉えている。また，コーポレート・ガバナンスでは，株主との「目的を持った対話」の意味として捉えることが定着しつつある。なお，フランス語の「アンガージュマン」は，フランス実存主義の流れの中で，状況に自ら関わる社会的参加の意味を持つといわれる。

▷ISO26000
⇨ Ⅵ-2 「ソフトローとしてのCSR国際規格」

▷マテリアリティ（重要課題）
用語のオリジンは，会計領域における「重要性の原則」という考え方である。財務に重要な影響を及ぼす重要な要因という意味合いで使用されてきた。その用語がCSRの議論に導入された背景には，CSR活動が長期的視点で財務や企業経営に影響を及ぼす重要な要因であると認識されてきたことがあげられる。

▷AA1000 Stakeholder Engagement Standard (AA1000SES)
AccountAbility は，イギリスの非営利団体 Institute of Social and Ethical Ac-

1 ステークホルダー・エンゲージメントとは

ステークホルダー・エンゲージメントとは，ステークホルダーの関心事項を理解し，企業活動や意思決定に反映する取り組みを意味する。**エンゲージメント**は，企業とステークホルダーの双方向の関係管理として理解されており，ステークホルダー側によるエンゲージメント活動としては，株主やNGOなどが企業に要望を伝えて改善を期待する活動があげられる。一方，企業側によるエンゲージメント活動は，ステークホルダーに自社の活動を理解してもらう取り組みであり，ステークホルダー・ダイアログ（対話）はその1つの形態である。**ISO26000**では，ステークホルダー・エンゲージメントが組織の社会的責任（SR）の取り組みの中心であると捉えている。

このような企業とステークホルダーとの最適な関係構築のためのエンゲージメントの考え方は，次のように変化してきている。すなわち，企業とステークホルダーが双方向のコミュニケーションを通じて相互理解を促進する段階から，それを超えて解決すべき課題（エンゲージメント・アジェンダ）を設定した上で企業価値向上に向けた課題解決について議論し，緊密な関係を維持しながら結果を出していくものとして捉えられるようになった。

また，エンゲージメント活動を行うに際して意識されているのは，課題解決を実践し，その結果をCSR報告書等で開示していく責務が発生していることである。株主・投資家に対しては，財務情報を中心とする一連の法定開示の要請があるが，一方でIR活動において株主の要望を把握し，その対策を講じていくことが企業価値を向上させる意味でも重要である。またその際，長期的な企業評価を行う上では，非財務情報の分析が重要視されるようになり，現在，その面での開示フレームワークの構築も進められている。

2 ステークホルダー・エンゲージメントの手続き：AA1000規格の利用

エンゲージメントの手続きについては，企業とステークホルダー双方にとっての**マテリアリティ（重要課題）**をどのように特定し，それをどのように管理していくかが重要である。AccountAbility 社が提供する **AA1000 Stakeholder Engagement Standard**（AA1000SES）では，次のようなプロセスを踏む。

○**検討と計画（Thinking and Planning）**

まず，ステークホルダーの要望や期待の把握である。マテリアリティを特定するにあたって，社会課題の抽出を幅広い視野から行う。そして，顧客，取引先，株主，社員等に対してダイアローグ等を実施し，優先的に取り組むべき課題を絞り込む。その上で「ステークホルダーにとっての重要度」と「当該企業にとっての重要度」の2軸で評価し，企業としての重要課題を決める。

表Ⅵ-2　東芝グループのマテリアリティ特定のプロセス

① ISO26000の中核主題に沿って自己評価
　　―7つの中核主題の項目（345項目）に沿って，関連部門が自己評価を実施。
② 第三者機関によるCSR活動レビュー
　　―自己評価結果に対して，12部門を対象に，第三者機関がヒアリングなどを行うCSR活動レビューを実施。
③ マテリアリティ（重要テーマ）を抽出
　　―「東芝グループの事業が社会に与えるインパクト」と「東芝グループへのインパクト」の観点でテーマをマッピング。
　　―2013年度は「人権の尊重」，「サプライチェーンでのCSR推進」，「環境経営」をマテリアリティとして抽出。
④ CSRマネジメントへの組み込み
　　―特定したマテリアリティは，KPI（Key Performance Indicator）を設定して，CSRマネジメントサイクルに組み込む。

出所：『CSRレポート　2014』東芝。

○**準備と実施（Preparing and Engaging）**

つぎに，エンゲージメントの方法を定め，重要課題の解決に取り組む。そのためには自社の能力を構築しつつ，重要課題を積極的に理解し，改善していくことでステークホルダーとの関係を深める。

○**対応と測定（Responding and Measuring）**

さらに，エンゲージメント活動の検証である。CSR報告書において，自社の実践を紹介し，それに対して有識者による第三者意見の記載が行われるケースも少なくない。

ステークホルダー・エンゲージメントの効果としては，社外のステークホルダーとの関係管理のみならず，CSRの新しい課題（例：人権など）への対応に際して，社内の部門の壁を越えて取り組みが促進される場合がある。これらの経験から，エンゲージメントというプロセスが，CSRの社内浸透を促し，部門間の融和効果を引き出す点も1つの意義であるといわれる。

3　ステークホルダー・エンゲージメントの課題

ステークホルダー・エンゲージメントの様式は，欧米多国籍企業を中心に整備されてきたが，日本における課題として，ステークホルダーとしての**市民社会側の作用**が必ずしも強くないことをあげておく。

一方，グローバルな活動に軸足を置く日本企業は，近年，新興諸国における労働・人権対応を講じていく必要に迫られた。国内外のNGOの活動が日本企業に対して今後さらに影響を強めていくものと思われる。

このように，社会の側の作用が企業のエンゲージメント活動や情報開示の意義を問う上での要であり，社会の側のモニタリング能力の向上がこれからの企業と社会の関係を考えていく上での課題である。

countability（ISEA）の中に設置された組織である。AA1000SESは，2005年に発行後，2011年に改訂されている。ほかに，AA1000ASがあり，CSR報告の保証基準を提供している。

▶**日本の市民社会側の作用**
市民社会の企業への監視の動きが，実は企業側のエンゲージメント活動や情報開示の姿勢を規定しているところが少なくない。すなわち，エンゲージメントの相手が見定められることで活動の焦点や対策が明確となる。日本企業の現状はこの点を反映し，やや総花的なCSR情報の開示が目立つといわれる。

第2部　企業と社会

Ⅶ　企業倫理の理論と実際

 ## 企業倫理の意義

1　企業倫理とは

　近年，現代社会を揺るがすようなさまざまな事件・事故が連日のようにマスコミによって報道されている。特に，企業と関連して生じている企業不祥事に関する記事は後を絶たない。これらの諸問題と係る重要な単語に「企業倫理」がある。これは本来 'business ethics' という用語であり，アメリカからの輸入語である。この用語と類似した単語には，'ethics in business'，'corporate ethics management'，'ethics managerial ethics' などがあるが，ここではこれらの用語とは区別して使用する。

　日本では1990年代以降「企業倫理」や「経営倫理」と訳され，経済界はもちろん経営学関連学会では産業を問わず発生している企業不祥事への解決策として注目が集められている。特に，「企業倫理の制度化」という名の下で大企業を中心に，グループ内で統合された企業倫理システムの体系的な整備が行われたのもこの時期以後であった。さらにその後，1993年に企業倫理を集中的に取り扱う専門機関として日本経営倫理学会の設立と水谷雅一が主導した「**経営倫理実践研究センター**」（1997年12月）の設立がみられるなど一定の進展もあった。

　では「企業倫理とは何か」。この問いに関してはこれまでの研究実績の多さが物語っているように，実に数えきれないほどの研究者によって数多くの定義がなされてきている。ここでは「企業内における人間行動，ならびに社会における企業行動に関し，厳格な倫理的基準にもとづく諸要件の充足を求め，その達成にとって有効なあらゆる具体的な措置を積極的に推進しようとする社会的動向」とする中村（2001）の定義に従う。

　さらに，ここでは近年 'business ethics' としばしば混同して使用しているCSR（corporate social responsibility：企業の社会的責任）と区別する。企業倫理は，**企業不祥事**を引き起こす危害の予防に重点をおく概念であり，CSRは，社会貢献活動，地域社会への貢献，環境問題への配慮，寄付行為などのように企業の外側への善行の促進に重点をおく概念とみるホフマン（Hofman, W. M.）の主張に従う。

2　企業倫理がめざすもの

　では本章の目的である「企業倫理は何をめざすべきなのか」という問いに戻

▷経営倫理実践研究センター（BERC：business ethics research center)
1997に水谷雅一らによって設立された機関。企業倫理の研究と普及を目指し，産学協同を行う。日本経営倫理学会との強力な連携を通して現在まで140社以上の法人が会員として活動している。⇨ Ⅶ-3「日本の企業倫理」も参照。

▷企業不祥事（corporate scandal）
企業の法令違反や利害関係者への配慮が不足することによって発生する事態をいう。日本では1990年代以後，個人情報の漏えい，総会屋への利益供与，談合，粉飾決算，インサイダー取引などの形で発生しており，特定の業界や分野に集中せず全方位的に発生しているのが特徴である。

ろう。**図Ⅶ-1**は従来まで最も重要視されていた効率性（業績）を縦軸にし、近年その重要性がますます高まっている社会性（倫理性）を横軸にして企業の類型を分類したものである。

図Ⅶ-1　収益性と倫理性による企業の類型
出所：筆者作成。

われわれが住んでいる現実の世界に存在する企業に対するイメージはいかなるものがあるのか。おそらくわれわれが理念形の企業形態として考えるのが、「業績もよくて高い倫理性を有する」「B」タイプの企業であろう。しかし、このタイプで世の中に存在する企業は非常に少ない。また、倫理的にもレベルが低くてしかも業績を上げるのに失敗している「C」タイプの企業は議論の余地もない。

そうなると、業績は悪いが、高い倫理性を誇る「D」タイプの企業と、業績は好調であるが、倫理性に問題がある「A」が残る。前者の場合の企業に対しては、普通多くの人々に切なさや同情心を誘発させるであろう。一方、後者の「A」タイプは、われわれが企業倫理を実現するに当たって最も多く登場するのである。たとえば、近年の不祥事でよく登場するセリフでもあるが、「会社のためだからしょうがない」「自分の会社だけ清廉潔白になっても社会は変わらない」という誘惑である。実際に、2003年に日本中を騒がした**ライブドア**によるフジテレビ買収劇は未だに脳裏に鮮明に残っている。ライブドアの社長であった人物は「金稼ぎのためなら法律の隙間を狙ったあらゆる手段を選ばない」として世間から注目を浴びていた。しかし、結果的にプロ野球球団の買収に乗り出した際に、財政面で競争相手より遅れをとっているのではないかという懸念が先に走って粉飾会計をしてしまった。この不祥事は世間に暴露され、IT企業の成長神話を成し遂げた寵児としての看板を下ろす結果となってしまった。

結論からいうと、企業倫理の中心的テーマは、図Ⅶ-1で分類された2つのタイプ、すなわち「D」タイプの企業に対しては、経済、社会、国家などからの総体的支援をし、また「A」タイプの企業に対しては倫理性を向上させるための何らかの制度的圧力や誘因をみつけ出すかにある。

企業倫理は企業不祥事を100％退治できる万能薬ではない。ただいえるのは、この企業倫理の究極的な役割が、「D」タイプと「A」タイプの企業を「B」タイプに少しでも近づけるところにある。

▷ライブドア
IT企業として知られているが、前社長の堀江貴文氏がフジテレビの買収をめぐって敵対的買収をしかける手法を通して巨額の利益を手にしたことで有名になった企業である。

参考文献
中村瑞穂「企業倫理実現の条件」『明治大学社会学研究所紀要』vol. 39, No. 2, 2001年, 87-99頁。

第2部　企業と社会

VII　企業倫理の理論と実際

 アメリカの企業倫理

1　企業倫理の形成期（1960〜1970年代）

企業倫理の先進国として知られているアメリカは企業倫理の発展段階を一般に3つ（1960〜1970年代：形成期，1980〜1990年代：発展期，2000年以後：変換期）に大別している。以下，その形成期から跡づける。

1960年代にはベトナム戦争への参戦反対運動による社会的良心の高まりや，環境基準，雇用機会均等制の導入などがみられる。1970年代には，雇用に対する人種的差別を防止するための**公民権運動**，消費者を不正な貸金業から保護するための消費者信用保護法の制定，政治と経済の癒着がもたらした**ウォーターゲート事件**の発生が注目を浴び，従来まで何の規制もなかった企業行動様式に対して，社会が本格的に問題視し始めた時期として認識されている。

さらに，1970年代末に発生した「ロッキード事件」は，日本の総理大臣まで関与した大きな事件として認知されており，当時，アメリカ国内の国民に限定されていた法の適用範囲を海外での活動まで広げ，外国公務員に対する不正な資金提供・支出を摘発できる「海外腐敗防止法」の制定までに至る原因となった。

このように，1970年代はアメリカの社会において企業活動を社会的に制約しようとする傾向が強くなったことが明確になった時期であり，全社会的な規模で適切な対応の実現に向けて様々な努力がなされ，その成果がみられた。

2　企業倫理の発展期（1980〜1990年代）

この時期はアメリカ経済の不況の下で，M&Aがいわゆる「金儲けの手段」として流行した時期であり，企業倫理の問題が個人の価値観，倫理観の問題にまで深められた時期である。特に，1980年代では旧ソ連のアフガニスタン侵攻を契機に，レーガン政府が標榜した「**パックス・アメリカーナ**」政策が当時の防衛産業を腐敗させる直接的な原因となった。中世のローマが標榜した「パックス・ローマナ」を真似て，この強力な軍事力によって世界を支配するという政策的方針は逆に，アメリカの防衛産業において談合，賄賂，水増し請求，キックバックなどのような不正行為を助長する結果となった。

さらに，1980年代半ばに生じた軍需産業のスキャンダルは「**DII原則**」と呼ばれる6つの原則を生み出す原因となった。また，レーガン政府が軍需産業で起きた不正請求事件を調査するために立ち上げた組織が，政府関係者と民間人

▷**公民権運動**
米国のキング牧師（Martin Luther King, Jr.）らを中心に，黒人を含む有色人種に対して行われていた人権問題を解決するために行った運動のことをいう。この運動は，当時，米国でみられた交通機関，水飲み場，図書館，学校などの公的機関の使用に対して白人が人種分離を行っていたことが合法であったことがきっかけとなっていた。

▷**ウォーターゲート事件**
1972年に発生した不正盗聴事件。当時大統領であったニクソンがこの事件に関与していたことが発覚して辞任した。

▷**パックス・アメリカーナ**
（Pax Americana）
中世ローマの覇権によるローマの平和（パックス・ローマナ）を真似て，アメリカのパワーによる世界平和を標榜したことば。

▷**6つのDII原則**（Principles of Defense Industry Initiative on Business Ethics and Conduct）
①倫理綱領の策定，②従業員への行動基準の提示およびその内容の周知徹底，③従業員による告発システムの策定，④連邦政府による監視，⑤自社による関連企業への監視，⑥①〜⑤を

で構成された「国防に関する大統領ブルーリボン諮問委員会（The President's Blue Ribbon Commission on Defense）」であった。すなわち，国防力を強化するために果敢に行った規制緩和と自由化路線が，産軍融合体の癒着体制を形成する結果となったのである。

1990年代にみられる制度改革の重要なものとしては，1991年に制定された「連邦量刑ガイドライン（Federal Sentencing Commission's Guideline）」がある。このガイドラインの核心的な内容は，違法行為を防止するための倫理プログラムを有する企業に対しては，仮に企業が違法行為を犯してしまった場合でも，組織ぐるみの犯行とはみなされず，罰金刑で寛大な処分で終わらせるという政策的意図が含まれていたことである。

これは前述したDII原則とともに企業倫理を企業内部に導入するための具体的な指針の役割を果たしたといえる。言い換えれば，DII原則が民間主導による企業の不正防止のための指針を提供したとするならば，量刑ガイドラインは司法サイドから企業倫理プログラムを企業内に誘引する役割を果たしたと理解されている。この「**企業倫理の制度化**」の動向は1990年に急速な進展がみられるが，具体的には，企業内でのコンプライアンス型企業倫理プログラムがある程度定着し，**倫理管理役員協会（EOA）**への参加者の爆発的な増加，倫理コンサルティング・ビジネスの本格的な形成などの形で結実される。

③ 企業倫理の変換期（2000年以後）

上述したように，アメリカでは1990年代までに企業倫理の制度化が進行した結果，主要なアメリカ企業の多くは，企業倫理の担当役員が重要なポストを占めるようになっている。しかし，深刻化する金融危機の影響を投資家らが調査するに従い，リスクを抱えたものや明らかに違法なものまで，一部企業では耳を疑うような行為も明らかになっている。このような結果は，「外からの規制を示すものであり，定められたある基準の下で組織の構成員を服従・追従・従順させること」を意味するコンプライアンス型の企業倫理だけでは不十分であるという反省に辿り着くことになる。

ペイン（Pain, L. S.）はこれらの反省を踏まえ，2000年以降アメリカで現れた企業評価の新たな基準として，バリュー，文化，倫理，ステークホルダー，市民性などが重要視されてきていることを主張した。社会がこれらに注目するようになった直接的なきっかけとしては，2002年に発生したエンロン，アーサー・アンダーセン，ワールドコムなどのようなアメリカを代表する大企業が起こした企業不祥事である。さらに，この新しい基準は，自由化，民営化，グローバル化，知識と技術の進歩など企業を取り巻く経営環境の変化に関わるものであり，これらが社会が企業のパフォーマンスへの新しい期待を生み出した。

▷**企業倫理の制度化（Institutionalization of Business Ethics）**
企業倫理の実践を確実なものとするために制度として考案されたものをいう。これは特定の制度・機構・手段などを整備・設置・採用することにより，企業倫理の実現を客観的に保証し，組織的に遂行することを主な目的とする。その主な構成要素として基本的に，倫理行動憲章，倫理委員会，マネジメント・トレーニング・プログラム，倫理監査などを含んでいる。

▷**倫理管理役員協会（EOA=ethics office association）**
アメリカにおいて組織の倫理，コンプライアンス，倫理プログラムなどに関連する職務に従事している人々に対してそのノウハウや訓練プログラムを提供することが目的で設立された協会である。

VII 企業倫理の理論と実際

日本の企業倫理

1 日本の企業倫理の由来

　日本で企業倫理に対する関心が高まったのは，1990年代初頭の「バブル経済の崩壊」後に急増した企業不祥事の発生からであった。この時期に連続して発生した不祥事と関連した，数多くの関係者の処分・逮捕，最高経営責任者の引責辞任が相次いだ。しかし当時，これらの日本企業の行動に対する日本社会の企業倫理への関心はそれほど高くなく，言葉のニュアンスから，伝統的な日本の経営理念，江戸時代以来の商家の社訓，あるいは家訓への復帰を促す，復古主義的な主張などの程度で考えられていた。それまでに後述する高田馨の一連の著作や小林俊治の先駆的な著作などは企業倫理について触れるものはあったものの，経営学や倫理学の中で本格的に論じられることは少なかった。

　このような動向は，企業倫理，CSR，コーポレート・ガバナンスなど，米国発の輸入品の導入に必死だった日本企業を，新たな変化の模索の岐路に立たせている。そこでいま日本企業の注目を浴びているのが近江商人の「**三方よし**」である。いわゆる「日本生え抜きの企業倫理」の源流に辿り着き，先人たちの経験や知恵に注目することには大きな意義がある。しかし，厳密な意味での「三方よし」の経営理念はCSRというより，社会の一員としての役割や責任を意味する「企業市民（corporate citizenship）」に近いのではないかというのが筆者の考えである。

　近江商人が標榜した「三方よし」の精神は，時代的な背景は異なるにしても，私利に対する欲求を抑制して，その結果として利益が回ってくることに他ならない。今日のような急激でグローバルな事業展開はみられないにしても，当時近江商人が置かれていた立場，すなわち地元の近江を活動の場にするのではなく，近江国外で活動し，原材料の移入と完成品の移出を手掛けたことについては，今日の多国籍企業がグローバルな事業を行うことと，基本的に同様といえる。

2 日本の企業倫理研究

　次に，日本における企業倫理研究の代表的な研究者である，高田馨，森本三男，水谷雅一，中村瑞穂，梅津光弘について紹介する。しかし，日本の企業倫理研究のほとんどは日本独自のものというよりは，ドイツの「道徳基準論」や米国の「社会的責任論」を中心に展開される傾向が強い。

▷**三方よし**
近江商人（近江：現在の滋賀県）の商売の心得として掲げたものとして「売り手よし」「買い手よし」「世間よし」という精神が社会貢献につながることが強調されていた。近年ではこれが「日本版企業倫理」や「日本版CSR」として注目されている。⇒XV-2「近江商人の三方よし経営」

まず，高田馨は米国の代表的な企業倫理研究者であるフレデリック（Frederick, W. C.），キャロル（Carrol, A. B.），エプスタイン（Epstein, E. M.）の研究を紹介した。彼は米国の社会的責任と企業倫理との関連を理論的・方法論的に明らかにしようとした。

森本三男は，企業の社会的責任について消極論（否定論）と積極論（肯定論）という2つのアプローチから明らかにしようとした。消極論は，数多くの論争を引き起こす主役となったフリードマン（Fridman, M.）とハイエク（Hayek, F. A.）の主張に基づいている。フリードマンは，企業が利益追求以外のことを手がけると，社会の資源配分が不効率となり，社会全体の厚生が低下するという主張を繰り広げている。さらに，フリードマンは，企業の行うべき社会的責任とは，マネジメントによって良い製品やサービスを提供することであると主張した。当時，世の中の希少な資源を配分する主体として，市場の役割を信奉していた経済学者の立場からは当然のことかも知れない。

水谷雅一は，企業経営の原理として「効率性原理」と「競争原理」ならびに「人間性原理」と「社会性原理」が重要であるとし，それらが相互補完的かつ有機的な関係を形成することを強調した。特に，水谷は1993年の日本経営倫理学会の発足にも主催者として参加し，日本の企業倫理研究を集中的に行う機関（BERC）の設立にも貢献した。

中村瑞穂は90年代初頭に渡米し，2年間のカルフォルニア大学バークレー校での在外研究を通して，米国での先進的な企業倫理の実態を明らかにすることによって，日本での企業倫理研究の後進性とその必要性について詳細に論じた。さらに，企業倫理とその周辺事項，すなわち経営理念，社会的責任，経済倫理，**モラル・ハザード**，コーポレート・ガバナンス，法令遵守（コンプライアンス），危機管理（リスクマネジメント）との概念的な相違を明確にし，企業倫理についての理解を深めることに貢献した。

さらに，中村は「企業倫理の**課題事項**」と「企業倫理の制度化（institutionalization of business ethics）の重要性について強調し，それらが米国で経営学において完全な市民権を獲得したことの背景に，1971年のアメリカ経営学会（Academy of Management）における「経営における社会的課題事項（Social Issues in Management）部会の設立があったことを力説した。

最後に，梅津光弘はリーン・シャープ・ペイン（Paine, L. S.）のハーバード大学の企業倫理教育の実践内容を紹介するなど主に米国の企業倫理教育の動向について注目した。21世紀の企業経営をめぐる「**価値転換**」の重要性について着目した。さらに，梅津はこのような価値転換が日本にも及んでいることに着目し，90年代以後いかなる形で浸透しつつあるかについて検討した。

▷ 1 フリードマンのCSR批判
実際に，彼は『ニューヨーク・タイムズ』に掲載したエッセイ「企業の社会的責任は利益を増大させる」を通して直接的に株主の利益にならない企業の社会的責任活動は，単に株主の利益を盗むことであり，ただの巧みなPRにすぎないと，その遂行に当たっている経営者たちを激しく非難したことは有名である。
▷ BERC
⇨ Ⅶ-1「企業倫理の意義」
▷ モラル・ハザード（moral hazard）
法と制度の隙間を利用して自己責任から逃れたり，集団的利己主義を表したりするなどの状態や行為。⇨ ⅩⅡ-4「戦略的提携の課題」
▷ 課題事項（ethical issues in business）
問題という概念と比較されるものとして，何らかの適切な措置をとらないと企業不祥事などのように「問題（problems）」にまで発展する可能性があることを意味する。
▷ 価値転換（value shift）
企業のパフォーマンスを評価する基準として価値（value）に対する優先順位が変わっていることに注目したものである。

Ⅶ　企業倫理の理論と実際

 ## 企業倫理とリスクマネジメント

1　リスクマネジメントとは

　日本の企業倫理の普及に大きな貢献をした中村瑞穂によれば，1990年代における日本国内での企業倫理に対する認識は当時非常に希薄であり，しばしば経済界と学界を問わず，経営哲学，経営理念，**リスクマネジメント**（危機管理），コーポレート・ガバナンスなどの概念と無分別に使用されていたと回顧している。ここではリスクマネジメントを中心に双方の役割について明らかにする。

　まず，リスクマネジメントの定義は「経営体の諸活動に及ぼすリスクの悪影響から，最少のコストで，資産・活動・稼働力を保護するため，必要な機能ならびに技法を計画・組織・指揮・統制するプロセス」（Hushed and Allen, 2000）と定義され，'risk management' は「リスクマネジメント」または「危機管理」に邦訳される場合が多い。さらに，東日本大震災のような外部要因などが発生する確率や，規模が予測できないリスクに対応するために考案される「**クライシス・マネジメント**」と誤訳されることが多い。

　リスクマネジメントは，企業の保険管理から発展したものであり，1950年代から米国の企業で本格的に導入され始めたといわれている。当時のリスクマネジメントの対象となるリスクは，付保可能なリスクに限定されていた。その後，発展を重ねて全社的リスクマネジメント（enterprise risk management：ERM）が志向されるようになっている。さらにリスクマネジメントは，1970年代には組織の存続，効率性と成長，リスク回避的な経営に即応することが主な目的であったが，近年ではERMの発展とともに，リスクのコストを最小化させ，株主に対し企業価値を最大化させることに戦略的な重点が置かれてるようになった。

　興味深いのは，企業が負うべきリスクに対して，リスクマネジメントとクライシス・マネジメントは異なるアプローチをしていることである。ここでいうリスクとは「予定された結果と現実の状態の不均衡（変動＝差）」（森宮，1994）をいう。企業が負うべきリスクは，強度と頻度という両軸から類型化（**図Ⅶ-2**）できる（中林，2007）。すなわち，リスクの発生による自社への影響力の強度は両者ともに高いが，リスクの発生頻度の面において高いのがリスクマネジメント，低いのがクライシス・マネジメントであるというスタンスをとる。ナシーム・ニコラス・タレブの著書『ブラック・スワン――不確実性とリスクの

▷リスクマネジメント
⇨ ⅩⅥ-2 「リスクマネジメントの最適化」

▷クライシス・マネジメント（crisis management）
地震や津波などのように発生頻度が極めて低い，すなわち予測がほとんど不可能なリスクに対応することをいう。リスクマネジメントがリスクへの対応が事前に対応が可能であるという認識から始まるのに対し，クライシスマネジメントはそれへの対応が不可能な前提から始まるのが相違点である。

『本質』では誰もが予測できなかったリスクを「黒い白鳥」と命名し，これらの問題が発生することへの対応を喚起づけている。

2 企業倫理とリスクマネジメント

実際に，東日本大震災の発生後，「生産調整が自社に与えた影響（三菱UFJリサーチ＆コンサルティングの2012年3月の調査）」「自社のサプライチェーンの影響確認にかかった日（経済産業省2011年4月の調査）」「調達が困難な理由（経済産業省2011年4月の調査）」に関する調査の結果によれば，それぞれ大企業より中小企業への影響が大きい点，大体1週間から2週間の間にサプライチェーンへの影響確認ができた点，そして調達企業先の被災の影響が主な原因であったことが明らかにされている。

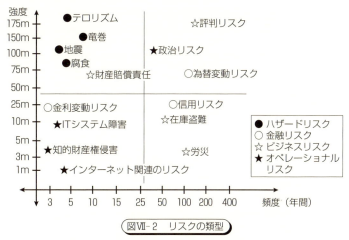

図Ⅶ-2　リスクの類型

出所：Bananoff, E., *Risk Management and Insurance*, Wiley, 2004, p. 54に加筆。

これらの調査の結果は，当時日本と韓国の自動車メーカーに納入していた自動車部品メーカーへの影響を調べることからも明らかになる。韓国の現代自動車への部品納入の割合が非常に高いことで知られている万都（株）という部品メーカーにインタビュー調査を行った結果によれば，日産自動車の九州工場へ部品（サスペンション）の納入が，東北地方での災害の発生によって2か月間停止するなどの被害が発生したという（2015年12月1日前万都の常務取締役へのインタビュー）。

このように震災からの迅速な復帰を経営の面から目指すものとして注目を集めているのが「**事業継続計画**（BCP）」である。日本では内閣府に設置された中央防災会議が，2005年8月1日に「事業継続ガイドライン」を公表してBCPの策定を促すなどの動向もみられる。

一方，コンビニエンスストアの店長が行った「被災地域での慈善活動は法律的に適切な行動であったかどうか」という議論があったことは非常に興味深い。要するに，被災地域での慈善活動は当該企業にとって最も重要なステークホルダーである株主の利益に反する行為であるため，事後的に責任の問題が発生してしまうのではないかという論争が起きた。実際に，現代の大企業のほとんどが外国人もその株式を取得しており，さらにその割合が3割を超える企業が多いのも現状である。

こうして，リスクマネジメントという課題へ的確に対応することによって当該企業のステークホルダーたちも短期間で被災から元の生活を取り戻すことができるであろう。

▷ **事業継続計画（BCP：business continuity plan）**
「事業継続と復旧計画（business continuity & Resiliency planning）」とも呼ばれる。企業が，地震や津波などの予期せぬ事態の発生により，事業の継続が困難な状況から脱却し，迅速にリスク発生前の状況に復帰するための計画をいう。

参考文献
Hushed, B. W. & D. B. Allen, "Is it Ethical to Use Ethics as Strategy?" *Journal of Business Ethics*, 27, 2000.
森宮康『変化の時代のリスクマネジメント』日本損害保険協会，1994年。
中林真理子「リスクマネジメントと企業倫理」企業倫理研究グループ『日本の企業倫理』白桃書房，2007年。

Ⅷ　CSRと環境経営

 環境経営の類型と発展

1　環境経営とはなにか

　環境経営とは環境問題に対応するための経営であり，事業活動から生じる環境負荷を低減しながら利潤を追求する経営である。利潤追求と関連させて環境問題への対応を経営目標上どのように位置付けるのかによって，環境経営は無関心型，コンプライアンス型，競争戦略型，持続可能型の4つの類型に分けることができる。環境問題の解決と経済成長の両立を実現するために，環境経営のあり方が問われている。以下では，日本企業における環境経営の類型と時代的変遷を簡潔に見ていく。

2　無関心型の環境経営からコンプライアンス型の環境経営へ

　日本国内で経済復興が社会全体の課題となった第2次世界大戦後，**傾斜生産方式**の経済政策や**朝鮮特需**などによって日本経済は高度成長期（1955年から1972年まで）に突入する。この時期，日本企業は環境軽視ないし環境無視の利潤極大化をコンセプトとする経営を展開していた。このような経営は，環境問題への対応は経営目標の上で優先度が最も低い，あるいはそのような目標が皆無であると理解できるので，環境経営の類型としては無関心型といえよう。もっとも，このような経営は環境負荷を低減するための活動を行わないという意味で，環境経営とは呼べないかもしれない。

　企業が無関心型の経営を展開した結果，経済が急速に成長する一方で自然環境や生活環境の破壊・劣化が進行し，健康被害が全国各地で生じた。いわゆる公害問題の発生である。その原因が当時の企業経営ないし産業の経済活動にあったことから，1967年に無関心型の経営を規制する公害対策基本法が施行された。これを機に，各地域の住民が企業を被告とする公害訴訟を起こすようになる。公害に対する賠償責任が企業に問われるようになったのである。企業にとって賠償責任は財務的な費用と評判の低下といったコストにしかならない。また経済活動について法的規制が設けられた以上は，それを遵守しなければならない。しかし，当時は，環境対策は企業にとって追加的な費用を要し，利益に直結しない活動であるという認識が支配的であった。そこで多くの日本企業はコンプライアンス型の環境経営を行うようになった。このタイプの環境経営は，法律で規制されたことのみを遵守すること，言い換えれば規制基準以上の環境

▷**傾斜生産方式**
第1次吉田茂内閣（1946年5月〜1947年5月）と片山哲内閣（1947年5月〜1948年3月）によって実施された，第2次世界大戦直後の経済復興政策。工業復興のための基礎となる当時の基幹産業であった鉄鋼産業と石炭産業に計画的に資源と資金を投入し，両部門の相互循環的拡大を実現し，それを契機に産業全体の拡大へとつなげることを目的とする政策。

▷**朝鮮特需**
朝鮮戦争（1950〜1953年）を背景として，アメリカ軍から日本の産業界に大量の物資とサービスが発注され，日本経済が好況に転じた現象のこと。1955年まで続いた在日国連軍による大量発注を間接特需というが，これを含め，1950年から1955年までの間に46億ドル（1兆6560億円〔1ドル360円〕）の取引があったという。

▷**環境と開発に関する国連会議（＝地球サミット）**
同会議の代表的な成果として，リオ宣言，アジェンダ21，気候変動枠組条約，生物多様性条約，森林原則声明がある。英語表記は「United Nations Conference on Environment and Development: UNCED」。

対策は行わないこと，将来の法的規制の強化を見据えて積極的に環境対策を改善するようなことはないということに特徴がある。常にその時々の現行法の基準に従うという意味で，規制追随型の環境経営と呼ばれることもある。

3 コンプライアンス型の環境経営から現代的な環境経営へ

1970年代，日本企業は2度のオイルショックに起因するエネルギー費用の変動を背景として，生産費の上昇に対応しなければならなかった。石油よりも安価なエネルギー源としてエレクトロニクスが注目され，技術革新と生産の合理化が進んだ。生産費用の削減を目的とするエレクトロニクス技術の革新は，生産現場における石油の燃焼量と煤煙の排出量を低減することにつながった。多くの生産現場では煤煙に含まれる有害物質をろ過・除去する装置の設置とメンテナンスを行っていたが，エレクトロニクス技術の革新によってそのための費用も削減できることが期待された。このような潮流の中で，環境対策は企業にとって追加的な費用でしかないという認識から，環境対策はコスト削減と利益率の向上につながる活動であるという認識へと環境意識の変化が見られた。この環境意識の変化によって，排出した有害物質の処理を行う公害防止型（＝エンド・オブ・パイプ）の環境対策から，そもそも有害物質を排出しない公害予防型あるいは未然防止型の環境対策へと企業の環境保全活動は変化した。

1992年にブラジルのリオ・デ・ジャネイロで開催された**環境と開発に関する国連会議**を契機として，気候変動，海洋汚染，熱帯林の減少，砂漠化，野生生物種の減少，有害廃棄物の越境移動が人類共通の解決すべき課題として注目されるようになった。これらの課題は現在では，1980年代から国際的な取り組みが行われている酸性雨の問題，オゾン層の破壊の問題，2000年代以降の水や石油などの天然資源の枯渇の問題およびエネルギー問題も含めて，いわゆる地球環境問題として認識されている。地球サミット以降，国連等の国際機関，各国政府，地方自治体，一般市民（NPO・NGO）など多様な主体によって地球環境問題を解決するための環境保護運動が展開されるようになっている。

世界中の環境保護運動が目指すところは持続可能な社会である。持続可能な社会とはどのような社会か，その社会はどのような方法によって構築し得るかについてはさまざまな議論があり，論者によって異なる。そのような状況において，世界中の企業は，環境対策を競争優位の源泉として認識し経営戦略の中核に位置付ける競争戦略型の環境経営を行うようになっている。より先進的な企業は，**国際自然保護連合**（1980年）や**環境と開発に関する世界委員会**（1987年）が提示した**持続可能な開発**を経営コンセプトとして取り入れ，経済・社会・環境の成長をバランスさせることを意図する持続可能型の環境経営を実践するようになっている。競争戦略型，および持続可能型の環境経営は未然防止を特徴とする点で共通している。

▷**国際自然保護連合**
国家，政府機関，非政府組織（NGO）を会員とする国際的な自然保護団体。1948年創設。絶滅危惧種や天然記念物の調査・保護，その調査を基にしたレッドデータリストの作成，資源や景観の保護など環境保護活動を行っている。アメリカ政府と共同でワシントン条約（1975年発効）を作成した。英語表記は「International Union for Conservation of Nature and Natural Resources：IUCN」。

▷**環境と開発に関する世界委員会**
後のノルウェー首相となったブルントラント（Gro Harlem Brundtland）を委員長として，1984年に国連が設置した委員会。ブルントラント委員会と呼ばれる。約4年間の会合の結果をOur Common Future（『われら共有の未来』）という報告書にまとめて公表し，「持続可能な開発」概念を提唱した。英語表記は「World Commission on Environment and Development：WCED」。

▷**持続可能な開発**
⇨ Ⅷ-2「持続可能型の環境経営とは」を参照。

参考文献
高橋由明・鈴木幸毅編著『環境問題の経営学』ミネルヴァ書房，2005年。
堀内行蔵・向井常雄『実践環境経営論：戦略論的アプローチ』東洋経済新報社，2006年。
野村佐智代・佐久間信夫・鶴田佳史編著『よくわかる環境経営』ミネルヴァ書房，2014年。

Ⅷ　CSRと環境経営

持続可能型の環境経営とは

▷共通価値の創出（Creating Shared Value：CSV）
⇨Ⅴ-4「CSRの新動向」
▷企業の社会的責任（Corporate Social Responsibility：CSR）
⇨Ⅴ-1「CSRとはなにか」
▷企業倫理
⇨Ⅶ-1「企業倫理の意義」

1　企業経営の社会性に関する諸概念

　企業経営の指導原理は営利性（利潤極大化）と社会性（社会的即応性）である。企業経営の社会性を説明するための概念として，持続可能性（sustainability：サステナビリティ），**共通価値の創出（CSV）**，**企業の社会的責任（CSR）**，**企業倫理**などがある。経営学ではこれらの概念の異同について，必ずしも体系的な理解を得られていない。下に見る積水ハウス株式会社（以下，積水ハウスと表記）の事例は，企業にとってこれらの概念は特に経営理念，経営戦略，および経営管理と関連性が高いことを示している。

2　経営理念・ビジョンとしての持続可能性（サステナビリティ）

　持続可能性（サステナビリティ）とは，経済・社会・環境の三者が相即不離の関係を持って発展していくことを意味する概念である。同概念は将来世代のニーズを損なうことなく現在世代のニーズを満たすという世代間倫理と世代内倫理を内包する「持続可能な開発（sustainable development）」という政策概念に起源を持つ。環境問題や貧困問題を解決し得る持続可能な社会への変革が人類社会共通の課題となっている今日，世界中の先進的な企業がこの政策概念を企業経営の理念として取り入れるようになっている。

　たとえば，積水ハウスは2005年に持続可能性を経営の基軸に据え「サステナブル・ビジョン」を発表している。同社によれば，持続可能な社会とは「生態系本来のバランスを基本として将来にわたってすべての人々が快適に暮らせる社会」である。同社はこの持続可能な社会を実現するために，環境価値（指針：エネルギー，資源，化学物質，生態系），経済価値（指針：知恵と技，地域経済，適正利潤と社会還元），社会価値（指針：人材づくり，地域文化と縁起こし，共存共栄），住まい手価値（指針：豊かさ，快適さ，永続性）という4つの価値とその価値を実現するための13の指針を行動指針としている。また2012年には豊かで心地よい暮らし（SLOW）を先進の技術（SMART）で実現する「SLOW & SMART」をブランド・ビジョンとし，持続可能性を追求している。同社がいう「心地よい暮らし」には，自然とつながる豊かな暮らし（スロー・リビング）やエナジーフリーの住まい提案（グリーン・ファースト）などが含まれている。

　積水ハウスが持続可能性を経営の基軸に据えた2005年は，**京都議定書**が発効

▷京都議定書
1997年に京都で開催された第3回気候変動枠組条約締約国会議（COP3）で採択された，各国の温室効果ガス排出量の削減を目的とする国際環境条約。2005年に55カ国以上の参加が決定し発効した。2008年から2012年の間に先進国全体での二酸化炭素の排出量を1990年比で少なくとも5％削減を目指すとした。国際協調による目標達成の仕組みとして排出量取引，クリーン開発メカニズム，共同実施を導入した。

した年である。また2006年には住生活基本法が施行されている。同法は，環境との調和および住民が誇りと愛着を持てる良好な居住環境の形成を旨として現在および将来の国民の住生活の基盤となる良質な住宅を供給するという基本理念に則り，住宅関連事業者は住宅の品質・安全性および機能を確保する責務を負うことを規定している。このような政策や法律の動向を見据えて，積水ハウスは2005年に持続可能性を経営理念に取り入れたと思われる。

❸ CSV戦略とCSRマネジメントおよび環境管理

積水ハウスは「サステナブル・ビジョン」の下に，「住宅のネット・ゼロ・エネルギー化」「生物多様性の保全」「生産・施工品質の維持・向上」「住宅の長寿命化とアフターサポートの充実」「ダイバーシティの推進」という5つの重点課題を「CSV戦略」として位置付けている。このCSV戦略は，経営理念（サステナブル・ビジョン）を具体的な事業活動に結び付けるという役割，および顧客・従業員・株主にとっての価値の向上と社会貢献を両立するという同社のCSR方針を本業において管理できるようにする役割を持っている。

積水ハウスは，CSV戦略を実践するための組織として，会長兼CEOを委員長とするCSR委員会，同委員会の下に2つの事業部門部会（営業部門部会，関係会社連携部会）と同部会を支援する6つの専門部会（環境事業部会，施工・資源循環部会，生産部会，顧客満足・従業員満足・株主満足向上・社会貢献部会，コンプライアンス・リスクマネジメント部会，本支社部会）を設置している。このようなCSV戦略と組織によって，同社はCSRマネジメントを行っている。

同社のCSRマネジメントは2009年から二酸化炭素の排出量削減や**ゼロエミッション**などのための環境技術を導入した環境配慮型住宅「グリーンファースト」の普及（＝生産・販売）を，2013年以降は省エネ技術と創エネ技術を組み合わせてエネルギー収支をゼロにする住宅「グリーンファースト・ゼロ」の普及を戦略課題としている。同社はこれらの戦略課題に対して3つの専門部会（環境事業部会，施工・資源循環部会，生産部会）と事業部門部会を連携させ，グループ全体における環境保全活動の意思決定および事業展開を図っている。積水ハウスはこのCSRマネジメントを「環境マネジメントの推進・方針」として説明している。すなわち同社にとって環境管理はCSRマネジメントの一環である。

❹ CSR経営としての持続可能型の環境経営

以上の積水ハウスの事例から，企業にとって持続可能性は経営理念，CSVは経営戦略，CSRや環境対策は経営管理の課題であるといえよう。同社の事例は，CSRの一環として持続可能性を経営理念に取り入れ，CSV戦略の下に環境対策を本業における事業活動として管理することによって，持続可能型の環境経営を確立しようとする企業の試みの一例である。

▷ゼロエミッション（zero emission）
人間の経済活動（＝生産・消費・廃棄・リサイクル・エネルギー供給など）から生じる廃棄物や温室効果ガスの排出をゼロにすることを目指す構想。1994年に国連大学が提唱した。

参考文献
『DIAMONDハーバード・ビジネス・レビュー』ダイヤモンド社，2011年6月号．

Ⅷ　CSRと環境経営

 エコプロダクツのマネジメント

1　グリーン・マーケティングとは何か

　現代的な環境経営を実践する企業は環境配慮型製品・サービス（＝エコプロダクツ）を開発・生産し社会に供給する。エコプロダクツは製品・サービスそれ自体が環境にやさしい（eco-friendly）ことが条件となるが，それだけでは成立しない。たとえばLEDランプのような環境にやさしい製品であっても，その生産に大量の天然資源やエネルギーを消費したり，使用済み製品が不法廃棄されたりする場合，環境にやさしいとはいえない。エコプロダクツは製品・サービスそれ自体の環境負荷に加えて，原材料の調達，製品・サービスの開発・設計，生産，流通，販売，使用，廃棄といった一連の事業活動全体における環境負荷も低減すること（＝Lifecycle Assessment：LCA）によって成立する。

　製品・サービスを開発・生産し社会に供給する管理活動の総体をマーケティングという。伝統的なマーケティングは製品・サービスの供給によって得られる経済的価値を評価指標とするマネジリアル・マーケティング（managerial marketing）または商業的マーケティング（commercial marketing）である。エコプロダクツを開発・生産し社会に供給するためには，マネジリアル・マーケティングまたは商業的マーケティングから，経済的価値だけでなく社会的価値および生態学的価値も評価指標とする環境保護主義的マーケティング，すなわちグリーン・マーケティング（green marketing）への変革が要請される。

　グリーン・マーケティングは，経済的価値だけでなく，企業の環境保護活動による社会的利益や社会的責任（CSR）を考慮するマーケティングであり，**ソシエタル・マーケティング**（societal marketing）の一種である。グリーン・マーケティングには，エコプロダクツに対する消費者の欲求を収益の獲得に結び付けるための環境マーケティング（environmental marketing）と，環境業績の向上，環境保護運動の活性化，および環境問題の解決を意図するエコロジカル・マーケティング（ecological marketing）がある。またエコロジカル・マーケティングは略してエコ・マーケティングと呼ばれることもある。

　エコプロダクツの開発・生産および普及を目的として，企業はグリーン調達・購入，環境配慮型設計，**エコ・ラベル**などの管理活動を行っている。これらは順に原材料・部品の調達，開発・設計，流通・販売における環境保全活動であり，グリーン・マーケティングを構成する要素活動である。

▷ソシエタル・マーケティング
企業が行う社会志向的マーケティングのこと。非営利組織が行うマーケティングをソーシャル・マーケティング（social marketing）と呼び，企業のソシエタル・マーケティングと区別することがある。コトラー（Philip Kotler）は企業の社会志向的マーケティングをソーシャル・マーケティングという用語で議論している。ソシエタル・マーケティングとソーシャル・マーケティングの概念の異同は必ずしも明確ではない。

▷エコ・ラベル
⇨Ⅴ-4「CSRの新動向」，
⇨Ⅵ-2「ソフトローとしてのCSR国際規格」

❷ 環境配慮型設計，グリーン調達・購入，エコ・ラベル

　エコプロダクツとは製品・サービスそれ自体とそれに関連する一連の事業活動全体の環境負荷が，従来の製品・サービスあるいはほかの製品・サービスと比べて小さい生産物（products）である。たとえば工業製品の場合，生産物それ自体の環境負荷は部品点数，部品の配置（＝生産物の構造），搭載技術，原材料の質によるところが大きい。これらを総合的に検討して行う製品の設計を環境配慮型設計という。

　たとえばコピー機は，一般的に，熱で温めた定着ローラーを紙に強く押し当て，トナーを付着させることによって印刷する。またコピー機は稼働時間（5％）よりも待機時間（95％）のほうが長い。消費電力を削減するためにほとんどのコピー機はスリープ機能（省エネモード）を搭載しているが，再起動に時間がかかる場合，この機能は利用されない。この機能を利用してコピー機の消費電力を削減するためには，熱伝導率の高い定着ローラーとその部品，および融解温度が低い低温トナーの開発が課題となる。実際に株式会社リコー（以下，リコーと表記）では，これらの開発によって，同社の環境戦略商品であるImagioの消費電力を2001年から2012年の間に22％削減している。

　リコーは使用済みコピー機のリサイクルを同社の環境経営の強みとしている。使用済み製品・部品を原材料に戻して再利用する再資源化（recycle）では，リサイクル後の原材料の純度が品質上の課題となる。一般的にコピー機は数十から数百の化学物質を原材料として使用する。使用する化学物質の種類をより少なくできれば，リサイクル工程の効率化とリサイクル率の向上につながる。またコピー機には機械操作の説明のためのシールラベルが十数枚貼られている。このシールラベルを剥がすことなく製品本体と一緒にリサイクルすることができれば，効率化が図れる。リコーでは，原材料として使用する化学物質を数種類に削減し，またシールラベルの原材料をコピー機本体と同質の化学物質にすることで，リサイクルの効率化と剥離したラベルの廃棄物の削減に成功している。このリサイクル活動のために，リコーは製品に含まれる化学物資の情報をグループ全体で共有し管理するデータベースとマネジメントシステムを構築している。このシステムによってリコーは，同社が設定する安全基準などに見合う原材料のみを調達するグリーン調達・購入を徹底している。

　リコーでは，ISO14000シリーズの規定に則って，同社の環境配慮型製品にエコ・ラベルを付けて3つの段階に分けている。同社のエコ・ラベルには，エコマークなど第三者認証の取得によるタイプⅠ，自社基準を満たすタイプⅡ，社内外の基準に満たないが顧客に判断を委ねるタイプⅢがある。

参考文献

佐久間信夫・大平義隆編著『新現代経営学』学文社，2016年。

VIII　CSRと環境経営

 環境会計

1　環境会計とは何か

　環境経営を実践する企業はその成果を自主的に測定・評価しなければならない。企業は自らの事業活動の成果を会計によって測定・評価する。環境経営を実践する企業は，環境対策の効率と効果を測定・評価するために，環境会計という手法を用いている。伝統的な企業会計は，一定の会計期間における事業活動の種目と費用および収益を貨幣計算する。環境会計は環境対策に要する経費，および事業活動から生じる環境負荷を評価・測定対象とする。環境会計におけるこれらの評価・測定の対象を環境コストという。

　より具体的には，環境コストには①企業コスト：企業が支出するコスト（＝環境保全コスト，原材料費・エネルギー費，廃棄物に配分される加工費，製品に配分される加工費），②ライフサイクルコスト：企業コストに消費者が支出するコスト（＝製品の使用に伴うエネルギー費および製品の廃棄・リサイクル費用）を加えたもの，③フルコスト：ライフサイクルコストに社会が負担するコスト（＝環境負荷としての社会的費用）を加えたものがある。企業は①②③のうちどの範囲を環境会計の対象とするかを自主的に決定し，環境経営の効率と効果を測定・評価する。

　上記②ライフサイクルコストを対象とする環境会計の方法をライフサイクルコスティング（Lifecycle Costing：LCC）という。LCCは原材料の調達と製品の開発・生産・使用・リサイクル・廃棄といった一連の事業活動全体を製品または天然資源のライフサイクルとして捉え，このライフサイクルを通じた費用を計上するための手段である。

　また上記③フルコストを対象とする環境会計をフルコスト会計という。外部不経済を低減することができなければ持続可能型の環境経営とはいえない。環境経営を発展させるためにも，フルコスト会計が必要である。

　企業会計には，事業上の意思決定と内部管理のための管理会計，および企業外部への説明責任を果たすための財務会計がある。財務会計は国ごとの会計基準や国際基準が制度的に確立されていることから制度会計と呼ばれるのに対し，管理会計は強制力を持つ会計基準は企業外部に存在しないため，企業はその方法を自由に開発できる。環境会計は現在のところ強制力のある外部基準がないため，管理会計としての特質を持っている。その一方で環境会計は，たとえば環境報告書やサステナビリティ報告書による情報公開，**TRI制度**や**PRTR制度**

▷ **TRI制度**

アメリカ国内で活動する事業者は，指定された有害性の高い化学物質（群）について事業所ごとにその貯蔵量・排出量・移動量を記録し，有害物質放出目録（Toxics Release Inventory：TRI）を作成し，アメリカ環境保護庁（USEPA）と指定州機関に毎年報告することを義務付ける制度。USEPAはそのデータベースを公開する。インドのボパール化学工場の爆発事故を契機に1986年に創設された。

▷ **PRTR制度**

ヨーロッパ諸国における化学物質に関する政府への報告制度。その制度を総称して環境汚染物質排出・移動登録（Pollutant Release Transfer Register：PRTR）と呼ぶ。日本でも2000年に「特定化学物質の環境への排出量の把握等及び管理の改善の促進に関する法律（PRTR法）」を施行している。日本の場合，特定化学物質のデータベースは閲覧申請をして許可を得た者のみが閲覧できる。

▷ **資源生産性**

ある一定の生産量を得るのにどれだけ資源を投入したかを測定することによって，資源利用の効率性を示す指標。より少ない資源でより多くの生産量を獲得するこ

などによる制度開示など企業外部への環境情報の開示の手段として活用されている。その意味で現行の環境会計は外部環境会計としての特質も持っている。

❷ 日本の環境会計の方法

　日本では，マテリアルフローコスト会計，環境効率，ファクター，およびLIME（Life-cycle Impact assessment Method based on Endpoint modeling：被害算定型ライフサイクル影響評価法）という環境会計の方法が普及している。マテリアルフローコスト会計は，**資源生産性**の向上を目的として，事業活動における原材料やエネルギーのインプットとアウトプットのバランスを物量ベースで把握すると同時に製品と廃棄物の原価を計算することによって，従来見過ごされていた資源やエネルギーの無駄の削減，資源の保護とコスト削減を追求することを特徴とする環境会計である。

　環境効率（eco-efficiency）とは，**持続可能な開発のための世界経済人会議**が1992年に提唱し，世界中の企業の間で普及している効率性指標である。多くの企業は分子に製品またはサービスの経済価値（売上高，経常利益など）を置き，分母に環境負荷を置く算式によって環境効率を計算している。すなわち環境効率はある一定の経済価値を得るためにどれだけの環境影響が生じるかを示す指標である。分子（経済価値）が大きければ大きいほど，また分母（環境負荷）が小さければ小さいほど，環境効率は高くなり，企業あるいは当該の事業活動は環境にやさしいと判断される。

　ファクターとはある基準時点と比べた時の環境効率の改善度を示す指標である。ファクターはある2時点間の環境効率の比較によって算出される。資源生産性を4倍にすること，言い換えれば一定の経済価値を得るのに要する資源やエネルギーを4分の1にすることを**ファクター4**という。また資源生産性を10倍にすることを**ファクター10**という。

　企業が事業活動で使用するどの物質がどの環境問題と関連しているのか，その因果関係は複雑である。その複雑な因果関係をそのまま専門家でない一般市民に情報開示しても理解を得られない場合が多い。説明責任を果たすためにも，また環境経営をアピールするためにも，多様な環境影響を統合化した単一指標に集約する必要がある。その単一指標とは，たとえば金銭的コスト（円）や二酸化炭素の排出量である。このような単一指標化あるいは統合化の方法としてLIMEが有名である。LIMEでは，多様な環境負荷物質の環境中の濃度を測定し，その濃度の変化によってどのような環境問題や被害が生じるのか関連付けを行う。またさまざまな被害の間で重みづけを行う。最終的には，その被害の度合いを二酸化炭素の排出量に換算した場合どれだけ排出したことになるのか，あるいはその被害の度合いを経済計算してどれだけの費用が生じるのかを測定する。

とを目的とする。

▷**持続可能な開発のための世界経済人会議**
1991年に世界33カ国の経済人によって設立された国際会議。英語表記は「World Business Council for Sustainable Development；WBCSD」。1992年に環境効率のコンセプトを提唱した。また国際標準化機構（ISO）に環境マネジメントシステムの国際規格の策定を要請した。この要請の結果ISO14000シリーズが創られた。現在では経済成長，生態系のバランス，社会的進歩を目的として活動している。

▷**ファクター4**
ローマクラブ（1970年創設のNGO）がレポート「第一次地球革命」（1992年）で提示し，アメリカのロッキーマウンテン研究所（Rocky Mountain Institute）の創設者であるロビンズ（Amory B. Lovins）が1995年に正式な報告書として提唱した環境効率指標。

▷**ファクター10**
持続可能な社会を構築するために世界の物質のフローを50％削減する必要があり，そのためには先進国で平均10倍の脱物質化が必要であるという計算に基づいて，1991年に当時ドイツのヴッターパル研究所（Wuppertal Institute for Climate, Environment and Energy）の研究員だったシュミットブレーク（Friedrich Schmidt-Bleek）が提唱した環境効率指標。

参考文献
國部克彦・伊坪徳宏・水口剛『環境経営・会計 第2版』，有斐閣アルマ，2012年。

第 3 部

株式会社の機関とコーポレート・ガバナンス

guidance

　現在，世界各国でコーポレート・ガバナンス改革が推進されている。企業がますます大規模化していき，経営者の持つ権力もかつてなく大きなものとなってきたため，経営者の権力を制御するシステムを再構築しなければならなくなってきた。強大な権力を持つ経営者の不正が企業不祥事に繋がり企業が破綻するような例は後を断たないが，巨大企業の破綻が株主，従業員，顧客，地域社会，金融機関などに深刻な打撃を与えることはいうまでもない。

　最近のコーポレート・ガバナンス改革には，まず第1に，企業不祥事の防止という視点から経営者を監視するシステムを構築するという目的がある。そして，第2の目的は，経営の効率性を高めて競争力を強化するという視点から経営者を監視することである。

　第3部では各国のコーポレート・ガバナンスの特徴や経営者を監視するための会社機関構造とその実際の運営などについて学ぶ。さらにプリンシプル・ベース・アプローチが世界の潮流となりつつあることについても見ていく。

IX 日本のトップ・マネジメント組織とコーポレート・ガバナンス

1 株式会社の機関とコーポレート・ガバナンス

1 監査役設置会社と指名委員会等設置会社・監査等委員会設置会社

日本の株式会社にはこれまで株主総会，取締役会，監査役（会），代表取締役などの機関が法律で設置を義務づけられていた。しかし，これらの機関は十分その機能を果たしていないことが問題とされてきた。近年，各国で**コーポレート・ガバナンス**の改善が進められてきたが，日本においても法律の改正によるコーポレート・ガバナンス改革が進められた。2002年の商法改正によって新たに設けられた委員会等設置会社は，アメリカの企業統治の仕組みを取り入れたもので，従来の日本の株式会社と異なる機関構造を持つ。2002年の商法改正によって大会社に導入が認められることになった委員会等設置会社は，2005年の会社法（2006年施行）によって委員会設置会社に，さらに2014年の改正会社法では指名委員会等設置会社に名称が変更された。また，2014年に改正された会社法では，新たに監査等委員会設置会社という形態も導入された。

委員会等設置会社は従来の株式会社の監査役を廃止し，その代わりに取締役会内に3つの委員会を設けている。それゆえ，監査役を設置しない委員会等設置会社に対し，従来型の株式会社は監査役設置会社と呼ばれている。ここではまず，監査役設置会社における各機関の機能について見ていくことにする。

2 監査役設置会社の機関

株主総会は株式会社の最高機関であり，**定款**の変更や解散・合併といった会社の基本的事項，配当などの株主の利益に関わる事項および取締役や監査役の選任・解任などの権限を持つ。

監査役は株主総会で選任され，会社の業務監査および会計監査を任務とする。取締役会は株主総会で選任された取締役によって構成され，株主に代わって会社の業務が適正に運営されるように監督すること，および会社の重要な意思決定を行うことを任務としている。

取締役会は意思決定機関であり，業務執行は行わない。業務執行に当たるのは取締役会によって選任される代表取締役をはじめとする少数の役員である。法律は取締役会を株主の利益を保護するための受託機関として位置づけ，また意思決定と業務執行の機関を区別し，取締役会に意思決定の役割を，代表取締役以下の役員に業務執行を任せている。

▷コーポレート・ガバナンス（corporate governance）
企業統治と訳されている。狭義には株主が会社機関を通して経営者を監視することを意味する。広義には従業員，消費者，地域社会などのステークホルダーが企業を監視することを意味する。監視の方法には，市場を通して監視する方法と，会社機関を通して監視する方法とがある。

▷定款
会社の目的や組織などについての規則をまとめたもの。その会社が発行できる株式の数（授権資本）や取締役の数なども定款で決められている。

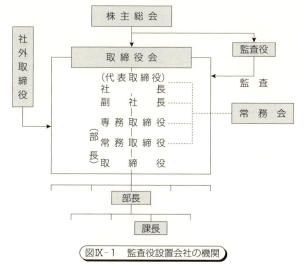

図Ⅸ-1　監査役設置会社の機関

出所：筆者作成。

3　日本企業の特徴

かつて，日本企業においては，取締役会のメンバーはそのほとんどすべてが業務執行担当者によって占められているため，意思決定と業務執行の分離が行われてこなかった。業務執行を兼務する取締役は社内取締役（内部取締役）と呼ばれるのに対して，その会社の従業員ではない取締役は**社外取締役**と呼ばれる。これまでの日本の大規模株式会社では，取締役のほとんど全員が社内取締役であることから，取締役会と業務執行担当者が一体化しており，取締役会の業務執行担当者に対する監視機能が働かなかった（**図Ⅸ-1**）。

代表取締役は，対外的に会社を代表し，取締役会の決めた基本方針に従って業務執行に当たる。しかし，わが国においては通常，代表取締役である社長の権限がきわめて強く，事実上社長が取締役や監査役の人事権まで握っている。

4　常務会

1990年代までの日本の大規模な株式会社においては，取締役会は構成員が多く，開催も月に1回程度であり，また活発な議論ができないなど，形骸化が指摘されてきた。そこで多くの企業では常務会が設置され，これが実質的な企業の最高意思決定機関の役割を果たしてきた。常務会は常務取締役以上の役員から構成されるが，それでも人数が多過ぎる場合には専務以上の役員から構成される専務会なども設けられることがある。常務会や専務会は法定の機関ではないため，その名称は企業によって異なり常務会や専務会に相当する最高意思決定機関を「経営会議」「戦略会議」と名づけている企業も見られる。

▷社外取締役
取締役のうち，その会社の従業員でない者を社外取締役という。日本では社外取締役は子会社や関連会社，同じ企業集団に属する会社からやってくることが多い。そのような場合には社外取締役として就任している会社の経営者と利害関係が強いため，株主の立場から経営者を厳しく監視することはできない。近年は，その会社や経営者と利害関係を持たない社外取締役である，独立取締役の選任が求められている。

IX　日本のトップ・マネジメント組織とコーポレート・ガバナンス

 株式所有構造の変化と株主総会

1　株式相互持合い

　日本の株式会社の株式は，かつて大半が**安定株主**によって所有されていた。安定株主には銀行，取引先，**従業員持株会**などがあるが，A社がB社の株式を持ち，B社がA社の株式を持ち，お互いに第三者に株式を売却せず保有し続けるという形の安定株主は特に日本においてよく見られる形である。会社どうしがお互いに株式を持合うことは株式相互所有あるいは株式相互持合いと呼ばれ，1990年代まで多くの企業が持合いを形成していた。

　株式相互所有は乗っ取り（**敵対的企業買収**）を防ぐ目的で始められたものであるが，経営者の権力を強め経営者に対する監視機能を弱める効果も持つ。持合い相手をはじめとする安定株主から収集された白紙委任状によって，経営者は株主総会の議決権の過半数を握ってしまうため，株主総会をほぼ自らの意思の通りに運営することができる。このような会社では経営者の提案は，株主総会において，ほとんど反対者もなく承認されるのが普通である。

2　株式相互持合いのメカニズム

　わが国では銀行を含めた企業どうしは，これまでほとんどが株式を持合っており，株主総会に先立って委任状を送りあうのが普通である。経営者は持合い相手の企業から送られた白紙委任状によって，相手企業の持つ自社株に与えられた議決権をあたかも経営者自身が所有するように行使することができる。持合い関係にある企業の経営者は，このように事実上の議決権の交換によって大きな支配力を獲得することができる（図IX-2）。

　持合い関係にある株主と，それ以外の安定株主の株式所有比率はかつて60～70％にのぼり，そのほとんどが経営者に白紙委任状を送るのが普通であるから，経営者はほとんどすべての議案についての決定権を株主総会の前に獲得してしまう。

　社長が株主総会での決定権を握り，取締役の人事権も握ってしまうので，株主総会や取締役会は形骸化し，社長をはじめとする経営陣に対する監視機能がほとんど働かなくなってしまう。事実，1990年代まで，株主総会は著しく形骸化し，特定の日時に一斉に株主総会を開催する一斉開催，30分程度で終了する短時間総会，個人株主の発言を妨げる非民主的運営などが批判されてきた。

▷**安定株主**
⇨ XII-1 「会社支配権市場とコーポレート・ガバナンス」も参照。

▷**従業員持株会**
会社の従業員が給与やボーナスの中から一定額を積み立て，自社の株式を買い増していく制度は従業員持株制といわれる。従業員持株会が設置され従業員持株の管理が行われる。

▷**敵対的企業買収**
企業買収は買収企業が被買収企業の株式を買い集めることによって行われる。企業買収には買収企業と被買収企業の経営者が合意の上で行われる友好的企業買収と，被買収企業の経営者が拒否しているにもかかわらず株式を買い集める敵対的企業買収がある。⇨ XII-1 「会社支配権市場とコーポレート・ガバナンス」も参照。

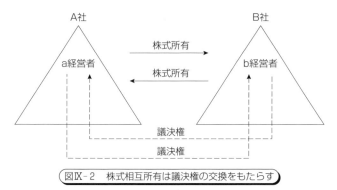

図Ⅸ-2 株式相互所有は議決権の交換をもたらす

出所：筆者作成。

3 株式相互持合いの解消と所有構造の変化

　しかし，**時価会計**の導入や銀行の株式所有に対する規制などにより，1990年代後半から株式相互所有の解消が進んだ。特にこれまで企業と**メインバンク**の間でみられた株式相互持合いの解消が急速に進められた。証券市場で売却された株式は外国人機関投資家や個人投資家によって購入された。その結果，特に外国人の株式所有比率は1990年の4.7％から2014年の31.7％へと大幅に上昇し，個別企業の中には外国人の所有比率が50％を超えるところもでてきた。外国人機関投資家は厳しい企業統治活動を行うため，これらの企業では経営者に対する監視が強まりつつある。

4 株主総会の変化

　このような所有構造の変化は株主総会の運営にも大きな変化をもたらすことになった。従来は安定株主から送られた白紙委任状を持つ経営者が，自らの提案をほとんど反対されることなく株主総会で承認させるのが普通であった。しかし，最近の株主総会では，外国人機関投資家が社外監査役の選任や役員の退職金支払いなどについての経営者提案に反対するケースが急増している。
　2005年6月の一部の企業の株主総会において，敵対的企業買収に備えるために経営者が提案した防衛策が株主の反対により否決され，大きな注目を集めた。そのほかにも，2005年の株主総会では，不祥事を起こした企業などで，経営者に対する責任追及が活発に行われ，無風状態であったこれまでの株主総会が大きく変化した。所有構造の変化によって株主総会が経営者に対する監視機能を発揮し始めたということができる。経営者も株主の質問にていねいに回答するようになったため，株主総会の所要時間がやや増加した（**表Ⅸ-1**）。

表Ⅸ-1　株主総会の平均所要時間の推移（隔年）

年	93	95	97	99	01	03	05	07	09	11	13	15
平均所要時間（分）	29	28	29	33	39	43	48	55	54	54	52	56

出所：商事法務研究会『株主総会白書』各年版より作成。

▷時価会計
企業はかつて所有している株式や土地などを，それらの資産を取得した時の価格（取得原価）で評価してきた。それに対し，これらの資産を決算時の時価で評価するのが時価会計である。日本では金融ビッグバンの一環として時価会計が採用されるようになった。資産が時価で評価されるようになると，これらの資産の評価の変動が企業の損益に大きな影響を与えることになるため，企業は株式や土地などの資産の売却を進めた。

▷メインバンク
ある企業にとって最大の融資を受けている銀行を，その企業のメインバンクと呼んでいる。メインバンクは企業に対して融資するだけでなく，その企業の株式を所有し，役員を派遣したりする。そして，その企業が経営危機に陥った時には役員を送りこんで経営再建の役割を果たすなどしてきた。近年メインバンクの役割は大きく低下している。

▷1　株主総会を同一日に集中させる割合（集中度）は，1995年には96％だったが，2016年には32％に低下した。

Ⅸ　日本のトップ・マネジメント組織とコーポレート・ガバナンス

取締役会改革と執行役員制

１ これまでの日本の取締役会の問題点

　1990年代まで，日本の取締役会には企業統治の観点から次のような問題点が指摘されてきた。

　第１は，取締役会構成者のほとんどが業務執行担当者で占められているため，業務執行とそれに対する監視という２つの機能が分離されていないことである。また，取締役会の構成員の中には多くの部門管理者が含まれているのが普通であり，全般管理と部門管理の分離も明確になされていない（図Ⅸ-1）。

　第２は，取締役会の中に代表取締役社長を頂点とした業務執行担当者の序列が形成されていることである。このような序列の存在も監督機関の無機能化の原因となっている。業務執行において最大の権限をもつ社長が取締役会においても最大の権限をもつため，業務執行に対する監視を任務とする取締役会の監視機能が働かなくなるためである。

　第３は，社外取締役がきわめて少ないことである。わが国では社外取締役を選任している企業がもともと少ない上に，社外取締役を選任していたとしても１～２名と全取締役の中に占める割合が低かった。

　先進国では社外取締役が取締役会の過半数を占めるのが一般的であり，しかもこれらの社外取締役はその会社や経営者と利害関係を持たない**独立取締役**であるのが普通である。日本では関連会社や同一企業集団内の経営者，メインバンクの役員などが社外取締役に就任することが多く，彼らはその会社と利害関係をもっているため，厳正な監視を行うことは難しい。

　第４は，取締役会の構成者数が多いことである。わが国の取締役会は，かつて，メンバーが50～60名という企業もあったが，これが取締役会形骸化の一因であるともいわれてきた。

２ 執行役員制の導入

　従来の日本企業の取締役会には多くの問題が存在したのであるが，1990年代の終わりに執行役員制を導入して取締役会を改革しようとする企業が現れた。執行役員制は1997年６月にソニーで導入されたのを契機に，わずか数年間で大企業の半数で採用されるようになった。

　ソニーは，38名いた取締役を10名に削減した。従来取締役であった者のうち

▶独立取締役
アメリカでは単に社外の人物が取締役に就任したとしても，社外取締役とは見なされない。その人物がその会社や経営陣と利害関係を持たない，独立取締役でなければならない。その会社の役員と血縁関係にある者，その会社から報酬をもらっている者，その会社と取引関係にある会社の役員などは独立取締役とは見なされない。

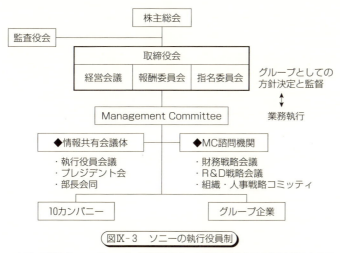

図Ⅸ-3　ソニーの執行役員制

出所：西村茂「ソニーグループの経営機構改革：取締役会改革と執行役員制導入」商事法務研究会編『執行役員制の実施事例』商事法務研究会，1998年，12頁。

18名と新たに選任された9名の合計27名が執行役員に就任した。また，代表取締役である7名も執行役員を兼務することになった。これによって，執行役員は業務執行を担当し，取締役会はソニーグループ全体の経営方針の決定と監督を担当するというように役割分担が明確になった（**図Ⅸ-3**）。

3　執行役員制を導入する目的と効果

執行役員制は商法の規定に基づく制度ではないので，個々の企業ごとにその内容にかなりの相違が見られるが，導入の目的は，①取締役会の構成員数を削減し，取締役会の議論を活発にし，その機能強化と活性化を図ること，②取締役の人数を削減することによって意思決定の迅速化を図ること，③会社の業務執行の機能と全社的意思決定および業務執行に対する監視機能とを分離すること，④ゼネラル・マネジメント（全般経営層）とミドル・マネジメント（中間管理層）を分離すること，などであろう。

執行役員制導入企業において上記のような改革の目的が効果的に達成されているかどうかについては異論も多いが，少なくとも取締役数の削減については大きな効果をあげている。執行役員制を導入した企業において，取締役数は導入前の半数程度に減少している。

一般に，執行役員は取締役会の下位機関に位置づけられ，取締役会が意思決定と経営の監視を，執行役員が業務執行を担当するというように，両機能を分離している。したがって取締役と執行役員の兼務が多い場合には，従来の取締役会の持っていた両機能の分離という問題点が解決されないことになる。執行役員は企業の特定部門の責任者であることが多く，彼らが取締役を兼務しない場合には，**全般管理と部門管理**の分離も執行役員制によって実現することになる。

▷**全般管理と部門管理**
部門管理者は，たとえば生産部門や販売部門において，その部門だけが最も高い効果をあげることを目指す。これは部門最適と呼ばれる。これに対して全般管理者は企業が全体として最も高い効果をあげる，全体最適を目指す。部門管理者が全般管理層に入ってくると全般管理が部門の利害の衝突の場となりやすい。

IX 日本のトップ・マネジメント組織とコーポレート・ガバナンス

4 指名委員会等設置会社（委員会設置会社）と監査等委員会設置会社

① 指名委員会等設置会社（委員会設置会社）の仕組み

2002年の商法改正によって，委員会等設置会社（後の会社法で委員会設置会社に，さらに2014年の会社法改正で指名委員会等設置会社に呼称変更）という新しい制度が導入された。新商法においては，大企業は，監査役を持つ従来の監査役設置会社と監査役会を廃止したアメリカ型企業統治モデルである委員会等設置会社（以下，委員会設置会社）のいずれかを選択することができることになった。

委員会設置会社には複数の社外取締役の選任が義務付けられ，取締役会の中に**指名委員会**，**報酬委員会**，**監査委員会**の3つの委員会の設置が義務付けられる（図IX-4）。3つの委員会は3人以上で構成され，その過半数が社外取締役によって占められなければならない。

また，委員会設置会社では新たに執行役が置かれ，業務執行を担当する。全社的意思決定および経営の監視を担当する取締役と業務執行を担当する執行役の役割分担を明確化した。執行役は取締役会において選任・解任される。従来の代表取締役に代わって，代表執行役の設置が義務付けられる。新たに設置される執行役は取締役と同様，株主代表訴訟の対象となる。

委員会設置会社を採用せず，監査役を存続させる大企業は，社外監査役をそれまでの1人以上から監査役の半数以上（最低2人）に増員しなければならないことになった。

② 株主代表訴訟についての商法改正

2002年の会社機関についての商法改正に先立って，2001年12月5日，株主代表訴訟に関する商法も改正された。1993年の商法改正で，株主代表訴訟の手数料が一律8200円と定められ，提訴が容易になったため，株主代表訴訟の提起が増加した。1993年改正以降，監査役会や取締役会が形骸化した日本企業においては，株主代表訴訟が経営者を効果的に規律づけできる事実上唯一の方法と評価されてきた。しかし，大和銀行ニューヨーク支店の不祥事に関わる株主代表訴訟で，大和銀行経営陣に対して約830億円の損害賠償を命ずる判決が出て以来，経済界からは賠償額が経営者にとって過酷過ぎるという不満が出されていた。2001年改正は，こうした経済界からの強い要望に応えるもので，所定の手続きを経て経営者の損害賠償額を軽減することができるというものである。

▷**指名委員会**
取締役の選任や解任についての議案を決定し，株主総会に提出する権限を持つ。従来は事実上，経営者が取締役を選任していた。

▷**報酬委員会**
取締役と執行役の報酬を決定する。従来は経営者がこれを行っていた。社長が取締役の報酬を決定することになると，取締役は社長を厳しく監視することができなくなる。

▷**監査委員会**
取締役と執行役の職務執行についての監査や会計監査人の選任・解任の議案を決定する。企業の不祥事は経営者の暴走をとめることができない場合に起ることが多い。監査委員会が経営者から独立的であれば，こうした不祥事防止に役立つ。

▷**株主代表訴訟**
経営者が会社に損害を与えた場合，株主が会社に代わって経営者に対し損害賠償の訴えを起すことができる制度。経営者は敗訴した時に備えて，賠償保険に加入することが多い。最近の企業不祥事では多くの経営者が訴訟を起されている。

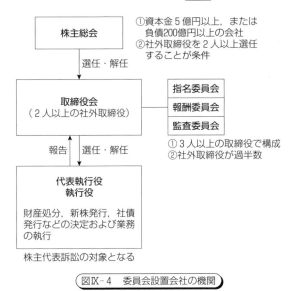

図Ⅸ-4　委員会設置会社の機関

出所：筆者作成。

3 監査等委員会設置会社と2つのコード

　2015年は改正会社法が施行され**スチュワードシップ・コード**と**コーポレートガバナンス・コード**の2つのコードの運用が始まるなど，日本のコーポレート・ガバナンスが大きな転換を迎えた年であった。アメリカでは**企業改革法**（**SOX法**，2002年）のように法律でルールを厳格に規定し（ハードロー），ルールを守らなければ罰せられる。これに対して，2015年のコーポレートガバナンス・コードは企業が守るべき原則を提示し，守ることができない場合はその理由を説明しなければならない（comply or explain）というものであり，ソフトローによるコーポレート・ガバナンスの方法である。

　改正会社法では，監査役設置会社に事実上，1人以上の社外取締役を選任することが求められた。改正法では，社外取締役を置いていない大規模な上場企業は，株主総会で「社外取締役を置くことが相当でない理由を説明しなければならない」ことになった。

　また，改正会社法では監査等委員会設置会社が新設された。これは，従来の委員会設置会社から指名委員会と報酬委員会を取り除き，監査委員会の代わりに監査等委員会を置いたものであり，監査役は存在しない。監査等委員会の構成員である「監査等委員」は「監査等委員」である取締役を含む取締役の選任・解任・辞任および報酬について，株主総会で意見を述べることができる。これは株主総会における意見陳述権によって，「監査等委員」が指名委員会，報酬委員会の機能を補完することを意味している。

　また，従来の委員会設置会社はそのまま存続するものの「指名委員会等設置会社」に呼称が変更された。

▷スチュワードシップ・コード(stewardship code)
機関投資家が取るべき行動原則のことで，機関投資家は資金の出し手に対する責任を果たすために企業に対して積極的に行動しなければならないことが規定されている。⇨Ⅻ-2「機関投資家とコーポレート・ガバナンス」も参照。

▷コーポレートガバナンス・コード (Corporategovenace code)
東京証券取引所の上場規定として設けられた73本の原則。その中でとくに重視されているのは，上場企業は独立取締役を2人以上置くべきであるとしている原則で，改正会社法（1人以上の独立取締役を求めている）よりも厳しい規定となっている。

▷企業改革法（SOX法）
⇨Ⅹ-4「エンロン破綻以降のコーポレート・ガバナンス改革の特徴」

X　アメリカのトップ・マネジメント組織とコーポレート・ガバナンス

アメリカのトップ・マネジメント組織の構造

❶　トップ・マネジメント組織の機能

　会社の段階的組織構造は，一般的に最高管理機能を担当する**トップ・マネジメント**（最高管理層），中間管理を担当する**ミドル・マネジメント**（中間管理層），現場管理を担当する**ロアー・マネジメント**（下部管理層）と分けられる。

　トップ・マネジメント（Top Management）組織とは，企業の基本的な経営方針などの重要事項について意思決定を行い，会社の全般的な経営管理の機能を担う最上層部の**会社機関**をいう。

　株式会社のトップ・マネジメント組織は各国の法律によって規定されている。日本の株式会社は会社法に基づいて会社機関を設けているが，**アメリカの会社法**は各州が規定する州法が基本となるため，会社を設立した州の会社法に基づき，会社機関を設置している。州によって多少の差違はあるが，基本的会社機関は変わらない。

　アメリカの株式会社においてはトップ・マネジメント組織として，株主総会（general meeting of stockholder），取締役会（board of directors），最高経営責任者（Chief Executive Officer：CEO），執行役員（executive officer）などの機関が設けられている。

　株主総会は，株主によって構成され，株主が会社の重要事項を決定する機能を有する株式会社の最高意思決定機関である。取締役会は，株主総会で選任された取締役の全員で構成される会議体であり，会社経営の重要事項の業務執行に関する意思決定と取締役および最高経営責任者の職務執行を監視する機能を有する機関である。CEOは，株主総会および取締役会で決められた業務を執行し，取締役会から委譲された範囲内で自ら意思決定をし，執行する機能を有する機関である。

❷　取締役会とコーポレート・ガバナンス

　コーポレート・ガバナンス（Corporate Governance）は「企業統治」「企業統治制度」と訳され，広義では，企業は誰のために経営されるべきかという問題，狭義では，経営者が株主やステークホルダーの利益のために，経営活動を行っているかどうかを監視，チェックするシステムに関わる問題を取り扱う研究領域である。

▷**会社機関**
機関とは，国家・法人・政党その他の団体において，意思決定やその執行のために設けられた者または組織体を指し，会社機関とは，株式会社が会社（法人）の意思決定やその執行のために設けられた者または組織体をいう。

▷**アメリカの会社法**
⇨ X-3 「取締役会の特徴と問題」

図X-1　アメリカのトップ・マネジメント構造

出所：佐久間信夫『経営学原理』創成社，2014年，37頁より修正。

　コーポレート・ガバナンスが注目を浴びるようになったきっかけは，株式会社の規模の巨大化によって株式の所有が広く分散され，所有と経営が分離されるようになり，**専門経営者**が出現するようになったことである。所有と経営が分離され，専門経営者の支配が確立すると株主総会において株主は，株主に代わって経営を行う取締役を選任するようになる。株主によって選任された取締役で構成される取締役会は，株主に代わって専門経営者の経営活動が適切に行われているかどうかを監視する。

　このように専門経営者の経営活動を監視・チェックすることが取締役会の機能であり，コーポレート・ガバナンス・システムの機能である。したがって，コーポレート・ガバナンス・システムとして最も重要な役割を担うものは，トップ・マネジメント組織，とりわけ，取締役会であるといえよう。

③ アメリカのトップ・マネジメント組織の構造

　上述したように，アメリカのトップ・マネジメント組織は，株主総会，取締役会，CEO，執行役員などがあげられる。取締役会を構成する取締役は，その過半数が社外取締役（outside director）によって占められている。取締役会の中にはいくつかの常任委員会が設けられ，各委員会はそれぞれ専門の職務を担当する。取締役会委員会制度は，取締役会の機能を円滑に行うための制度である。たとえば，CEOおよび各業務執行担当者の業務の監視を担う監査委員会（Audit Committee），役員の報酬を決定する報酬委員会（Compensation Committee），役員の候補者を推薦する指名委員会（Nominating Committee）などがある。業務執行は取締役によって任命される執行役員が担当する。

▷専門経営者
⇨ Ⅰ-2「企業形態展開の原理」，Ⅲ-1「株式会社の発展と経営機能の分化」

▷1　日米のトップ・マネジメント組織の違い
日本の大企業のトップ・マネジメント組織は，監査役会設置会社，指名委員会等設置会社，監査等委員会設置会社のいずれかを選択することになっているが，アメリカの大企業のトップ・マネジメント組織は多くの社外取締役で構成される取締役会委員会制度が中心である。⇨ Ⅸ-1「株式会社の機関とコーポレート・ガバナンス」，Ⅸ-2「株式所有構造の変化と株主総会」，Ⅸ-4「指名委員会等設置会社（委員会設置会社）と監査等委員会設置会社」

X アメリカのトップ・マネジメント組織とコーポレート・ガバナンス

 株主総会と機関投資家の活動

1 株主総会の機能

日本の株主総会で議決される事業経営上の重要事項には，定款の変更や他社との合併など会社の存立および株主の権利に重大な影響を及ぼす事項，取締役の選任・解任と報酬額の決定，決算の承認などがあげられるが，最も重要な機能は取締役の選任および解任に関わる決定である。これらの決定事項は，その出席株主の議決権の過半数の賛成によって成立する普通決議と，3分の2の多数決で可決される特別決議に分かれる。

アメリカの多くの州の株主総会の機能は，取締役の選任に限定されている場合が多く，議決権をもつ株主の過半数を**定足数**とし，定足数は日本と同様，発行済み株式総数の過半数に相当する株式であり，その過半数の賛成票によって議案が可決されるが，定款によって可決の条件を変えることができる。たとえば，取締役の選任は75％の賛成票を可決の条件とする州が多い。

株主総会の開催は，日本と同様に通常株主総会と緊急の議題が生じた場合に召集される臨時株主総会がある。通常株主総会は，アメリカの多くの上場企業の決算が暦年末にあるため，4〜5月に開催されることが多い。

2 株主総会の形骸化

日本の株主総会がその本来の機能を果たしていないといわれているが，アメリカの株主総会も機能していないといわれている。

アメリカの株主総会は，出席する株主に対してディナーや手土産など特別な特典を付ける場合が多く，それらがなければ，株主総会に出席する株主は少数であり，大部分の株主は会社側が提案した議案に対して賛成する議決権代理行使の委任状（proxy）を会社に送り返して株主総会には欠席する。会社はこのように会社の経営に関心が薄い株主から集めた委任状を持って議案を可決する。たとえば，会社の議案に反対する株主が，委任状を争って集める委任状争奪戦（proxy fight）を展開しても，会社側は自社の資金や従業員を動員するなどして多くの委任状を集めて会社側が提案した議案が可決されるようにする。

3 機関投資家の株主活動

株主は，経営者が適切に経営を行っているかどうかを株主としての権限を利

▷**定足数**
会議制の機関が議事を進め議決をするのに必要な構成員の最小限の出席者数。

▷**機関投資家（Institutional Investor）**
銀行，保険会社，ミューチュアル・ファンド（mutual fund：投資信託），年金基金，財団大学基金などの法人や団体で，収益を上げる目的で有価証券への投資・運用を継続的に行う法人形態の投資家。

▷**ポイズン・ピル（poison pill）**
現在の株主に対して，特に有利な内容の優先転換株式（高額配当を請求し得る株式に転換できる優先株）を割り当てることで買収コストを増大させること。 ⇨ XXI-3「敵対的企業買収と買収防衛策」も参照。

▷**株主提案（Shareholder Resolutions）**
株主が株主総会に議案を提案する権利。

▷**非公式接触（Informal Jawboning）**
経営陣と直接の非公式対話や書簡送付を通じて，機関投資家の代表が投資先の企

用し，経営者の経営活動を監視するといった株主活動を行う。株主活動を行う株主には，個人株主と**機関投資家**がいるが，大量の株式を保有する株主である機関投資家は，活発な株主活動を行い，会社の経営に大きな影響力を行使できる。たとえば，1986年の機関投資家の株式所有率を見るとアメリカ企業は71.7％，日本企業は12.9％であり，1980年代のアメリカ企業の株式所有の「機関化」が進んでいたことがわかる。

アメリカのいくつかの機関投資家の株主活動は，とても活発に行われ，経営者の経営活動への監視機能として十分に機能しているとされている。その代表的な機関投資家として，アメリカの最大規模の年金基金であるカリフォルニア州公務員退職年金基金（CalPERS），全米教職退職年金基金（TIAA-Cref）があげられる。企業と直接的な利害関係にない公的年金基金は積極的に株主活動を行う反面，それ以外の企業年金基金，保険会社などは投資対象企業と利害関係にあるため，株主活動は消極的である。

機関投資家の株主活動は，敵対的買収を防止するための**ポイズン・ピル**の廃止，経営者報酬の見直し，統治制度などを目的として，**株主提案**，標的企業との**非公式接触**，**議決権行使理由説明書**，業績不振の企業や株主利益に損害を与える企業を特定し，その特定企業を新聞や雑誌に公表する方法がしばしば用いられている。

アメリカの機関投資家がこのように株主活動を活発に行う背景には，1960年代の機関投資家への株式所有の「機関化」の急速な進展があげられる。機関化が進んだ要因には，①第2次世界大戦後の年金基金と厚生年金の成長，②州法による信託投資および生命保険会社の株式投資への禁止や制限が第2次世界大戦後に緩和されたこと，③個人貯蓄が増大し，**ミューチュアル・ファンド**による株式所有の増加，④少数の機関投資家による巨大会社の株式所有が行われたことなどがある。

1960年代から1970年代にかけて**ウォール・ストリート・ルール**に基づいて行動した機関投資家の行動に変化が現れたのは，1980年代である。1980年代のM&Aの活性化により，経営者がM&Aの防衛策として用いたポイズン・ピルや**ゴールデンパラシュート**などに対して株主提案権を行使し，経営者に対抗することで機関投資家のコーポレート・ガバナンス活動が活発に行われるようになった。1990年代になると機関投資家の株主提案の要求が，経営者の監視を目的とした要求へと拡大した。その要求には，取締役に助言を行う「株主諮問委員会」の設置，独立性の強い取締役の選任，不適切な経営者の解任などがある。実際に機関投資家の要求により独立性の強い取締役会が構成され，IBM，GM，コダックなどの大企業のCEOが解任された。

業の統治制度の改善などを求める方法。

▷**議決権行使理由説明書（Explanatory Letters）**
株主総会で株主が経営者による提案に反対や棄権の投票をし，その理由を記した書簡を経営者に送付する方法。

▷**ミューチュアル・ファンド（Mutual Fund）**
アメリカの投資信託の一種。有価証券投資を目的とした会社の株式を投資家が持つ会社型投資信託。資金の追加・解約が可能なオープンエンド型のものを指すが，投資信託の総称として使われる場合が多い。投資信託（Investment Trust）とは，不特定多数の投資家から広く資金を集め，運用担当者（fund manager）が株式・債権などの幅広い資産に投資し，運用収益を投資家に分配するタイプの金融商品。

▷1　佐久間信夫『経営学原理』創成社，2014年，45頁。

▷**ウォール・ストリート・ルール（Wall Street Rule）**
投資家が投資先の企業の経営に関して不満がある場合，その企業の株式を市場で売却することで不満を解消するという伝統的な考え方。アメリカで生まれたコーポレート・ガバナンスの方式であり，投資家の意見を，株式市場を通して間接的に経営者に伝えるということを意味する。

▷**ゴールデンパラシュート（golden parachute）**
被買収会社の現在の取締役が，高額の退職金を受け取って退職することを条件とし，買収コストを増大させること。

X アメリカのトップ・マネジメント組織とコーポレート・ガバナンス

3 取締役会の特徴と問題

1 取締役会の特徴

前述したように，アメリカの会社法は各州が制定する州法によって法的規定が設けられており，各州法の中でもデラウェア州の会社法が最も会社にとって有利とされ，NYSEやAMEXの上場企業の33％以上の会社がデラウェア州に会社を設立している。このデラウェア州の会社法によると，取締役は株主総会で選任され，会社の経営は取締役会の指揮により執行されるが，実際の取締役会はCEOの選任と解任，経営の監視が主な役割である。アメリカの取締役会の議長は取締役会会長（Chairman of the Board）が務め，CEOが取締役会会長を兼任する場合が85％を占めている。アメリカの取締役会の規模は平均8～16人と，日本の取締役会の規模の平均20～50人より，一般的に小規模である。取締役会の規模が小規模であればあるほど，意思決定が迅速に行われ，取締役会の運営が効率的になされるといわれている。

アメリカの取締役会の特徴は，第1に，社外取締役の役割の強化である。取締役会に占める社外取締役の割合が増え，さらに，社外取締役の独立性も強化されている。第2に，取締役会委員会（Board Committees）の設置である。取締役会委員会制度は，取締役会の機能を円滑に行うために専門委員会を設置し，各委員会においてそれぞれの特定の問題について審議し，取締役会に報告および助言を行う制度である。会社の規模が大きいほど取締役会委員会の設置率が高く，監査委員会は100％，報酬委員会は99.5％，指名委員会は86.9％，経営（執行）委員会は61.7％が設置されており，監査委員会の平均構成員は4.4人，報酬委員会は4.2人，指名委員会は4.5人である（吉森，2001，165頁）。監査委員会の役割は，外部の監査法人の選任，監査手続きや結果の評価，経営者の経営活動や業務全般の監視が主要業務であり，委員会の中で最も重要視される委員会である。監査委員会の設置は，NYSEおよびNASDAQの上場企業の場合は，全員が独立した社外取締役で構成することが義務化されている。報酬委員会の役割は，役員報酬やCEOの業績評価が主要業務であり，9割が社外取締役で構成されている。役員報酬には，給与，ボーナス，ストック・オプションや退職金，年金，医療費，生命保険などの付加給与がある。指名委員会の役割は，取締役，会長，CEOの候補者の推薦や新規採用人事の検討が主要業務であり，8割が社外取締役で構成されている。

▷NYSE（New York Stock Exchange）
ニューヨーク証券取引所。1792年に設立されたニューヨーク・マンハッタンのウォール・ストリートにある世界最大規模の証券取引所。世界で最も上場審査が厳しいことで知られている。18社の日本企業が上場している（2015年4月現在）。

▷AMEX（American Stock Exchange）
アメリカ証券取引所。ニューヨーク証券取引所に次ぐアメリカ第2の証券取引所。

▷NASDAQ（National Association of Securities Dealers Automated Quotation）
ナスダック。アメリカ店頭銘柄の気配をコンピューターで自動的に通報するシステム。全米証券業協会の管理下で，1971年から運用され，コンピューター・ネットワークを利用して株式を売買するもの。ベンチャー企業の資金調達や知名度の向上の場となっている。この市場には，マイクロソフト，インテル，グーグル，ヤフー，アマゾンなどのハイテク・インターネット関連の企業約5000社が上場している。

▷ストック・オプション（stock option）
自社株購入権。役員や従業員が将来の一定期間に予

第3に，執行役員の設置である。監督機能と執行機能を分離するために，監督機能は取締役会が担当し，執行機能は取締役会によって選任されたCEOと執行役員が担当する。

2 取締役会の問題

　アメリカの取締役会は，取締役会の規模が小さいことや監視機能と執行機能が分離していること，社外取締役の役割が強化されているなどコーポレート・ガバナンスが比較的に有効に機能しているといえるが，改善されていない諸問題も抱えている。

　第1に，CEOに権限が集中しすぎることである。執行役員のトップであるCEOは，取締役会会長を兼任することが多く，CEOに権限が集中され，CEOと親しい人物を社外取締役，次期CEO，執行役員に選任する傾向が多いため，CEOに対する監視機能が機能しにくい。

　第2に，経営者の巨額な報酬問題である。日本やドイツのCEOの報酬は，自社従業員の平均の10～11倍であるが，アメリカのCEOの報酬はその450倍もある。このようなCEOの高額報酬は，概ねストック・オプションの恩恵を受けており，ストック・オプションによるインセンティブ付与の平均額は50万ドル（2000年）から80万ドル（2001年）である。役員の報酬は，報酬委員会が決定するが，報酬委員会のメンバーである社外取締役がCEOと利害関係にある可能性が高く，報酬委員会の独立性の欠如に問題がある。

　第3に，社外取締役の問題である。アメリカの取締役はCEOに大きな権限があり，取締役会のメンバーはCEOの友人，知人，親戚関係，仲間，血縁関係にある人が社外取締役になっているケースが多く，社外取締役の独立性に問題がある。また，社外取締役は取締役会に年に数回しか参加しないため，当該会社の情報や知識を十分に得ることができない。また，多くの社外取締役が2社以上の会社の社外取締役として兼任しており，社外取締役として本来の役割を果たすことが困難である。

　第4に，ストック・オプションの有効性の問題である。1980年以後アメリカ企業において多く採用されているストック・オプションは，企業業績の向上および役員や従業員の労働意欲の向上を目的とした報酬制度であり，株価が上がるように企業経営を行うインセンティブを経営者に与え，経営者利益と株主価値の向上を一致させるための制度である。そのため，経営者は株価を上げ，インセンティブを増やそうとし，財務報告の歪曲，会計操作などを行う恐れがある。また，株価の動きは企業業績に影響されるが，企業業績以外の経済状況などの要因によって動く場合も多く，その際には企業業績と株価は連動しないため，単純に株価のみで，経営者にインセンティブを与えることは，本来のストック・オプションの目的や有効性に問題が生じる。

決められた価格（行使価格）自社株を買う権利を与える制度。市場価格が行使価格より高ければ，自社株を買って市場で売って売買益を得る仕組み。行使価格は発行時の時価程度で，約2～8年間の権利行使禁止期間が設けられている。

▷**インセンティブ（incentive）**
人の意欲を引き出すために，外部から与える刺激。社員のやる気を引き出す報酬。

▷1　Kim, Kenneth A. & Nofsinger, John R., *Corporate Governance*, Person Education Inc., 2004（加藤英明監訳『コーポレート・ガバナンス：アメリカにみる「企業価値」向上のための企業統治』ピアソン・エデュケーション，2005年，18頁）.

参考文献
吉森賢『日欧米の企業経営：企業統治と経営者』放送大学教育振興会，2001年，165頁。

第3部 株式会社の機関とコーポレート・ガバナンス

X アメリカのトップ・マネジメント組織とコーポレート・ガバナンス

エンロン破綻以降のコーポレート・ガバナンス改革の特徴

1 エンロン社の破綻

アメリカの最大のエネルギー会社である**エンロン社**が2001年12月に破綻した。同社の破綻の最大の原因は、会社のCFO（財務担当責任者）による不正な会計処理が判明し、情報開示の問題、取締役会および監査委員会による監視機能の不在、監査法人の不正な会計処理への加担など、コーポレート・ガバナンスが機能していなかったことであるといわれている。

同社の取締役会は1人の取締役会会長兼CEOと14人の社外取締役と15人で構成されており、形式上は監視機能が働くはずの構造であったのにもかかわらず、取締役会が機能しなかった理由は、社外取締役が同社から巨額の報酬（1人5300万円）を得ていたこと、社外取締役の所属先の組織に同社から多額の寄付があったこと、国会議員258人に多額の政治献金をしたことなどによって同社の社外取締役の独立性が失われていたためである（佐久間，2014，51-52頁）。このような同社の取締役会の監視機能の不在同様、監査法人の監査機能の問題も厳しく批判された。同社の監査法人であったアーサー・アンダーセンは同社の諸問題を知っていながら、何の措置もとらなかったという。アメリカの監査法人の業務は、担当会社の監査業務およびコンサルティング業務を兼ねているが、コンサルティング業務は利益率が高い業務のため、監査法人は担当会社のコンサルティング業務を失いたくないという思惑があり、担当会社に対して監査機能を強化することに躊躇してしまう。このような監査法人の問題が、同社の破綻をきっかけに浮き彫りにされ、監査法人の監査制度の問題を見直すきっかけとなった。

2 コーポレート・ガバナンスの改革

エンロン社の破綻や粉飾決算が問題となって破綻した**ワールドコム社**をはじめとして、2001年から2002年にかけてKマート、グローバル・クロッシングなど知名度の高い大企業の一連の不祥事や破綻が相次ぎ、比較的有効に機能していると見られていたアメリカのコーポレート・ガバナンスの問題が浮上し、大統領、連邦議会、米証券取引委員会（Securities and Exchange Commission、以下SECと省略）、NYSEなどの機関によってコーポレート・ガバナンスの改革策が次々と打ち出された。その代表的な改革策として2002年7月に**企業改革法**

▷**エンロン社（Enron）**
1980年代半ばに設立され、1990年代以後高収益を上げ続け、2001年にはフォーチュン誌に全米第7位の大企業にランクされていたエネルギー商社。

▷**ワールドコム社（Worldcom）**
1983年に設立され、ほかの電話会社を次々と買収し、1998年にはアメリカ第2位の長距離通信会社にまで成長し、世界65カ国以上でサービスを展開する通信会社。

▷**企業改革法（Sarbanes-Oxley Act, SOX法）**
2002年に制定されたサーベンズ・オクスリー法。米連邦議会の下院が提出した「会社・監査の説明責任・義務・透明性法律案」が「オクスリー法案」と呼ばれ、上院が提出した「公開会社会計改革・投資者保護法案」が「サーベンズ法案」と呼ばれ、両法案をまとめた「企業不正防止を目指す企業改革法案」。

（SOX法）が制定され，なお，2002年8月にはNYSE, NASDAQの上場基準も改正され，コーポレート・ガバナンスの強化を図るための改革が実行された。

アメリカのコーポレート・ガバナンスの改革は，情報開示，会計に関するもの，監査人に関するもの，取締役会に関するものを中心に行われた。

ここでは，SOXと上場基準の改革の主な内容について概観していく。SOXの主要内容は，以下の通りである。

①会計事務所の監視のために公開会社会計監査委員会（Public Company Accounting Oversight Board: PCAOB）を新設し，PCAOBに対する監督・指導権限はSECが持つ。

②同一会計監査法人が監査業務とコンサルティング業務を同一企業に提供することを禁止し，監査法人の独立性を強化する。

③公開会社の監査委員会は独立（Independent）していなければならない。監査委員会の委員は，全て**独立取締役**でなければならない。

このようにSOXは，監査委員会および外部監査人の独立性を強化するとともに，企業会計監視委員会による外部監査人の監督制度を導入し，コーポレート・ガバナンスおよび企業会計・監査制度に関わる全般に対する制度を厳格化した。

エンロン社の破綻以後，NYSEは「企業の説明責任および上場基準委員会」を発足し，2002年6月6日に上場基準改正案を公表し，以前の上場基準をより強化した。その上場基準の改正案の主要内容は，以下の通りである。

①会社の取締役会は過半数の独立取締役でなければならない。

②非業務執行取締役（non-management directors）は管理されることなく定期的な役員会に参加しなければならない。

③上場会社は独立取締役のみで構成される監査委員会，報酬委員会，指名委員会を設置する。

④監査委員会の議長は会計または財務管理の専門知識を有しなければならない。

⑤会社またはその監査人の元従業員およびその家族は，雇用終了後5年が経過するまでは，独立性を認めない。

⑥監査委員会の構成員は取締役報酬（director's compensation fees）以外に報酬（remuneration）を受け取ることを禁ずる。

⑦上場会社は業務行為および企業倫理に関する規定を採用し，取締役または執行役員が当該規定を遵守しない場合は即座に開示しなければならない。

アメリカのコーポレート・ガバナンスに対する改革の特徴は，NYSEやNASDAQなどの自主規制機関による上場基準の強化に加え，SOXという法律の制定によって従来のアメリカ型のコーポレート・ガバナンス・システムを否定するものではなく，現行のシステムをより一層強化したものとなっている。

▷独立取締役（independent directors）
会社からコンサルティング料，アドバイス料またはその他の報酬を受け取っておらず，当該会社およびその関連会社の関係者でない者。

参考文献
佐久間信夫『経営学原理』創成社，2014年，51-52頁。

XI ドイツのトップ・マネジメント組織とコーポレート・ガバナンス

  労資共同決定制度と会社機関構造

1 ドイツの労資共同決定制度

ドイツの株式会社の会社機関構造は，①株主総会（Hauptversammlung），②業務執行を監督する監査役会（Aufsichtsrat），③業務執行を担う執行役会（Vorstand）の3つの機関で構成される。

企業の意思決定を労働者と資本家が共同で行う仕組みは，労資共同決定制度と呼ばれる。ドイツは，非常に高度な労資共同決定制度を採用していることで知られ，石炭・鉄鋼産業に属す企業を除き，大企業では監査役の半数が労働者側の代表で占められている。ただし，石炭・鉄鋼産業に属す企業において労働者側代表監査役が半数ではないのは，労働者側にも資本家側にも属さない中立の監査役が1名監査役会会長として置かれるためであり，労資の代表が同数であることに変わりはない。ヨーロッパには労資共同決定制度を採用する国が複数存在するが，これはドイツの制度をモデルとして広まったものである。

ドイツの労資共同決定制度は，①**モンタン共同決定法**（1951年制定），②**3分の1参加法**（2004年制定），③共同決定法（1976年制定）という3つの法律で規定されている。これらの法律の適用対象は，従業員数，会社形態，産業などの違いによって複雑に変化する。

以下は，ドイツの株式会社に適用される，3つの労資共同決定制度の適用範囲である。モンタン共同決定法は，従業員数1000人を超える，石炭・鉄鋼産業に属する企業に対して適用される。次に，3分の1参加法は，石炭・鉄鋼産業に属さない，従業員数が500人超2000人以下の企業に対して適用される。そして，共同決定法は，モンタン共同決定法の対象企業と相互保険会社を除く，従業員数2000人超の大企業を対象とする。

従業員数が2000人を超えるような大規模な株式会社の場合には，その多くは，1976年に制定された共同決定法の対象企業である。共同決定法対象企業数は2013年時点で651社に上る。これに対し，石炭・鉄鋼産業に属する企業にしか適用されないモンタン共同決定法の対象企業数は，石炭産業の衰退なども背景に，2011年時点で31社に過ぎず，1951年の105社から大きく減少している。

2 ドイツの一般的な大規模株式会社の会社機関構造

ドイツの一般的な大規模株式会社が該当する共同決定法対象企業の監査役会

▷ モンタン共同決定法

ドイツの労資共同決定制度について規定する法律の1つ。モンタン共同決定法は，従業員数1000人を超える，石炭・鉄鋼産業に属する株式会社と有限会社に適用される。監査役会が労資同数の代表と中立の監査役会会長で構成されるなど，共同決定法よりも労資同権的であることで知られる。共同決定法とは異なり，監査役会の構成員数は従業員数ではなく資本金の規模によって変化し，最大で21名（資本金2500万ユーロ超）である。

▷ 3分の1参加法

ドイツの労資共同決定制度について規定する法律の1つ。石炭・鉄鋼産業に属さない，従業員数が500人超2000人以下の多くの企業（株式会社，有限会社，株式合資会社など）に対して適用される。ただし，従業員数が2000人を超える石炭・鉄鋼産業に属さない企業でも，相互保険会社には，3分の1参加法が適用される。監査役会の構成員数の3分の1は，労働者側代表監査役で占められなければならないと規定している。

▷ 1 Hans-Böckler-Stiftung, "651 Unternehmen sind mitbestimmt," *Magazin Mitbestimmung, Ausgabe 05/2014*, 2014, S. 58.

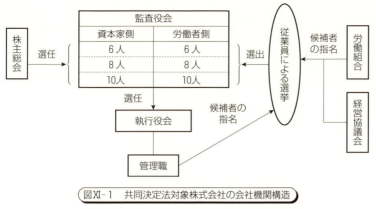

図XI-1　共同決定法対象株式会社の会社機関構造

出所：筆者作成。

の構成員数は，従業員数の多さによって変化する。従業員数が2000人超1万人以下の場合は12名，従業員数が1万人超2万人以下の場合は16名，従業員数が2万人超の場合は20名である。監査役会は，資本家側代表と労働者側代表のそれぞれ同数の監査役で構成される。資本家側代表監査役は，株主総会の議決で過半数の賛成を得ることで選出される。

労働者側代表監査役は，①一般従業員，②管理部門従業員（leitende Angestellte），③**労働組合**という3つの主体の代表で構成される。各主体が監査役として送り込むことができる人数は均一ではなく，一般従業員代表が最も多い。従業員数が2万人超の企業の場合の労働者側代表監査役の構成は，一般従業員代表が6名，管理部門従業員代表が1名，労働組合代表が3名である。労働者側代表監査役は，各主体が指名する監査役候補者の従業員による選挙を通して，選出される。一般従業員代表の候補者名簿は，通常，従業員の代表組織である**経営協議会**によって提出される。

3　資本家側優位の仕組み

ドイツの一般的な大規模株式会社に適用される，共同決定法に基づく労資共同決定制度は，資本家側優位に設計されている。監査役会は，労資同数の代表で構成されているものの，監査役会会長は資本家側代表監査役の中から選出される。加えて，監査役会の議決が可否同数となった場合には，この監査役会会長が2票目を投じることができる。さらに，監査役会は労資同数で構成されるものの，部長や課長クラスなどの管理職から選出される管理部門従業員代表監査役は，労働者側よりも資本家側に近いといえる。

▷ 2　Hans-Böckler-Stiftung, "Montanmitbestimmung damals und heute," *Magazin Mitbestimmung, Ausgabe 05/2011*, (http://www.boeckler.de/pdf/magmb_2011_05_molitor1.pdf).

▷**労働組合**
企業別に組織される日本の労働組合とは異なり，ドイツの労働組合は産業別に組織され，規模も大きく，非常に大きな影響力を有している。産業別労働組合が使用者団体と締結する労働協約を，その産業に属する企業は遵守しなければならない。

▷**経営協議会（Betriebsrat）**
事業所レベルで設置される，従業員の利害を代表する組織。多くの事業所を持つような大企業では，各事業所の経営協議会を取りまとめる中央経営協議会が設置される。

第3部　株式会社の機関とコーポレート・ガバナンス

XI　ドイツのトップ・マネジメント組織とコーポレート・ガバナンス

 監査役会改革

 ドイツの株式会社の取締役会構造

　ドイツの株式会社の取締役会構造は，業務執行を担当する執行役会と業務執行の監督を担当する監査役会という2つの機関で構成されている。このように業務執行とその監督を別個の機関が担当する取締役会構造は，二層型の取締役会と呼ばれる。ヨーロッパ各国の取締役会構造には，二層型の取締役会，および業務執行とその監督を同一の機関が担当する**単層型の取締役会**の2種類が存在する。二層型の取締役会は，ドイツをモデルに，ヨーロッパ各国へと広まったものである。コーポレート・ガバナンスの観点から重要な取締役会の役割は，業務執行よりもその監督である。そのため，取締役会の国際比較においては，ドイツでは監査役会が比較対象となるのが通常である。

▷**単層型の取締役会**
業務執行とその監督を同一の機関が担当する取締役会構造。イギリスの伝統的な取締役会構造として知られ，ヨーロッパ各国で採用されている単層型の取締役会はイギリスをモデルとしたものである。ただし，業務執行者が自分自身を客観的に監督できないリスクを回避するため，単層型の取締役会にも，通常ドイツの監査役のように業務執行を行わない取締役（非業務執行取締役）が含まれている。

▷**コーポレート・ガバナンス・コード（corporate governance code）**
コーポレート・ガバナンスに関する規範。上場企業に対し，各規範の遵守状況に加えて，これを遵守しない場合におけるその理由の公表を義務付けることを特徴とする。このように，規範の遵守を強制するのではなく，妥当な理由があれば遵守しなくてもよいとする原則は，「『遵守せよさもなくば説明せよ』の原則（"comply or explain" principle）」として知られている。

 ドイツ・コーポレート・ガバナンス・コードの展開

　ドイツでは，今日においても，二層型の取締役会構造や労資共同決定制度といった，取締役会に関する伝統的な制度は堅持されている。しかしながら，1990年代以降，アメリカとイギリスをモデルとした資本市場改革が展開される中で，2000年以降は取締役会改革においても，これら2カ国の制度の導入が積極的に図られてきた。

　ドイツの取締役会改革において，重要な役割を果たしてきたのが，イギリスの**コーポレート・ガバナンス・コード**をモデルに，2002年に策定されたドイツ・コーポレート・ガバナンス・コード（Deutscher Corporate Governance Kodex，略称DCGK）である。DCGKは，コーポレート・ガバナンスに関して企業が原則として遵守すべき複数の規範から構成されている。DCGKの規範には，勧告（Empfehlungen）と推奨（Anregungen）の2種類がある。上場企業は勧告の遵守状況（遵守しない場合にはその理由も）を年に1度公表することが法律で義務付けられている。推奨にはこの公表義務は課せられないものの，DCGKの規範のほとんどは勧告である。DCGKには，株主総会や決算監査などに関する規範も含まれているが，監査役会と執行役会に関する規範が大半を占めている。

　DCGKは，2002年の策定以降ほぼ毎年改訂され，執行役の報酬や監査役会の独立性，監査役会内委員会，女性の経営参画など，ドイツの取締役会改革の

あらゆる面で中心的な役割を果たしてきた。これらの改訂された内容の多くは，イギリスやアメリカなど諸外国の取り組みを参考としたものである。DCGKの勧告の遵守率は，フランクフルト証券取引所上場企業の平均でも2014年時点で79.8％に上り，また規模が大きい企業ほど高い。2013年版DCGKは，第2～7節の6節にわたって規範が記載されているが，全105個の勧告の内80個の規範が執行役会について規定した第4節（34個）と監査役会について規定した第5節（46個）に集中している。

③ 監査役会内委員会

近年，世界各国の企業では，取締役会の監督機能を向上させるために，取締役会の中に業務執行の監査や監査役候補の指名などを専門とする委員会を設置する動きが広まっている。ドイツの株式会社の間でも業務執行の監督機関である監査役会内に，委員会を設置する企業が増えている。

とりわけ，業務執行の監査を専門とする監査委員会（Prüfungsausschuss）と監査役候補の指名を専門とする指名委員会（Nominierungsausschuss）は，DCGKで設置が求められている。そのため，上場企業は，これら2つの委員会の設置の有無，および設置しない場合にはその理由を，年に一度公表しなければならない現状にある。もっとも，労働者側代表監査役は，労働者側から指名され，従業員の選挙を通して選出される。そのため，ドイツの指名委員会が指名するのは，株主総会で議決される資本家側代表監査役候補だけである。

その他に，二層型の取締役会を採用するドイツでは，監査役候補を指名する指名委員会のほかに，執行役候補を指名する人事委員会（Personalausschuss）といった名称の委員会が設立されているケースが少なくない。加えて，執行役は，監査役会での投票で3分の2の賛成票を獲得することで選出されるが，これが否決された場合には，共同決定法で設置が義務付けられている**調停委員会**が，新しい候補者を指名することになる。

④ 監査役会の独立性

近年，諸外国で**取締役会の独立性**の向上が課題とされていることを受け，ドイツでも，監査役会の独立性の向上に向けた改革が展開されてきた。DCGKでは，2002年の策定当時から，執行役会出身者である監査役を2名以内とすることなどが規定されていたが，2005年の改訂で初めて，監査役会に十分な数の独立監査役を含めることが規定された。もっとも，ドイツの監査役会の半数を占める労働者側代表監査役は，国際的には独立性が乏しいと見なされるのが一般的である。しかし，ドイツでは，既存の労資共同決定制度に対する支持が厚く，監査役会の独立性の向上に関して議論されるのは，通常資本家側代表監査役のみである。

▷ 1 この段落のDCGKの実態については，以下を参照のこと。v. Werder, A. & Bartz, J., "Corporate Governance Report 2014: Erklärte Akzeptanz des Kodex und tatsächliche Anwendung bei Vorstandsvergütung und Unabhängigkeit des Aufsichtsrats," *Der Betrieb*, Nr. 17, 2014, S. 905-914.

▷ 調停委員会（Vermittlungsausschuss）
執行役の選出に当たって，労資双方の意見をより公平に反映させるために設置が義務付けられている監査役会内委員会。調停委員会は，監査役会会長，監査役会副会長，それぞれ1名の資本家側代表監査役と労働者側代表監査役の4名で構成される。もっとも，2回目の投票では執行役の選出に必要な賛成票は3分の2を必要とする1回目の投票とは異なり過半数である。

▷ 取締役会の独立性
取締役会の責務である監督機能が形骸化する要因となる利害関係の乏しさ。経営者の親族や従業員，取引先などが取締役であれば，経営者に対して客観的な監督を行うことは難しくなる。

XI ドイツのトップ・マネジメント組織とコーポレート・ガバナンス

資本市場改革とコーポレート・ガバナンス

1 ドイツの伝統的な企業観

　ドイツでは，アメリカやイギリスに代表される短期的利益や株主重視などを特徴とするアングロ・サクソン型の資本主義とは異なり，長期的な利益とステークホルダーとの協調関係が重視されてきた。企業は株主のものではなくステークホルダー全般のものである，というのがドイツの伝統的な企業観である。

　1990年代以前のドイツでは，企業や銀行は，役員を相互に派遣しあい，株式も相互に持ち合うことで，強固で緊密な人的・資本的結合関係を構築していた。加えて，発行株式の5割以上を保有する大株主がいる企業も多かった。さらに，1株で複数の議決権を行使できる多議決権（Mehrstimmrecht）株式の発行が認められていたほか，企業に情報公開を義務付ける制度も十分に整備されていなかった。このような中で，ドイツでは，敵対的買収や株価の下落などの脅威がほとんど存在せず，株式市場からの企業経営に対する規律付けが十分に機能していなかった。

2 1990年代以降の資本市場改革

　1990年代以降，銀行や企業がグローバルな競争を強いられるようになる中で，ドイツにおいても，株式市場の活性化に向けた改革がさまざま展開されてきた。第1～4次に及ぶ**資本市場振興法**では，有価証券取引税の廃止，インサイダー取引規制，連邦証券取引監督庁の創設などの改革が実施された。

　1998年に制定された「**企業領域における監視と透明性のための法律（KonTraG）**」では，子会社の財務状況や持株比率が5％を超える出資状況などの情報公開が義務付けられるなど，企業の情報公開が一層進められた。また，KonTraGでは，従来，株主の意思を株主総会で公平に扱うことを妨げていた多議決権株式が廃止された。加えて，株主が行使できる議決権に上限を設けることで大株主の議決権を不当に制限できる，最高議決権（Hoechststimmrecht）制度も，上場企業においては廃止された。

3 1990年代以降の所有構造の変化

　資本市場改革を背景に，ドイツの株式市場は急速に発展してきた。ドイツ企業は1990年代以降，株式市場からの資金調達を進め，1988年から2014年にかけ

▷**資本市場振興法（Finanzmarktförderungsgesetz）**
ドイツの資本市場の活性化に必要な制度と環境を整備するために制定された法律。段階的な改善をめざし，第1次（1990年），第2次（1994年），第3次（1998年），第4次（2002年）と4度に渡って制定された。

▷**企業領域における監視と透明性のための法律（Gesetz zur Kontrolle und Transparenz im Unternehmensbereich, 略称 KonTraG）**
ドイツの株式市場の発展，およびコーポレート・ガバナンスにおける株式市場の役割を高めるために制定された法律。①透明性の向上，②不公平な議決権制度の改革，③監査役会改革などが実施された。監査役会改革としては，監査役会の年間開催数の下限の引上げや監査役会会長の兼任に対する制限強化などが行われた。

てドイツ企業が株式市場で新たに発行した株式の総額は2960億ユーロにも上る。また，規制改革に伴い外国人投資家がドイツ企業の株式を購入することが比較的容易になったため，外国人投資家の持ち株比率も増加した。外国人投資家の持ち株比率は2014年時点で57.1％に上り，外国人投資家の持ち株比率がドイツ国内の投資家の持ち株比率を上回っている現状にある。

また，株式の新規発行のみならず，資金調達目的での株式の売却も進んだため，ドイツのかつての特徴であった株式相互所有も急速に解消が進んだ。ドイツ100大企業間での出資件数は，1996年の143件から2004年の45件へと大きく減少した。

❹ コーポレート・ガバナンスにおける株式市場の役割

株式相互所有の解消，株式市場の透明性の向上，多議決権株式といった不公平な買収防衛策の廃止などが進んだことにより，ドイツ企業の経営者は以前よりも株式市場の動向に配慮し，効率的な経営への努力を求められるようになってきている。また，ドイツでは敵対的買収が成功するケースも登場してきている。2000年には，イギリスのヴォーダフォン社が，ドイツの代表的な電気通信会社であるマンネスマン社の敵対的買収に成功している。

もっとも，ドイツは，以前から株式の大半を特定の大株主が保有するという集中所有を特徴としてきた。証券市場改革が進む中で，企業間での株式相互所有は解消が進んだものの，集中所有の特徴は今日においても変化が見られない（表XI-1）。多くの大企業で集中所有が維持されていることは，ドイツにおける敵対的買収の成功が未だに難しいことを意味している。

▷1　この段落にあるデータは，以下の文献より引用。Deutsche Bundesbank, *Monthly Report*（September）2014.

▷2　Monopolkommission, *Hauptgutachten XIX : Stärkung des Wettbewerbs bei Handel und Dienstleistungen*, 2012, S. 172.

表XI-1　ドイツ100大企業の資本所有構造

（単位：企業数）

	2002	2004	2006	2008	2010	2012
100大企業内の企業による過半数所有	0	0	0	2	1	0
外資による過半数所有	25	24	28	27	26	21
公的機関による過半数所有	11	11	12	12	13	15
個人，同族，同族財団による過半数所有	19	22	21	23	22	26
50％超の分散所有	22	21	20	21	21	23
その他所有主体による過半数所有	8	9	7	8	10	8
過半数所有主体無し	15	13	12	7	7	7

出所：**独占委員会**の歴代の『隔年報告書（Hauptgutachten）』のデータを基に筆者作成。

▷**独占委員会（Monopolkommission）**
1974年に設立された，ドイツ政府に市場の競争に関する政策や法律について助言を行う独立的な諮問機関。1976年以降発行されてきた『隔年報告書（Hauptgutachten）』は，ドイツのコーポレート・ガバナンスの実態を知る貴重な資料として，多くの研究者によって引用されてきた。

XI ドイツのトップ・マネジメント組織とコーポレート・ガバナンス

4 銀行を中心とする企業間関係の解消

1 1990年代以前の銀行の影響力

1990年代の資本市場改革以前のドイツでは，**ハウスバンク**と呼ばれる特定の銀行を中心に，複数の企業グループが形成されていた。ドイツの銀行は，あらゆる金融業務を行うことができるユニバーサル・バンクであり，大量の株式を保有することが可能である。ドイツの銀行は，株式保有や監査役の派遣，融資をはじめとするあらゆる金融サービスの提供などを背景に，大きな影響力を有していた。

ドイツのコーポレート・ガバナンスにおける銀行の影響力を一層強固なものとしていたのが，ドイツ特有の寄託議決権（Depotstimmrecht）という仕組みである。ドイツの銀行は，自社が保有する株式に加えて，個人などから預託された株式の議決権を寄託議決権として行使することが認められている。銀行に議決権行使を寄託する株主は，銀行に対し議決権行使のあり方を指示できるが，そのような指示がなされるケースはまれである。

一般的に，株式の分散が高度に進んだ大企業では，経営者支配が成立することになるが，これはあくまで経営者が会社機関の意思決定を掌握することによる。だが，寄託議決権制度の下では，株式の分散が進めば進むほど，銀行が行

▷ハウスバンク（Hausbank）

ドイツにおいて，特定の企業と緊密な関係を築いている銀行に対する呼称。日本のメインバンクに相当する。株式市場が発達する1990年代以前のドイツでは，ハウスバンクは，企業への安定的な資金の提供者として重要な役割を担っていた。加えて，多くの監査役を派遣しているなど，ドイツのコーポレート・ガバナンスにおいても，重要な役割を果たしていた。

▷ 1 ⇨ Ⅲ-2 「大規模株式会社の経営者」

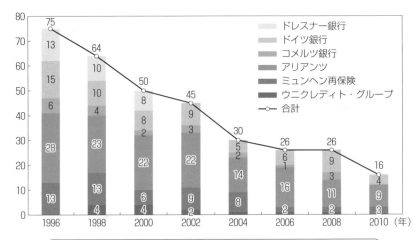

図XI-2 ドイツの主要金融機関によるドイツ大企業100社への出資件数の推移

（注）　出資件数1以下は数値を未表示。
出所：独占委員会（Monopolkommission）の歴代の『隔年報告書（Hauptgutachten）』のデータを基に筆者作成。

使可能な議決権は増加するため，経営者ではなく銀行の影響力が高まることになる。

2 銀行の影響力に対する規制の強化

1990年代以降の資本市場改革では，同時期に企業不祥事が続発したこともあり，従来の銀行を中心とするコーポレート・ガバナンス制度の改革が課題とされてきた。ドイツでは，監査役を派遣できる企業数の上限は，10社までである。1998年に制定された **KonTraG** では，過剰な監査役の兼任が監査役の監督機能を妨げているとの観点から，派遣先で監査役会会長となった場合には2社分としてカウントすることが規定された。

寄託議決権制度も大きく改革され，KonTraG では，直接的な持ち株比率が5％を超える企業に対しては，株主から特別に指示の無い限り寄託議決権を行使することができなくなった。その後，株主の権利を保護するために代理人による議決権行使の容易化を求める，EU の **株主権指令** が2009年に国内法化されたことにより，この制限は5％超から20％超へと緩和され，現在に至る（株式法第135条(3)）。また，グループ企業などを介した間接的な保有においても同様に，持ち株比率が20％超の企業に対する行使は禁止されている。

3 銀行を中心とする企業間関係の解消

1990年代以降の資本市場改革や金融活動のグローバル化などを背景に，銀行は，資金調達や損失の回避などの理由から，保有する株式の売却を進めてきた（図XI-2）。これにともない，銀行から派遣される監査役の数も，大きく減少している（図XI-3）。かつての企業グループの中心を担っていた **ドイツ三大銀行** の1つであった **ドレスナー銀行** も，2009年に買収により消滅した。このように，ドイツの従来の特徴であった，銀行を中心とする固定的で緊密な企業間関係は大きく解消されている現状にある。

▷ KonTraG
⇨ XI-3 「資本市場改革とコーポレート・ガバナンス」

▷ 株主権指令（Aktionärsrichtlinie）
2007年に株主の権利を保護するための制度整備を目的に発令された EU の指令。EU の規制の1つである指令は，EU 加盟国に国内法化を求めることを特徴とする。株式の国境を超えた分散を背景に，議決権の代理行使の規制緩和を要求するほか，株主総会の招集通知や投票結果といった情報のインターネット上での開示などを求めている。

▷ ドイツ三大銀行
ドイツを代表する最大規模の銀行であった，3つの銀行（ドイツ銀行，コメルツ銀行，ドレスナー銀行）をまとめて呼ぶ際に使用された呼び名。2009年に，アリアンツの子会社となっていたドレスナー銀行がコメルツ銀行に吸収合併されて消滅したため，現存するのはドイツ銀行とコメルツ銀行の2行である。

▷ ドレスナー銀行
ドイツ三大銀行の1つ。そのほかの2行同様，役員の派遣や株式の保有などを通し，自行を中心とする企業グループを形成していた。

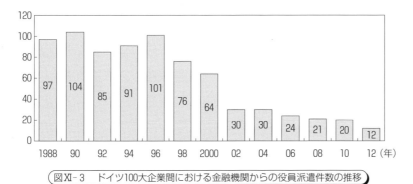

図XI-3 ドイツ100大企業間における金融機関からの役員派遣件数の推移

出所：Monopolkommission, *Hauptgutachten XX : Eine Wettbewerbsordnung für die Finanzmärkte*, 2014, S. 225を修正。

XII 市場および監督機関とコーポレート・ガバナンス

 会社支配権市場とコーポレート・ガバナンス

1 市場の規律

コーポレート・ガバナンスすなわち経営者に対する監視は、株主総会や取締役会などの内部機関を通した監視と市場や監督官庁など企業の外部からの監視がある。ここでは外部からの監視について、日本の最近の動向を踏まえながら見ていくことにする。

日本企業は1900年代まで**安定株主**によって守られ、**敵対的企業買収**者が現れても買収者に株式を取得され、したがって企業の支配権を奪われることがほとんどなかった。安定株主は銀行、保険会社、従業員持株会、取引企業などであるが、特に重要な役割を果たしてきたのが株式をお互いに持ち合っている相手企業である。

株式相互持合い（株式相互所有）の関係にある企業同士は、敵対的買収者がどんなに高い価格を提示して株式を買い取ろうとしても株式を売ろうとしないため、強固な買収防衛策として機能してきた。しかし株式相互持合いはコーポレート・ガバナンスの面から多くの問題があることが指摘されてきた。

特に**市場の規律**という観点からコーポレート・ガバナンスにとってマイナスの影響があるといわれている。市場の規律は、市場メカニズムが企業や経営者の行動を監視し規律づける機能のことである。業績を低下させ、株価を低落させた経営者に対しては責任追及の圧力が働くことになるが、これは株価が経営者の行動を（業績を向上するように）規律付けているということができる。

2 会社支配権市場と市場の規律

市場の規律の中でも経営者にとって非常に大きな圧力となるのは敵対的企業買収である。敵対的企業買収の標的になるのはごく一般的には、株式時価総額がその企業の純資産よりも小さな（株価純資産倍率すなわちPBRが1よりも小さい）企業である。たとえば、純資産が100億円で株式時価総額が70億円の企業があったとしよう。敵対的企業買収者や投資ファンドなどはこうした企業の株式を市場で（70億円で）すべて買占め、企業の支配権を獲得した後、この企業の資産をすべて（100億円で）切り売りすれば、差し引き30億円の利益を得ることができる。企業業績を低下させ、株価を下落させた企業の経営者は敵対的企業買収の標的となり、買収が成功すればこの経営者は解雇されることになる。

▷**安定株主**
⇨IX-2「株式所有構造の変化と株主総会」

▷**敵対的企業買収**
ある企業の経営者や従業員が買収されることに反対しているにもかかわらず、買収者がある企業の株式を買い集め、支配権を獲得すること。50％超の株式を取得すればその企業の取締役を買収者が全て入れ替えてその企業の意思決定を掌握することができる。⇨IX-2「株式所有構造の変化と株主総会」も参照。

▷**市場の規律**
一般的には資本市場のメカニズムを通して経営者の行動を監視し規律付けること。株式市場で自社の株式が下落すれば、経営者は株価を上昇させる行動をとるように規律付けられる。社債市場で社債の価格が下落（信用が低下して金利が上昇）すれば、経営者は財務の健全性を高めるように規律付けられる。

その結果敵対的企業買収は非効率な経営者を市場から排除することになり，その国の経済全体の経営効率を高める効果を持つことになる。

敵対的買収者が被買収企業の資産を切り売りせず，被買収企業の事業を継続する場合にも同様の効果が得られる。すなわち買収企業は被買収企業の経営者を解雇し，買収企業から送り込まれた有能な経営者が被買収企業の経営を継続することになるため，ヒト，モノ，カネなどの経営資源は効率的に管理されることになる。株式相互持合いの解消などによって安定株主比率が十分低くなれば，市場の規律が国全体で機能するようになるため，国全体の経営資源が効率的に利用されることになる。

また，敵対的企業買収は実際に実行されないとしても，その脅威が存在すること自体が経営者を規律付ける。経営効率を低下させ，株価を下落させた企業経営者は敵対的買収の標的となるため，経営者は経営資源を効率的に運用し株価（企業価値）を高く維持することに努めるのである。

日本企業は長い間，安定株主によって敵対的買収の脅威にさらされることがなかった。近年の安定株主の持株比率の減少，とくに株式相互持合いの解消傾向は，市場の規律を回復させ，経営資源の効率的利用に大きな効果を発揮することになる。

3 その他の市場の規律

市場の規律には会社支配権市場による規律付けのほかに，**社債の格付け**なども含まれると考えられる。格付け機関は企業の信用度ないしデフォルトの確率などの分析から企業の発行する社債などの格付けを行っている。AAA（トリプルA）の最上位の格付けを得た企業は低金利の社債を発行することができ，資金調達を有利に実行することができるため，経営者は業績を向上させ，経営財務を改善しようと努める。

また，近年，企業にとって財務的情報だけでなく，CSRのような非財務的情報によっても格付けが行われるようになってきている。財務的な業績が良好であっても，CSRで問題のある企業は長期的な成長が困難であるという認識が広がっており，財務業績と非財務業績を統合した統合報告書が注目されている。機関投資家は非財務情報を加味した企業評価に基づいて企業への投資を行うようになってきている。経営者はCSRに対しても積極的に取り組むよう規律づけられているということができる。

さらに，ブラック企業のように劣悪な労働条件で従業員を働かせる企業には労働者が就職しようとしなくなり，人手不足に陥り経営が困窮することになる。食品偽装のような反社会的な行為を行う企業からは消費者が離れ，企業が著しい業績不振に陥ることになる。このように，経営者は資本市場からだけでなく，労働市場や消費市場からも規律づけを受けることになる。

▷社債の格付け
企業は社債を発行して市場から資金調達を行っているが，これらの社債は，格付け機関によってその信用力（債務履行能力）に応じて格付けが与えられている。最も信用力の高い社債からAAA, AA, A, BBB, BB, B, CCC〜のように格付け符号が与えられるが，格付けの高い社債ほど企業が支払う金利は低くなる。

▷デフォルト（default）
債務不履行のことで，社債などの元利金の支払いが期日までに実行できなくなった状態のこと。社債の格付けはデフォルトになる確率に基づいて評価が行われる。

XII 市場および監督機関とコーポレート・ガバナンス

2 機関投資家とコーポレート・ガバナンス

1 モノ言わぬ株主

かつて日本の機関投資家は，企業の株式を大量に保有するにもかかわらず，株主総会で質問したり議決権行使をすることがほとんどなかった。彼らは経営者が提出した議案に無条件に賛成するか経営者に白紙委任状を送ったりするのが一般的であったため，経営者から提出された議案はほとんど反対もなく可決されることが多かった。その結果，経営者の支配力は，機関投資家の支えを得て，きわめて強固なものとなっていた。このような経営者の方針に一切異議を唱えない機関投資家は「モノ言わぬ株主（投資家）」と呼ばれていた。

しかし，日本の機関投資家による企業統治活動は近年徐々に変化してきている。2000年代に入り，投資顧問会社の議決権行使に対する取り組みは大きく進展したが，この取り組みはまず，2000年代前半に議決権行使体制を整備し，議決権行使を実施することから始められた。

2005年頃からはM&Aの活発化や**敵対的企業買収**の動向もあり，議決権行使そのものに対する関心が高まったが，会社法や金融商品取引法の成立など法整備が進んだことにより，議決権行使体制がほぼ確立した時期と考えられる。2010年からは株主総会議案の賛否結果の開示が義務付けられたことにより，投資顧問会社に対する経営者の「ミーティングの依頼が増加」し，投資家と経営者の対話が活発化した。議案の賛否結果の開示は投資家と経営者の認識のギャップを両者の対話が次第に埋めていくであろうと期待される。

2 モノ言う株主への変化

2000年代後半以降，機関投資家の議決権行使は活発になり，会社提案議案に対する反対投票も積極的に行われた。機関投資家の反対比率が高かったのは買収防衛策，監査役選任，役員退職金の支給などの議案である。

監査役選任議案に対しては高率の反対・棄権票が投じられているが，これは社外監査役の独立性という視点からの反対である。また，その他の会社提案における反対・棄権票は買収防衛策としての新株予約権発行に対するものが多く含まれていた。2011年で反対棄権の比率が最も高かったのは退職慰労金支給議案である。退職慰労金の支給については毎年高率の反対・棄権票が投じられているため，退職慰労金制度そのものを廃止する企業が増加している。

▷1 一般社団法人 日本投資顧問業協会ホームページ「投資一任会社における議決権行使10年間の推移について：日本証券投資顧問業協会の議決権行使アンケート分析」2011年12月21日公表（http://www.jiaa.or.jp/cg_society/pdf/20111221giketsukenreport.pdf）。
▷敵対的企業買収
⇨ IX-2 「株式所有構造の変化と株主総会」，XII-1 「会社支配権市場とコーポレート・ガバナンス」

このように，機関投資家の要求を受け入れながら，企業は改革を進めているにもかかわらず，会社提出議案に対する反対・棄権票の比率は大きく減少しているとはいえない。これは機関投資家の要求が次第に厳しくなっているためであり，議決権行使結果の開示制度の後押しなどによって，機関投資家の要求はさらに厳しさを増すことが予想される。

③ 日本版スチュワードシップ・コード

金融庁は2014年2月に**スチュワードシップ・コード**を作成し，公表した（**表XII-1**）。このコードは機関投資家にその出資者に対する責任を果たさせようとするもので，日本のコーポレート・ガバナンス改革を推進する新しい制度として注目されている。生命保険会社や投資信託などの機関投資家は，これまで資金の出し手である保険の加入者や出資者に対する責任が明示されてこなかったし，その責任を果たしてきたというわけではない。このコードは，機関投資家が株式投資を行っている企業に対し，議決権行使や経営者との対話を通して，資金の出し手に対する自らの責任（受託責任）を果たさせようとするものであり，またどのように果たしたのかについて説明することを求めるものである。

日本の機関投資家は従来，自らへの資金の出し手よりも，投資先の企業経営者との関係を重視して行動する傾向が強かったため，自らの資金の出し手の利益になるよう行動すべきことを明示したこのコードは，コーポレート・ガバナンスの観点から大きな意味を持つということができる。つまり機関投資家は資金の出し手の利益になるような「行動指針」を作成し，経営者と対話し（場合によっては圧力をかけ），議決権を行使しなければならなくなった。そして議決権行使の結果を公表し，資金の出し手の利益になるように行動していることを証明しなければならなくなったのである。

機関投資家がこのスチュワードシップ・コードを導入するか否かは機関投資家の判断に任されているが，大半の機関投資家の多くが同コードを導入している。

▷スチュワードシップ・コード(stewardship code)
機関投資家がとるべき行動原則のことで，イギリスで2010年に導入された。議決権行使の方針を作り，行使結果を集計・公表すること，など機関投資家の7つの責務を定めている。日本では，2014年6月末までに127の機関投資家が日本版スチュワードシップ・コードの受入れを決めている。⇨IX-4「指名委員会等設置会社（委員会設置会社）と監査等委員会設置会社」も参照。

表XII-1　機関投資家の7つの責務

1. 機関投資家は，スチュワードシップ責任を果たすための明確な方針を策定し，これを公表すべきである。
2. 機関投資家は，スチュワードシップ責任を果たす上で管理すべき利益相反について，明確な方針を策定し，これを公表すべきである。
3. 機関投資家は，投資先企業の持続的成長に向けてスチュワードシップ責任を適切に果たすため，当該企業の状況を的確に把握すべきである。
4. 機関投資家は，投資先企業との建設的な「目的を持った対話」を通じて，投資先企業と認識の共有を図るとともに，問題の改善に努めるべきである。
5. 機関投資家は，議決権の行使と行使結果の公表について明確な方針を持つとともに，議決権行使の方針については，単に形式的な判断基準にとどまるのではなく，投資先企業の持続的成長に資するものとなるよう工夫すべきである。
6. 機関投資家は，議決権の行使も含め，スチュワードシップ責任をどのように果たしているのかについて，原則として，顧客・受益者に対して定期的に報告を行うべきである。
7. 機関投資家は，投資先企業の持続的成長に資するよう，投資先企業やその事業環境等に関する深い理解に基づき，当該企業との対話やスチュワードシップ活動に伴う判断を適切に行うための実力を備えるべきである。

出所：日本版スチュワードシップ・コードに関する有識者検討会『「責任ある機関投資家」の諸原則《日本版スチュワード　シップ・コード》～投資と対話を通じて企業の持続的成長促すために～』金融庁，2014年，6頁。

XII 市場および監督機関とコーポレート・ガバナンス

証券取引所および金融庁の上場規則とコーポレート・ガバナンス

1 独立役員確保についての東京証券取引所の規定

アメリカやイギリスにおいて，証券取引所は自主規制機関としてコーポレート・ガバナンス改革に大きな役割を果たしてきた。すなわち，アメリカにおいては監査委員会をはじめとする取締役会内委員会の設置および強化に関して，ニューヨーク証券取引所が上場規準の改正を通して促進してきた。また，イギリスにおいてはロンドン証券取引所が統合規範を上場規準に採用するなどの措置により，コーポレート・ガバナンス改革において大きな役割を果たしてきた。

日本では東京証券取引所（以下東証という）が同様の取り組みを試みてきたものの，これまではコーポレート・ガバナンス改革に関してほとんど大きな成果をあげてこなかった。そのような中で，東証は，2009年12月30日に有価証券上場規程等の一部改正を行い，**独立役員**を1名以上確保しなければならない旨を，企業行動規範の「遵守すべき事項」として規定した。この規定は多くの企業で，2010年6月の定時株主総会の翌日から，順次，適用されている。

「経営陣から著しいコントロールを受け得る者」や「経営陣に対して著しいコントロールを及ぼし得る者」は，一般株主との利益相反が生じる恐れがあるため，独立役員に選任することは不適当である。東証は**独立性の判断基準**を具体的に列挙している。

東証は2010年9月10日までに提出された独立役員の確保状況を集計，分析している。『東証上場会社コーポレート・ガバナンス白書2011』によると調査時点において独立役員が確保されている上場企業は2146社（93.5％）であり，社外取締役のみを届け出ている企業は214社（上場会社の10.0％），社外監査役のみを届け出ている企業は1514社（同70.5％），社外取締役および社外監査役ともに1名以上届け出ている企業は418社（同19.5％）であった。

2 役員報酬開示制度

役員の受け取る報酬が適切なものであるかどうかは，コーポレート・ガバナンスの観点から重要な問題であるが，従来は役員の受け取る報酬総額が公表されるだけで，役員の個別報酬額や，報酬額の決定プロセス，報酬額の評価基準などは公表されてこなかった。しかし，**改正内閣府令**によって2010年3月から役員報酬の個別開示が義務づけられ，金融庁がそれを監督することになった。

▶**独立役員**

独立役員とは，一般株主と利益相反が生じる恐れのない社外取締役または社外監査役のことであり，独立役員の確保状況は「独立役員届出書」に記載し，東証に提出することが義務付けられている。届出を怠った場合には，「公表措置，上場契約違約金の徴求，改善報告書・改善状況報告書の徴求，特設注意市場銘柄への指定などの措置を講ずる」ことがあるとされている。

▶**独立性の判断基準**

以下のa〜eに相当する者は原則として独立役員にはなれない。a. 当該会社の親会社または兄弟会社の業務執行者。b. 当該会社を主要な取引先とする者もしくはその業務執行者または当該会社の主要な取引先もしくはその業務執行者。c. 当該会社から役員報酬以外に多額の金銭その他の財産を得ているコンサルタント，会計専門家または法律専門家（当該財産を得ている者が法人，組合等の団体である場合は，当該団体に所属する者をいう）。d. 最近においてaからcまでに該当していた者。e. 次の(a)から(c)までのいずれかに掲げる者（重要でない者を除く）の近親者（＝親等内の親族）：(a) aからdまでに掲げる者，(b) 当該会社また

この制度によって企業業績への貢献度を基準に適切な役員報酬が支払われているか否かを判断するための情報が得られることになり，日本のコーポレート・ガバナンス改革が一歩前進することになった。とはいえ，報酬額開示の対象が1億円以上の報酬を得た役員に限定されていることや報酬額算定方法の開示が義務付けられていないことなど，なお，改善の余地を残すものとなっている。

総額の開示は，取締役（社外取締役を除く），監査役（社外監査役を除く），執行役，社外役員といった区分ごとに，役員報酬の総額，役員報酬の種別（基本報酬，**ストック・オプション**，賞与および退職慰労金等）の総額と対象となる役員の人数を記載することである。また，個別の開示は，役員ごとの氏名，役員区分，連結報酬等の種類別の額について記載することであるが，連結報酬等の総額が1億円以上の役員に開示義務を限定することができる。

③ 株主総会における議決権行使結果の開示

上記の改正内閣府令は，株主総会における議決権行使結果の開示を企業に義務づけた。この改正開示府令は2010年3月31日に公布，同日に施行された。議決権行使結果の開示は，イギリスやアメリカにおいても，法令によって上場企業に義務づけられている。議案が単に可決されたのか否決されたのかだけでなく，賛否の票数が公表されることによって，株主の意思をより詳細に把握できるほか，企業にとっても説明責任を果たす上で意味がある。経営者は反対比率の高い経営政策について修正をしていくべきであり，そうすることによって経営者はより適切に，株主の意思を経営政策に反映させていくことができる。

会社提案議案における平均賛成率の低い議案は，①買収防衛策導入・継続議案（81.38％），②役員退職慰労金贈呈議案（89.29％），③監査役選任＋補欠監査役選任議案（92.63％）の順であった（2011年）。

④ コーポレート・ガバナンス・コード

金融庁と東京証券取引所は73本の原則から成る「コーポレート・ガバナンス・コード」を作成し，2015年度から導入することになった。東証上場企業約2380社が対象で，導入しない企業は導入しない理由を説明しなければならない。これは「**遵守せよ，さもなくば説明せよ**」といわれるコーポレート・ガバナンスの方法である。その内容は，社外取締役を2人以上選任することや，国際的に事業展開する大企業は，自主判断で取締役会の3分の1以上の社外取締役を選任すること，など会社法よりさらに踏み込んだ内容となった。

同コードの適用から1年を経過した2016年現在，1部上場企業の78％で2名以上の独立取締役が選任される（東証マーケットニュース，2016年6月17日）など，日本企業の改革は急速に進展している。

はその子会社の業務執行者（社外監査役を独立役員として指定する場合に当っては，業務執行者でない取締役または会計参与（当該会計参与が法人である場合は，その職務を行うべき社員を含む）を含む），(c)最近において前(b)に該当していた者。

▷**改正内閣府令**
「企業内容等の開示に関する内閣府令の一部を改正する内閣府令」（2010年3月31日公布，2010年3月31日施行）

▷**ストック・オプション (stock option)**
主として経営陣に，一定の価格（行使価格）で自社の株式を買う権利を与える制度。経営陣が企業業績を向上させると株価が上昇し，行使価格との差が大きくなり経営陣は大きな利益を得ることができるため，経営陣は株価を上昇させようと努力する。

▷**遵守せよ，さもなくば説明せよ (comply or explain)**
法律で厳格に規制（ハードロー）するのではなく，自主規制（ソフトロー）によってルールを守らせる方法。遵守しなくても罰せられることはないが，遵守しない場合にはその理由を説明しなければならない。

XII 市場および監督機関とコーポレート・ガバナンス

 監査法人とコーポレート・ガバナンス

1 監査法人に対する金融庁の監視強化

近年，企業の粉飾決算事件などが相次いだことを受けて，監査法人に対する金融庁の監視体制が強化されたほか，監査法人の企業会計に対する監査も強化されてきている。

金融庁は会計監査の品質を向上させるため，企業の**ゴーイングコンサーン**の記載の義務づけ（2002年），公認会計士法の改正（2003年），公認会計士・監査審査会の新設（2004年）などの法律・制度の整備を進めてきた。それと同時に不正会計に対しては，監査法人および企業の両方に対して処分を強化してきた。

金融庁は，2006年5月に**カネボウの粉飾決算**に関与するなど不祥事を引き起こしてきた中央青山監査法人に，2006年7月から2カ月の業務停止命令を下し，関係した会計士2人に登録抹消，1人に業務停止1年間の処分を行った。この業務停止命令によって中央青山監査法人の監査先企業約5500社（うち法定監査を受けている企業は約2300社）が重大な影響を受けることになった。この処分の結果中央青山監査法人は顧客企業の離反や組織の分裂という深刻な危機に陥り，解散に追い込まれた。

また，金融庁は公認会計士法の改正などによって監査法人への行政処分を多様化する方針を打ち出した。従来，監査法人への行政処分は「戒告」と「業務停止命令」「解散命令」であったが，これに業務改善命令や役員解任命令，課徴金などの行政処分を加えることが2006年12月の金融審議会で決まった。中央青山監査法人への業務停止命令が顧客企業に大混乱をもたらしたことから，早い段階で迅速に行政処分を行うことにより混乱を小規模にとどめようとするねらいがある。

2 監査法人による監査の厳格化

企業に対する会計監査は元来，株主や債権者そのほかのステークホルダーのために行われるのであり，経営者のために行われるのではない。しかし，現実には公認会計士や監査法人は企業から監査報酬を受け取って，会計監査を行っているため，公認会計士や監査法人にとって企業は顧客の関係にある。どの監査法人に監査を依頼するかを実際に決めているのは経営者であるから，監査の依頼を失いたくない監査法人は経営者の無理な要求をも受け入れようとしがち

▷**ゴーイングコンサーン**
(going concern)
企業は継続的に事業を行っていくことが前提となっているが，こうした継続企業の前提に重要な疑義が生じたような場合には，経営者は財務諸表に注記をつけて，ゴーイングコンサーンに問題があることを明記しなければならない。⇒Ⅴ-3「CSRの理論的視座と実証研究」も参照。

▷**カネボウの粉飾決算**
カネボウは赤字の子会社を連結から外すなどの方法により決算を粉飾し，有価証券報告書に虚偽の記載をしてきたが，中央青山監査法人の担当会計士は，カネボウに対し粉飾の具体的な方法を教唆するなど，深く関わってきた。

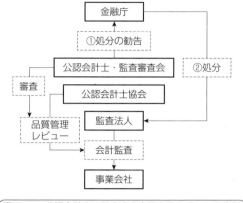

図XII-1 公認会計士・監査審査会設立後のチェック体制
出所：筆者作成。

である。ここに監査法人による監査がしだいに甘くなる要因があり，公認会計士と経営者の癒着を生む土壌があった。

3 監査法人が関与した不祥事の事例

　三田工業（1998年），ヤオハンジャパン（2000年），フットワークエクスプレス（2002年），足利銀行（2005年）など，これまで公認会計士が粉飾決算を見逃したり，これに積極的に加担してきたりした例は多く，こうした事件が起こるたびに経営者と会計士の癒着関係が批判されてきた。アメリカでは2001年にエンロン事件が発覚し，エンロンの粉飾に積極的に関わってきた会計事務所アンダーセンが解散に追い込まれた。この事件を教訓にアメリカではサーベンス・オクスレー法（Sarbanes-Oxley Act）が制定され，PCAOB（上場企業会計監視委員会）の新設をはじめ，企業の会計監査に対する徹底的な規制強化が行われたが，日本ではアメリカのこの教訓を生かすことができなかった。

　すなわち，2005年にはカネボウの粉飾決算に加担した中央青山監査法人の会計士が逮捕され，2006年には**ライブドアの粉飾決算**に関わった港陽監査法人の会計士が摘発された。

　会計不正への会計士の関与が次々に明らかになり，株主や債権者，取引先などのステークホルダーが多大の損失をこうむり続ける中で，会計士の監査に対する社会の目はますます厳しいものとなっていった。2005年12月には金融庁が有価証券報告書への虚偽記載に課徴金を課す制度を導入したほか2006年5月施行の会社法によって会計監査人が株主代表訴訟の対象となったことなどとあいまって，監査法人と経営者との関係は従来よりも緊張感をともなうものへと変化していった。

　しかし2015年には，東芝の巨額不正会計が発覚し，またしても監査法人による監査の甘さが厳しく批判されることになった。

▷1　事実上，経営者が監査法人を選任していることの弊害を取り除くため，改正会社法では，監査法人を選任する権限は，監査役設置会社では監査役（会）に，指名委員会等設置会社では監査委員会に，監査等委員会設置会社では監査等委員会に与えられることが規定された。

▷**ライブドアの粉飾決算**
ライブドアは子会社の架空売り上げを計上するなどの方法による約50億円の粉飾決算が発覚し，2006年4月に上場廃止となったが，この粉飾に港陽監査法人の2人の会計士が深く関わった疑いで起訴された。ライブドアの粉飾事件は証券市場全体の信用を傷つけ，ライブドアが上場していた東証マザーズだけでなく，ほかの新興市場の株価水準を長期にわたって低迷させることになった。さらにこれらの決算報告書に適正意見をつけていた監査法人の信頼の失墜はより深刻なものであった。

第4部 新しい価値を追求する企業

guidance

　従来企業は利潤追求の手段であると考えられてきた。1990年代初頭の冷戦終結以降，世界経済は，アメリカ，そしてイギリスの制度をモデルとしたグローバル化が進行してきた。これらのアングロ・サクソン諸国では，企業は株主のものであるとされ，株主価値の最大化と利潤至上主義的な経済政策の導入が世界各国で進められてきた。

　だが，近年は，貧困問題や環境問題などの社会的課題の解決に積極的に取り組む企業が増えてきている。また，社会的課題の解決を目的に設立されるソーシャル・ベンチャーやNPOなどの活動も活発化してきている。とりわけ，リーマンショック以降は，日本の伝統的な長寿企業のビジネスモデルも見直されてきている。また，資金調達の手段も多様化し，従来の証券発行や銀行融資以外の資金調達も増えてきている。

　第4部では，利潤以外の新しい価値を追求する企業の取り組みについて学び，今日の企業が取り組む多様な課題についても考えていく。

XIII BOP ビジネス

1 BOP ビジネスの概要

1 BOP ビジネスの定義

1998年にインド出身の経営学者でコア・コンピタンス経営を堤起した**プラハラード**は、ハート（Stuart L. Hart）とともに、貧困の低減と収益の確保を両立できる BOP ビジネス論を提起し、BOP ビジネスに関する学術研究を切り開いた。彼らは、世界における富の分配と収入を生み出す能力を経済ピラミッドとして表し、そのピラミッドの底辺にいる低所得層を BOP、すなわち「ピラミッドの底辺（Base of the Pyramid）」と呼んでいる。

したがって、BOP ビジネスとは「途上国の低所得層人口のニーズを満たすとともに、当該地域の持続的発展や彼らの生活レベルの向上に貢献するビジネス」のことである。発展途上国の人口の大多数を占めるのは低所得者、いわゆる貧困層である。現在、世界の人口は約75.4億人といわれている。BOP は経済格差を象徴する用語であり、世界人口の70％以上は、年間所得が3000ドル以下の人々によって占められている。そして、世界の推計40～50億の人々は、多国籍企業を含む大規模な民間企業からはほとんど顧客として見なされてこなかったとプラハラードは指摘する。

2 BOP ビジネスの目的

経済開発の視点から見ると、BOP ビジネスが目指す貧困削減のシナリオは、貧困ピラミッドを富めるペンタゴン（五角形）へと変えることにある（**図XIII-1**）。BOP ビジネスは、長年企業が対象にしなかった、貧困層を市場と見なし、彼らに必要とする貧困層固有の潜在的ニーズを発掘する。そのために、多国籍企業は先進国の市場でのビジネスを通して培ってきた豊富な技術、能力、資源を、BOP の人々のニーズを満たす新商品の開発のために活用する。これらの新商品の開発に当たっては、現地の人々を雇用し、彼らから直接 BOP の人々のニーズを把握していくことが重要である。また、現地での雇用の創出は、BOP の人々の所得水準、さらには生活水準の向上をもたらすことになる。

加えて、所得水準と生活水準の向上は、企業にとっても顧客の創造という市場拡大のメリットがある。この一連の流れは国外からのさらなる投資を呼び込み、そして成長をもたらすポジティブな循環が生まれる。つまり、BOP ビジネスは、企業と貧困層が同時に成長できるビジネス・モデルであり、企業にと

▷ プラハラード（Prahalad, C. K., 1941-2010）
インド生まれ。1975年ハーバード大学大学院（ビジネススクール）で経営学博士号を取得、元ミシガン大学ビジネススクール教授。彼は著書『ネクスト・マーケット』（2002）で世界の貧困層が年間13兆ドルもの価値を持つ未開拓市場であることを主張し、世界から注目を浴びた。『ビジネス・ウィーク』誌は2005年、彼を「世界最高のビジネス指導者」の1人に挙げた。2010年、68歳の若さで亡くなった。

▷1 以前は Bottom of the Pyramid と一般的に使用された。しかし、最近では、「Bottom（最下層）」という用語は不適切であるということで Base of the Pyramid が使われていることが多い。

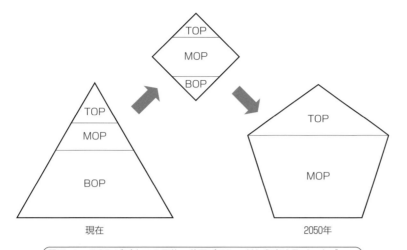

図XIII-1　BOPビジネスの目的：貧困ピラミッドから富めるペンタゴンへ

（注）TOP（Top of the Pyramid）は富裕層，MOPは中間層（Middle of the Pyramid）のこと。

出所：菅原秀幸「日本発のBOPビジネスの可能性と課題」『Working Paper』，Version2, 北海学園大学，2009年12月5日，2ページ。

って負担しかないボランティアよりも，「**持続可能性**」が非常に高いのである。さらに，BOPビジネスは，ボランティアと同様に，「**社会貢献**」という側面が大きいCSR（Corporate Social Responsibility：企業の社会的責任）活動にもプラスの影響を与えると思われる。

3　BOPビジネスの特徴

BOPビジネスには，以下の3つの特徴がある。第1の特徴は，BOPビジネスは慈善事業とは異なり，収益のある中核事業として長期的に持続可能なものでなければならないことである。次に，第2の特徴は，BOP層のかかえる社会的課題（貧困削減，環境改善，生活向上）を，革新的，効率的，持続的なビジネスの手法で解決することである。貧困層を支援の対象としてではなく，顧客と見なし，彼らのニーズを発掘し，市場を創造していくことが重要である。

第3に，現地の人々を知識の源泉や労働力などを提供するパートナーとして，積極的に活用していくことである。BOPビジネスの成功には，場合によっては先進国でのビジネスでは想像もつかなかったような方法が必要になることがある。このような新しい方法を考案する上でも，BOPの人々は重要な知識の源泉である。

BOPビジネスの大きな魅力は，民間企業が利潤を拡大することと同時に，貧しい人々の生活水準を向上させ，Win-Win関係の構築に努めることを目指している点である。

▷**持続可能性**
持続可能性とは，自然資源消費や環境汚染を適正に管理し，経済活動や福祉の水準が長期的に維持可能な社会を作ること。国連に設置されたブルントラント委員会は，1987年に発表した『地球の未来を守るために（Our Common Future）』において，「将来世代のニーズを損なうことなく現在の世代のニーズを満たす開発」の概念を打ち出し，持続可能な社会を創造することを提起した。

▷**社会貢献**
企業が営利を追求する経済的な側面のみならず，社会の一員として，環境保全や震災復興支援など，社会の抱える問題に積極的に取り組み，利益の一部を社会に還元すること。

▷2　菅原秀幸「日本発のBOPビジネスの可能性と課題」『Working Paper』Version2, 北海学園大学, 2009年12月5日, 2頁。
▷3　同上書, 2-4頁。

参考文献

Prahalad, C. K., *The Fortune at The Bottom of The Pyramid*, 5th edition, Wharton School Publishing, 2010（スカイライトコンサルティング訳『ネクスト・マーケット』英治出版, 2010年）。

第4部　新しい価値を追求する企業

XIII　BOPビジネス

BOPの特徴

1　BOPの市場規模

　貧困者比率とは，所得または支出の水準が貧困ラインに達しない層（＝貧困者）が全人口に占める割合を示す。貧困ラインの基準として，国際比較のために用いられているのが，「1日1ドル未満の収入」という国際貧困ラインである。

　しかし，貧困率は，貧困ラインをどのように設定するかで，異なった数値が算出されることに注意する必要がある。たとえば，「**人間開発指数（HDI）**」が発表した2014年のレポートによると，タンザニアにおいて，人口の1日1.25ドル以下の貧困者比率は67.7%である。さらに，このレポートでは，急成長を遂げている，インドの購買力平価で1日1.25ドル以下，及び2.00ドル以下で生活する人々の人口と総人口に占める割合も示されている。インドにおいて1日1.25ドル以下で生活する者の割合は31.68%，2.00ドル以下の者の割合は74.5%であった。また，各国の国内購買力で見て年間所得が3000ドル以下の人々は40億人おり，世界人口の約72%に相当する。

　BOP世帯所得の規模は総額年間5兆ドルに達し，潜在的に重要な世界市場の1つである。例えば，アジアと中東は世界最大のBOP市場であり，28億6000万人（19カ国）が3兆4700億ドルの所得を得ている。このBOP市場は，アジアと中東の人口全体の83%を占め，その購買力は急成長するアジアの消費

▷**人間開発指数（HDI）**
人間開発指数（Human Development Index：HDI）は，保健，教育，所得の複合統計で人間開発を4つの段階に順位付け，各国における平均達成度を測るための簡便指標である。1990年に『人間開発報告書』の中で発表された。『人間開発報告書』は，経済活動によって生み出された富が公平に分配できるような開発を目指し，貧困をはじめとした様々な重要な社会問題解決に向けての多角的なアプローチを掲載している。

▷1　*Human Development Report,* UN, 24 July 2014.（http://hdr.undp.org/en　2015年5月3日アクセス）。
▷2　「The Next 4 Billion 次なる40億人」世界資源研究所，2007年（http://pdf.wri.org/n4b_full_text_lowrez.pdf　2015年4月20日アクセス），4頁。

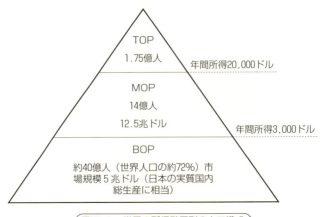

図XIII-2　世界の所得階層別の人口構成

出所：稲葉公彦「BOPビジネスのフロンティア開発市場の潜在的可能性と官民連携」日本貿易振興機構（ジェトロ）海外調査部，2011年2月。

者市場の42％という大きなシェアを占めている。特に，インドおよびインドネシアの農村部では，全人口に占めるBOPの人々の比率は事実上100％を占めている。他方，1人当たりの所得が3000～2万ドルの比較的富裕な中所得層区分に属する14億人は，世界的には12兆5000億ドルの市場を作っている。中所得層の市場は都市に集中し，ある程度供給が満たされた競争の激しい市場ともいえるだろう。

▷3 同上，26頁。

2 BOPの特徴

世界銀行グループの世界資源研究所「Next 4 Billion 次なる40億人」（2007年）によると，BOPには以下の3つの特徴がある。

まず，第1の特徴は，満たされていない大きなニーズが存在していることである。大半のBOP層はインフラ整備としての水道水，衛生サービス，電気，基礎的保健医療サービスの欠如した状態での生活を強いられている。さらに，当該層の大部分は銀行口座を持たないことから，現代的な金融サービスへのアクセスができず，非金融機関に頼らなければならない。結果として，国民や消費者としての最低限の権利を守ることができない。

次に，第2の特徴は，インフォーマル・セクターに依存している，または，自給自足で生活していることである。多くのBOP層がフォーマル経済に十分に統合されることなく，経済的機会も限られている。BOPの人々が，自身の労働力を提供する際には，地元の雇用主によって低い給与で搾取されているケースがほとんどである。また，自身で生産した製品・農産物などを市場に供給する手段も制約されているため，市場で消費者に直接販売するのではなく，不当に買い叩く仲買人に売るほかに選択の余地がない。このように，インフォーマル・セクターへの依存と自給自足は彼らにとって貧困の罠であり，さらなる貧困な生活を余儀なくされる。

▷インフォーマル・セクター（Informal Sector）
発展途上国で広く存在する，衣類製造業，露天商業，廃品回収業，自転車タクシーの運転手，日雇い労働者などの不安定な就業層である都市雑業層を「インフォーマル・セクター」として定義している。これは国際労働機関（ILO）のケニア・レポートで問題として指摘された。この層の人々の就業・収入の不安定性は大きな社会問題である。

そして，第3の特徴は，製品・サービスの購買のためのコストが，先進国の人々よりも相対的に高いことである。BOP層の大半が，商品やサービスの購入において，富裕な消費者より高い金額を支払っている。サービスによっては，そのアクセスさえ十分でない場合もある。たとえば，水や薪を求め長い距離を歩くことを強いられ，あるいは治療のために遠方の病院や診療所に行くため高い交通費を払ったりしている。加えて，彼らが高いコストを支払って手にした商品・サービスの品質は，先進国で販売されているものよりも低い場合が少なくない。

BOP層はアジア・アフリカの発展途上国が中心であるので，今後成長市場として世界から有望視されている。それらの地域の社会的課題の解決と，BOPビジネスの一体化という視点から見れば，極めて大きな可能性を秘めた魅力的な市場であろう。

第4部　新しい価値を追求する企業

XIII　BOPビジネス

3　インドにおけるBOPビジネスの方法と事例

1　ICICI銀行のマイクロ・ファイナンス

　本節では，インドにおけるBOPビジネスの事例を通して，BOPビジネスの具体的な方法について見ていく。

　まず，最も知られているBOPビジネスの方法の1つとして，「**マイクロ・ファイナンス**」がある。マイクロ・ファイナンスは，貧しい人々に対する小規模の融資や貯蓄などのサービスを提供し，彼らの零細事業の運営に役立て，自立し，貧困から脱出することを目指す金融サービスである。BOPで生活する人々は，融資の返済に対する信用が乏しいため，大手の銀行から十分な融資を受けられないケースが少なくなかった。マイクロ・ファイナンスは，BOPの人々に資金提供の機会を与えることで，BOPの人々の経済的自立を促す効果が期待されている。

　インドのムンバイに本拠を置くインド最大の民間金融機関であるICICI銀行は，BOP層に向けて，融資や預金，保険などのサービスを提供するマイクロ・ファイナンスサービスを行っている。ICICI銀行とグラミン財団USA（Grameen Foundation USA）は，グラミン・キャピタル・インディア（Grameen Capital India）を創設し，インドで低所得者向けに資金調達支援するマイクロ・ファイナンス機関としての活動をしている。このジョイント・ベンチャーのマイクロ・ファイナンス機関は「**プライマリー及びセカンダリー債権市場**」の査定，**小口融資ポートフォリオ**をほかの銀行に売ることを支援している。さらに必要に応じポートフォリオへの担保提供，信用強化も行っている。

　さらに，ICICI銀行は，2001年から低所得者向けに「SELF HELP GROUP」を支援し，多くの収益をあげている。「SELF HELP GROUP」とは，主に10〜20人程度の女性で構成されるグループであり，グループの全員が借入金額に責任を負う仕組みになっている。グループのメンバーの誰かが返済できなかった場合には，その返済責任はその他のメンバーに課せられることになる。そのため，グループ・メンバーの間で相互監視機能が作用することになり，その結果，高い返済率が達成されている。ICICI銀行は，各「SELF HELP GROUP」に対して，最大で62.5万ルピー（約98万円）の資金を，最大7％の低い金利で融資している（ICICI銀行のホームページ"Self Help Group"による）。マイクロ・ファイナンスは，高い返済率の達成とBOP層の人々の経済的自立の促進とい

▷**マイクロ・ファイナンス（microfinance）**
マイクロ・ファイナンスとは，ある一定の基準を満たした貧困層に行う小規模融資のことである。貧困問題解決の有力な手段として近年世界中から注目を集めている。特に，発展途上国における貧困層の女性を経済的に自立させるための効果的手段とされている。最近では，マイクロ・ファイナンスを行う金融機関が融資者に向けて預金，送金または保険等のサービスを提供している。

▷**プライマリー及びセカンダリー債権市場**
プライマリー・マーケットとは，株式や債券などの有価証券が新たに発行され，発行者が資金調達を図る市場であり，投資家にとってはそれらを購入するための市場である。一方，セカンダリー・マーケットとは，すでに発行されている株式や債券などの有価証券を取引する市場のことである。

▷**小口融資ポートフォリオ**
投資家または銀行は，リスク管理の改善策として，融資を小口化することでリスク分散させ投資する。その金融商品の組み合わせのことを小口融資ポートフォリオという。

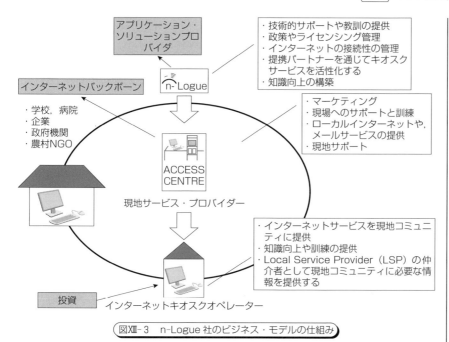

図XIII-3 n-Logue社のビジネス・モデルの仕組み

出所：Jhunjhunwala, A., "n-Logue: The Story of a Rural Service Provider in India," *The Journal of Community Informatics*, vol. 1, Issue 1, CCIRDT, Canada, 2004, p. 33.

う点で，銀行とBOP層の人々両者にとってWin-Winなビジネス・モデルであるといえる。

2 n-Logue社のプロバイダー事業

BOPの人々は十分な教育を受けられないケースや電気やガスなどの生活基盤が十分に提供されていないケースがほとんどである。しかしながら，BOPの人々にきちんとした教育を行えば，高度な技術を使いこなすようになることが可能である。

インドのn-Logue社は，農村地域を中心に低価格で電話とインターネットのサービスを提供するプロバイダー事業を展開している。同社は，インドの各村にインターネット・キオスク（以下，キオスクと呼ぶ）を当該地域のコミュニケーション・ハブとして設置し，電話，インターネット，Eメールなど通信に関するサービスを提供している。さらに，高卒の若い女性たちをオペレーターとして雇用し，必要な知識などを教育しながら，事業を展開している。各農村地域の情報収集能力は大幅に向上し，加えて，オペレーターとして雇用された女性たちの中からは，獲得した知識と経験を活かして起業家となった者も見られる。この事業の発展により，n-Logue社の事業領域は「**電子医療**」や「**電子農業**」へも拡大しており，同社のBOPビジネスは，BOP層の農業の効率や医療水準などの向上にも貢献している。

▷電子医療

電子医療とは，医師と患者間の直接的な対面ではなく，携帯電話やテレビ電話などのような電子技術を通じて行われる医療システムのことである。

▷電子農業

農業に関する情報提供のために農村地域に設置されるキオスク・オペレータが農業に関する最新情報を農民に伝達することによって，農民らは適切な判断ができる。たとえば，天気予報や災害の予測，農業慣行，よりよいマーケティングの手法など。

参考文献

ICICI銀行のホームページ（https://www.icicibank.com/）。

Jhunjhunwala A., "n-Logue: The Story of a Rural Service Provider in India", *The Journal of Community Informatics*, Vol. 1, Issue 1, CCIRDT, Canada, 2004.

XIII　BOPビジネス

4　日本企業のBOPビジネスの事例

1　住友化学の「オリセットネット」

　日本企業の中にも，BOPビジネスに参入する企業が多く見られる。これらの日本企業は，自社がこれまで培ってきた高い技術力やノウハウを活かした製品を提供してきた。

　住友化学(株)は，マラリア蚊防除用蚊帳「**オリセットネット**」を開発し，アフリカでのマラリアの撲滅に貢献してきた。住友化学は，独自技術により，マラリア予防用に殺虫剤を練り込んだ樹脂でできた糸を使った蚊帳「オリセットネット」を開発した。殺虫剤を塗布した蚊帳の殺虫効果はすぐになくなってしまうのに対して，殺虫剤を練り込んだ「オリセットネット」の殺虫効果は5年以上持続する。殺虫効果が長期的に持続すれば，蚊帳を買い換えるまでの期間も長くなるため，蚊帳の普及に当たっての経済的な負担が少なくなる。

　「オリセットネット」は，2001年に，世界保健機関（WHO）から，持続的な殺虫効果の高さと経済的負担の少なさから，世界で初めて「長期残効型蚊帳」として高く評価された。そして，「オリセットネット」は，UNICEF（国連児童基金）などの国際機関を通じて，マラリアが多く発生するアフリカの50以上の国々に無料で供給された。加えて，住友化学は，この「オリセットネット」の生産工場をタンザニアに設置し，約7000人もの現地雇用の創出にも貢献している。

2　日本ポリグルの水質浄化剤

　高度な技術を活用した日本のBOPビジネスの事例としては，日本ポリグルによる水質浄化剤事業も広く知られている。日本では，高度な水道設備などを背景に飲み水を容易に確保することができる。しかしながら，途上国では日本のような高度な水道網は整備されておらず，BOPの人々のほとんどは井戸や河川，湖などの生水を飲み水として使用している。これらの生水には，泥や目に見えないバクテリアなどが混ざっている場合が多いため，途上国では，下痢などの健康被害が深刻な社会問題となっているケースが少なくない。また，工場排水などを通して有害な化学物質などが混入していれば，下痢以上の深刻な健康被害をたらされる可能性もある。

　このような中で，水質浄化剤メーカーの日本ポリグル株式会社は「世界の

▷オリセットネット
「オリセットネット」は，ポリエチレン製で耐久性が高く，繊維にピレスロイド系の薬剤が練り込まれているため，洗濯しても一般的な防虫剤処理蚊帳より効果が長く持続する。「世界マラリアレポート2016年」によると，年間約2億人がマラリアに感染し，その約44万人が死亡している。

人々が安心して生水を飲めるようにする」という理念を掲げ，世界30カ国以上で水質浄化剤PGα21Caを販売している。このPGα21Caは，汚れた水に入れてかき混ぜるという（水1000リットル当たりPGα21Caを100g），きわめて簡便な手順で汚濁水を浄化できるのである。さらに，PGα21Caは100g当たり約100円と，非常に安価である。

　日本ポリグルは，当初PGα21Caを無償で提供していた。初の海外進出は，2004年のメキシコであり，その後，中国，タイ，バングラディッシュへと至ったが，いずれの国でも，PGα21Caの提供は，最初は，ビジネスとしてではなく，ボランティアとして展開されてきた。しかし，ボランティアでは，事業を継続させていく上で不可欠な収益を得られないため，事業を持続させていくことは困難であった。このことから，日本ポリグルは，PGα21Caを安価であるが有償で提供し，事業を展開している。

3 BOPビジネスの意義と課題

　BOPビジネスに対して，水尾順一によれば，「企業にとってBOPビジネスは，自社の持続可能な発展を目指す成長戦略としてはもちろんのこと，途上国のソーシャル・ニーズ（社会的課題）を解決するCSRの実践につながることから，戦略的CSRの重要領域としても捉えることができる」と述べている[1]。これは，企業がBOPビジネスに積極的に貢献した場合，従業員のエンパワーメントや組織のイノベーション，さらには社会からのレピュテーションの高まりなど様々な効果をもたらし，最終的には企業業績の向上に結びつくからである[2]。

　一方でBOPビジネスの大きな課題としてあげられるのは人材である。BOPビジネスの市場の急速な拡大に対応していくには，十分な人材の確保が不可欠である。しかしながら，従来の多国籍企業の多くは先進国を対象としたビジネスを展開してきたため，現地のニーズや最適な販売方法などを把握した人材が不足しているのが実態である。

　このような背景の下，一部の多国籍企業は，BOPビジネスの人材確保に積極的に乗り出している。途上国に研修センターを設立し，現地の高学歴の人々に対して，職務に必要な知識や技能などを習得させることに積極的に取り組んでいる。さらに，これらの人材を，別の国のBOP市場の子会社や本社に転属させることで，グローバル戦略に基づいたBOPビジネスの展開に努めている。

　今後，多くの企業にとって，BOPは企業の成長戦略として欠かせない重要な市場になることは明らかである。そうであるならば，現地での研修と雇用を通し，持続可能なBOPビジネスの展開に努めていくことが重要である。

▷ 1　水尾順一「戦略的CSRの価値を内包したBOPビジネスの実践に関する一考察：組織の持続可能性の視点から」『駿河台経済論集』第20巻第1号，駿河台大学，2010年9月，1頁。

▷ 2　同上書，8頁。

参考文献

住友化学のマラリアへの取り組み（https://www.sumitomo-chem.co.jp/sustainability/society/region/olysetnet/initiative/）。
日本企業のBOPビジネス研究会『日本企業のBOPビジネス』2011年。
みずほ総合研究所『インド企業によるBOPビジネスの展開：日本企業から見たBOPビジネスとの「違い」』政策調査部，2011年。

第4部 新しい価値を追求する企業

XIV 社会的企業

 社会的企業とソーシャル・イノベーション

1 社会的課題と社会的企業

今日，世界では環境問題や貧困，地域の衰退などさまざまな問題が深刻化している。これらは，社会全体の課題，すなわち社会的課題である。社会的課題の解決に向けた取り組みは，従来政府や非営利組織を中心に展開されてきた。しかし，企業は社会の中で活動する社会的主体であり，社会的課題を無視してビジネスを営むことはできない。また，従来，慈善事業を中心的事業としてきた非営利組織の間でも，事業の持続性を確保するために，収益事業に積極的に取り組む動きが高まってきている。

社会的課題の解決（改善を含む）にビジネスを通して取り組もうとする主体は，社会的企業ないし社会的企業家と呼ばれる。組織である社会的企業には，営利組織のみならず，**NPO法人**や**一般社団法人**といった非営利組織も含まれる。また，個人である社会的企業家には，社会的企業の創業者や経営者などがいる。

日本における社会的企業の実態については，未だ不明な点が多いものの着実に増加しているといわれている。実際に，日本の社会的企業の約半数を占めるといわれるNPO法人の数は，近年大きく増加している（図XIV-1）。

2 ソーシャル・アントレプレナーシップ

社会的課題の解決を目的に展開されるビジネスは，**ソーシャル・ビジネス**と呼ばれる。とはいえ，社会的企業の中には，社会的課題の解決を目的に設立さ

▷ NPO法人
特定非営利活動促進法（通称，NPO法）に基づき，設立される法人。活動分野は，原則として，NPO法で指定された20分野に限定されている。社会的企業の最も一般的な組織形態の1つである。⇒ XIV-2「NPOの類型とNPO法人の活動」

▷ 一般社団法人
2008年に導入された非営利組織形態。設立に際して所轄官庁からの認証を必要とするNPO法人とは異なり，登記だけで設立でき，また，行政からの監督もない。一定の要件を満たして公益性の高い社団法人として認定されれば，公益社団法人となり，税制上の優遇措置を受けることができる。一般社団法人と公益社団法人を区別することで，非営利組織の設立を促すと同時に，公益性の低い法人と公益性の高い法人を同等に扱うことを防ぐ狙いがある。

▷1 ソーシャルビジネス研究会『ソーシャルビジネス研究会報告書』2008年（http://www.meti.go.jp/policy/local_economy/sbcb/sbkenkyukai/sbkenkyukaihoukokusho.pdf 2014年10月24日アクセス）6頁。

▷ ソーシャル・ビジネス
⇒ XIV-2「ソーシャル・ビジネス」

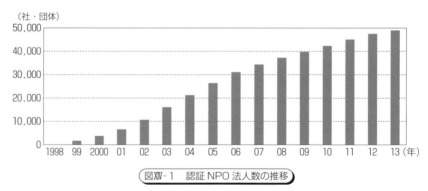

図XIV-1 認証NPO法人数の推移

出所：内閣府NPOホームページ「認証・認定数の遷移」（https://www.npo-homepage.go.jp/about/npodata/kihon_1.html 2015年2月3日アクセス）のデータを基に筆者作成。

れたわけではない，収益を上げることで企業価値の向上を目指す一般的な営利企業も含まれている。したがって，すべての社会的企業が，ソーシャル・ビジネスを中心的な事業として展開しているわけではない。

しかし，社会的企業の中には，非営利組織のように，社会的課題の解決を目的に設立された組織も少なくない。このようなソーシャル・ビジネスに参入するために設立される新興企業は，ソーシャル・ベンチャー（social venture）と呼ばれる。ソーシャル・ベンチャーの事例については，2003年の設立以降，ソーシャルベンチャー・パートナーズ東京が，投資先一覧を公表している。

また，ソーシャル・ベンチャーの創業者や経営者が目指すものは，自分自身や株主の利益ではなく，あくまで社会的課題の解決である。これらの社会的企業家がビジネスの手法を取り入れるのは，寄付や慈善活動といった従来の社会的課題の解決への取り組みでは克服できなかった，資金調達や事業の持続性などの面での限界を克服するために過ぎない。このような営利追求のみを目的とする人物とは異なる，社会的企業家特有の精神的特性は，ソーシャル・アントレプレナーシップ（social entrepreneurship）と呼ばれる。

3 社会的企業とソーシャル・イノベーション

社会的企業が取り組む社会的課題の解決策は，持続的なものであることが求められる。環境破壊や貧困などの社会的課題が一時的に解消されたとしても，それがすぐに再発してしまうのであれば，本当の意味で社会的課題が解決されたとはいえないであろう。したがって，社会的企業には，社会的課題の根本的な解消に向けて，それを生み出す社会の構造的要因・矛盾をも解決することが求められる。

社会的企業がビジネスを通した社会的課題の解決に少しずつでも着実に成功していけば，従来ソーシャル・ビジネスの成功は不可能であると考えていた人々の意識や価値観も変わっていく。そして，ソーシャル・ビジネスへの注目が集まることで，これに取り組む社会的企業への支援環境（補助金や助成金の拡充，ワークショップの開催，表彰制度など）も充実していくことになる。このような社会的企業によってもたらされる社会の変革は，ソーシャル・イノベーション（social innovation）と呼ばれる（図XIV-2）。

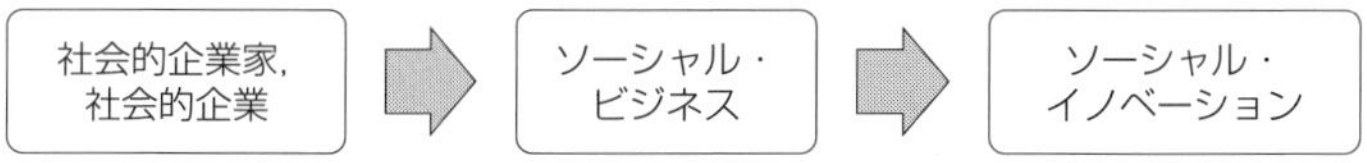

▷2 2009年に創業した株式会社 AsMama（アズママ）は，子育て支援活動を企画，実施してきた。活動の実施に必要な資金や開催場所の提供などは，子育て世帯を顧客とする企業が負担する。たとえば，ベビー用品メーカーにとっては，この活動への支援は，企業イメージの向上や販売促進といった効果が期待できる。このような仕組みにより，AsMama は，子育て世帯から金銭的収入を得ずとも事業を継続できる事業モデルを確立している。（株式会社 AsMama ウェブサイト，http://www.asmama.co.jp/ 2016年4月28日アクセス）

▷3 ソーシャルベンチャー・パートナーズ東京ウェブサイト，http://www.svptokyo.org/investments/list/ 2016年4月28日アクセス。

社会的企業家, 社会的企業 ⇒ ソーシャル・ビジネス ⇒ ソーシャル・イノベーション

図XIV-2　社会的企業からソーシャル・イノベーションへの連鎖

出所：筆者作成。

第4部　新しい価値を追求する企業

XIV　社会的企業

　ソーシャル・ビジネス：社会的企業の事業領域

　ソーシャル・ビジネスの3つの要素

　社会的課題の解決に取り組むソーシャル・ビジネスは，3つの要素を兼ね備えている（図XIV-3）。第1の要素は，「社会性」である。これは，社会的課題の解決に取り組むことを，ビジネスの目的とすることである。次に，第2の要素は，「事業性」である。これは，社会的課題の解決を，持続可能な事業として成り立たせることである。

　そして，第3の条件は「革新性」であり，これは従来とは異なる新しい要素を備えていることである。具体的には，従来とは異なる新しい製品やサービス，またはその提供や活用の仕組みが開発されたり，ビジネスの成功により社会に新しい価値が創出されたりすることである。

　社会的企業は，非営利組織などが主として取り組んできた社会的課題の解決に向けて（社会性），営利組織が主に取り組んできたビジネスの手法を取り入れること（事業性）を特色としている。また，社会的企業は，社会的課題の持続的な解決を可能にする**ソーシャル・イノベーション**の主体でもある（革新性）。このように，社会的企業，ソーシャル・ビジネス，ソーシャル・イノベーションは連鎖的に生じるものである。したがって，ソーシャル・ビジネスの3つの要素である「社会性」「事業性」「革新性」は，社会的企業やソーシャル・イノ

▷ソーシャル・イノベーション
⇨ XIV-1 「社会的企業とソーシャル・イノベーション」

▷R&D（research and development）
研究開発。

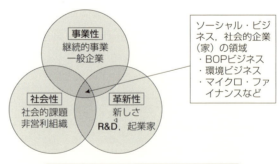

図XIV-3　ソーシャル・ビジネスの3つの要素

出所：以下の文献などを参照し，筆者作成。ソーシャルビジネス研究会『ソーシャルビジネス研究会報告書』2008年（http://www.meti.go.jp/policy/local_economy/sbcb/sbkenkyukai/sbkenkyukaihoukokusho.pdf　2014年10月24日アクセス）；谷本寛治「ソーシャル・エンタープライズ（社会的企業）の台頭」谷本寛治編著『ソーシャル・エンタープライズ：社会的企業の台頭』中央経済社，2006年。

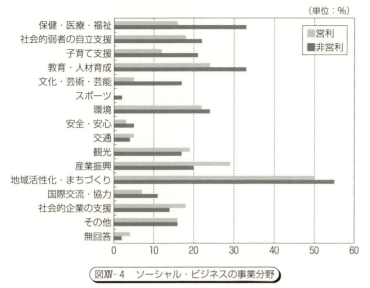

図XIV-4　ソーシャル・ビジネスの事業分野

（注）「非営利」には「法人格無」も含まれる。標本数は，それぞれ営利法人146，非営利法人417。
出所：三菱UFJリサーチ&コンサルティング株式会社『平成21年度地域経済産業活性化対策調査』2010年（http://www.meti.go.jp/policy/local_economy/nipponsaikoh/h21fysbhoukokusyo.pdf　2014年10月24日アクセス），97頁，図表105を一部修正。

ベーションの特色でもあるといえよう（図XIV-3）。

2　ソーシャル・ビジネスの種類と分野

　ソーシャル・ビジネスにはさまざまなものが存在する。貧困層を対象とした**BOPビジネス**や，その1つである**マイクロ・ファイナンス**などは，ソーシャル・ビジネスの代表例であり，今日多くの企業が参入している。また，ビジネスを通した社会的課題の解決そのものが革新的な取り組みであるとした場合には，障害者の積極的雇用といった企業のCSR活動や，エコカーや**スマートハウス**をはじめとする環境ビジネスなども，ソーシャル・ビジネスに含まれるだろう。

　近年，わが国においては，地域の衰退を背景に，地域活性化やまちづくりが大きな社会的課題となっており，ソーシャル・ビジネスの半数は，これらの課題を対象とした事業によって占められている（図XIV-4）。なお，特定の地域限定の社会的課題の解決を対象としたソーシャル・ビジネスは，コミュニティ・ビジネス（community business）とも呼ばれる。地域特有の天然資源や観光資源などを上手く活用することができれば，その地域を訪れる観光客や住民の人口が増え，地域の経済が活性化していくと期待される。これらの資源をただ保持しているだけでは不十分であり，その魅力を広く社会へと伝えていくためのプロモーションが重要となる。

▷BOPビジネス
⇒XIII-1「BOPビジネスの概要」
▷マイクロ・ファイナンス
⇒XIII-3「インドにおけるBOPビジネスの方法と事例」
▷スマートハウス（smart house）
環境に優しい設備や仕組みが整備された住宅。スマートハウスにおけるスマート（賢い）は，最新技術を駆使し住宅全体で使用するエネルギーを効率的に管理できることなどを意味している。

XIV 社会的企業

 社会的企業の組織形態

① 営利組織と非営利組織の違い

企業の組織形態には，事業を通して得た利益の配当が認められている営利組織とそれが認められていない非営利組織の2種類がある。社会的企業は，営利組織を中心に展開されてきた収益事業（ビジネス）を通し，非営利組織を中心に展開されてきた社会的課題の解決に取り組む。そのため，社会的企業を設立する際には，各組織形態の持つ特徴を理解し，最も適した組織形態を選ぶ必要がある。たとえば，営利組織とは異なり非営利組織では，活動分野が20分野だけに制限されている**NPO法人**のように，実施可能な事業領域が法律で制限されている。

とりわけ，資金調達においては，営利組織は，利益の配当や出資の募集が認められていない非営利組織よりも有利であると思われる。ただし，一定の条件を満たしたNPO法人だけがなることができる**認定NPO法人**や社会福祉法人のように，組織形態によっては寄付者が税制上の優遇措置を受けられるものもある。

② 社会的企業のための組織形態

日本とは異なり諸外国では，株主や創業者などの個人の利益ではなく，社会の利益を目的とする社会的企業のための組織形態が存在する。アメリカのL3C（Low-profit Limited Liability Company）は，2008年にバーモント州で初めて導入された，社会全体や地域コミュニティの利益のために設立される営利組織形態である。アメリカでは，民間財団に対して，資産の5％を慈善目的のために支出することが法律で義務付けられている。この慈善目的の支出の対象にはL3Cも含まれている。今日，L3Cは，アメリカの全ての州で設立可能であり，2008年から2013年までに設立されたL3Cの数は約1000社に上る。

また，イギリスには，コミュニティ利益会社（Community Interest Company）という組織形態が存在する。これは，2004年の会社法の一部改正を経て，2005年に導入された社会的企業のための新たな組織形態である。コミュニティ利益会社は株式を発行することができるものの，その資産と利益は，配当金を除いて，コミュニティのために使用されなければならないとされている。加えて，株主に支払い可能な配当金の金額も，払込済株式資本の20％までなどの制限が

▷ NPO法人
⇨ XII-2「NPOの類型とNPO法人の活動」

▷ 認定NPO法人
特定非営利活動促進法（通称，NPO法）に基づいて設立されるNPO法人には，認証NPO法人と認定NPO法人の2種類がある。設立時のNPO法人は，すべて，書類上の審査を経ただけの認証NPO法人であるが，その後一定の条件をみたし行政から認定を受けることができれば，認定NPO法人となることができる。認定NPO法人になれば，寄付者に税制上の優遇措置が適用されるようになる。2012年には，ソーシャル・ビジネスの活性化に向けて，認定NPO法人よりも容易に，1度だけ税制上の優遇措置が認められる仮認定制度が導入された。
⇨ XII-2「NPOの類型とNPO法人の活動」

▷1 Lang, R, *The L3C - Background & Legislative Issues*, 2013. (https://www.americansforcommunitydevelopment.org/downloads/The%20L3C%20Law%20-%20Background%20&%20Legislative%20Issuesrev01-13.pdf 2015年2月4日アクセス），5頁。

課されている。コミュニティ利益会社の数は，2005年度の208社から2013年度の9177社まで大きく増加している。

なお，ヨーロッパでは，近年，障害者や失業者などが社会の一員としての地位を追われていく**社会的排除**の解消が大きな社会的課題となっている。社会的排除の主たる要因の1つに失業や貧困があるといわれており，社会的に厳しい状況に置かれている人々を積極的に雇用しようとする動きが見られる。とりわけ，イギリスでは，障害者など労働市場で弱い立場にある人々を労働力として活用する社会的企業は，ソーシャル・ファーム（social firm）と呼ばれ，注目を集めている。

3 日本の社会的企業の組織形態

わが国には，諸外国とは異なり，社会的企業に特化した組織形態は存在しない。このような中で，2007年度時点で，わが国の社会的企業の組織形態は，NPO法人が約半数を占め，これに営利組織が約2割と続いている（図XIV-5）。なお，図XIV-5にあるワーカーズ・コレクティブとは，労働者の協同組合のことである。

また，社会的企業に特化した組織形態が存在しない中では，社会的企業にとって，複数の組織形態を組み合わせて事業を展開することは重要である。実際，社会的企業の中には，NPOが出資を募るために株式会社を設立したり，株式会社が寄付を得られやすいNPO法人を設立したりするケースが少なくない。このように，異なる組織形態を組み合わせ，各組織形態のメリットを活用していく戦略は「組織ポートフォリオ」とも呼ばれる（谷本，2006，33頁）。

▷2 The Office of the Regulator of Community Interest Companies, *Regulator of Community Interest Companies Annual Report 2013/2014,* （https://www.gov.uk/government/uploads/system/uploads/attachment_data/file/330648/CIC-14-972_-regulator-of-community-interest-companies-annual-report-2013-2014.pdf 2015年2月4日アクセス), p. 36.

▷**社会的排除**（social exclusion）
社会の中で生活する人々が，雇用，教育，健康，住居などの機会や権利が奪われたり，差別等を受けたりすることで，社会の一員としての権利や地位を追われてしまう過程またはその状態。社会的排除の対となる概念は，社会的包摂（social inclusion）である。1980年代に貧困問題が深刻化していたフランスで取り組みが始められて以降，1990年代頃からEU全体の課題として議論されてきた。

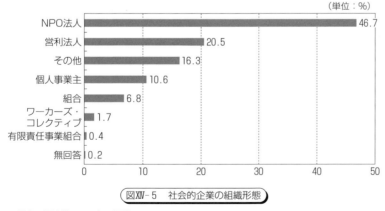

図XIV-5 社会的企業の組織形態

（注）標本数：473人・組織。
出所：ソーシャルビジネス研究会『ソーシャルビジネス研究会報告書』2008年（http://www.meti.go.jp/policy/local_economy/sbcb/sbkenkyukai/sbkenkyukaihoukokusho.pdf 2014年10月24日アクセス），34頁。

参考文献
谷本寛治「ソーシャル・エンタープライズ（社会的企業）の台頭」谷本寛治編著『ソーシャル・エンタープライズ：社会的企業の台頭』中央経済社，2006年。

XIV 社会的企業

社会的企業の資金調達手段

1 社会的企業の資金調達面の課題

　社会的企業の資金調達手段は，出資，融資，寄付金，助成金など，さまざまな選択肢がある。しかしながら，組織形態の違いによっては選択できない資金調達手段がある。加えて，もともと有名な大企業が新たにソーシャル・ビジネスに参入する場合とは異なり，知名度も信用も乏しい社会的企業家や非営利組織などが新たにソーシャル・ビジネスに参入する場合には，事業の運営に必要な資金を確保することは困難な課題である。

　2009年度の経済産業省の委託調査によれば，社会的企業のうち，資金調達に関する問題が特にないと回答した営利法人は48％（146社中）と半数に上るのに対し，非営利法人では27％（309社・団体中）に留まる。「寄付金が集まりにくい」との非営利法人による回答は46％と約半数に上り，融資が受けにくい理由として「法人格のイメージに基づく事業の将来性に対する信用不安」をあげる非営利法人も51％と半数を超えている。

2 ソーシャル・ファイナンスとその種類

　比較的信用や収益性が乏しいといわれる社会的企業の新たな資金調達手段として，近年注目を集めているのが，ソーシャル・ファイナンスと呼ばれる資金調達手段である。これは，利子や配当金といった個人的で経済的な利益を目的にするのではなく，貧困の解消や地域の活性化といった社会の利益の創出を主な目的とした金融活動である。

　欧米では，ソーシャル・ファイナンスを専門とする金融機関が増えてきている。ヨーロッパでは，ソーシャル・ファイナンスを専門とする金融機関は，ソーシャル・バンクと呼ばれ，オランダの**トリオドス銀行**やドイツの**GLS銀行**などが有名である。一方，アメリカでも，ヨーロッパのソーシャル・バンクに相当する機関として，**コミュニティ開発金融機関**と呼ばれる金融機関が存在し，地域の発展を目的とした金融活動を展開している。

　政府公認の社会的課題の解決に取り組むにあたっては，社会的企業は，資金調達において，ソーシャル・インパクト・ボンド（social impact bond）と呼ばれる仕組みを活用できる場合がある。これは，社会的課題の解決に取り組む事業者への資金の貸し手が，その事業が成功した際に，その返済資金に加えて政

▷1　三菱UFJリサーチ＆コンサルティング株式会社『平成21年度地域経済産業活性化対策調査』2010年（http://www.meti.go.jp/policy/local_economy/nipponsaikoh/h21fysbhoukokusyo.pdf　2014年10月24日アクセス）103頁。

▷トリオドス銀行（Triodos Bank）
1968年に大学の教授ら4人が結成した研究会を起源とする，オランダのソーシャル・バンク。「トリオドス」とはギリシャ語で「3つの方法（three-way approach）」を意味する"triodos"に由来する。同行は，人間的（people），環境的（planet），金融的（profit）であるという3つの観点に沿った経営の実践に取り組んでいる。2013年末時点の資産総額は約64億5000万ユーロに上る。トリオドス銀行ホームページ（http://www.annual-report-triodos.com/en/2013/financials/company-financial-statements/balance-sheet.html?cat=b　2015年2月9日アクセス）。

▷GLS銀行（Gemeinschaftsbank für Leihen und Schenken）
1974年に設立されたドイツの協同組合銀行のソーシャル・バンク。2013年年末時点で，資産総額は32億ユー

XIV-4 社会的企業の資金調達手段

図XIV-6 アメリカのプログラム関連投資の規模の推移

出所：Lilly Family School of Philanthropy, Indiana University, Leveraging the Power of Foundations: An Analysis of Program-Related Investing. (http://www.philanthropy.iupui.edu/files/research/complete_report_final_51713.pdf) p. 12.

府から報酬を受け取ることができる仕組みである。政府が資金提供者への事業の成功報酬の支払いを約束することで，社会的企業はより容易に資金を調達することが可能になる。

そのほかに，ソーシャル・ファイナンスには，その対象が法人だけではなく，貧困層を対象に低利での融資を行う**マイクロ・ファイナンス**なども存在する。

また，アメリカでは，社会的課題の解消といった使命感に基づいて行われる，ミッション投資（mission investment）と呼ばれる投資活動が盛んである。ミッション投資には，最低限度の経済的リターンを獲得するミッション関連投資（mission-related investment）と，経済的なリターンを無視してでも慈善的な目的のためになされる**プログラム関連投資**の2種類がある。ここでいう投資とは，融資も含む幅広い概念であり，具体的には学生への無利子での融資なども含まれる。アメリカの民間財団は，資産の5％を慈善目的のために支出することが法律で義務付けられており，プログラム関連投資によってこれを達成することが認められている。

③ 日本のNPOバンク

日本のソーシャル・ファイナンスの主体としては，NPOバンクと呼ばれる，社会的企業への融資を目的とする非営利組織が注目を集めてきている。日本のNPOバンクの総融資残高は，2014年3月末時点での約2億9119万円に上る。しかし，ヨーロッパのソーシャル・バンクでは，1行で貸出額が1000億円を超える銀行も多く，日本のソーシャル・ファイナンスの規模は非常に小さい現状にある。

ロ（前年比19％増），組合員数は3万2400人に上る。本社はボッツァムにあり，ドイツ国内の6つの都市に拠点がある（GLS銀行ホームページ，https://www.gls.de/privatkunden/english-portrait/ 2015年2月9日アクセス）。

▷コミュニティ開発金融機関（Community Development Financial Institution）
略称，CDFI。コミュニティの発展に貢献する社会的企業などが資金を容易に獲得できるようにするために，設立されたアメリカの金融機関。1994年には，CDFIの支援組織である，財務省所管のCDFI基金（Community Development Financial Institution Fund，通称CDFI Fund）が設置された。

▷マイクロ・ファイナンス
⇨XIII-3「インドにおけるBOPビジネスの方法と事例」

▷プログラム関連投資（program-related investment：PRI）
アメリカ国税庁によって規定される，財団による慈善目的の投資。

▷2 全国NPOバンク連絡会『全国のNPOバンクの現況』2014年。

XV 長寿企業のビジネスモデル

 日本の長寿企業

1 日本に多い「200年企業」

　日本には，創業から100年以上の間，事業を継続している企業がとても多い。特に，明治時代から大正時代にかけて，国による産業政策という，企業にとって好都合な条件が整ったため，新たに事業を起こした企業家が出現したのである。さらに，今から200年前，1815年頃は，江戸時代後期であり，江戸，大坂，京都で商業が発展し，さらに海運や**五街道**といった流通網が整ったことにより，企業家が商業の発展を促進し，企業（商家）が当時の経済規模の拡大に寄与したのである。200年以上前に創業した企業数が**図XV-1**に国別で図示されている。創業から200年を超えている企業の数は，日本の3886社が第1位で，第2位のドイツの企業数を大きく引き離している。

　近年，長期永続している企業経営が注目されている。多くの日本の長寿企業は，多様なステークホルダーの利得を最優先する利他の精神で，長い時代の流れにのって永続してきた。このようなステークホルダーとのバランスをとる経営に対し，株主の利益のみを追求すればよいという**株主至上主義**が，現代企業の理念とする大きな柱であるが，このような経営が，はたして良い経営なのかという議論がされるようになった。さらに**リーマンショック**後の経営危機に見舞われ，危機に瀕した企業が経営の大転換をしなくてはならない時期でも，日本の長寿企業は堅実に経営を存続させてきた。大企業は倒産しないという神話

▷**五街道**
江戸幕府は，全国支配を固めるため，東海道，甲州道中，中山道，日光道中，奥州道中を整備した。これらの幹線道路を五街道という。このほかにも脇街道という主要道路も整備された。近江商人（⇨「近江商人の三方よし経営」参照）は，整備された道路を使い，流通機能を強化した。

▷**株主至上主義**
株式を上場している企業であれば，株価の上昇を追求するのが経営者の役割である。株式会社は株主によって所有されており，その経営者が株主の利得を生み出すのは株式会社制度の基本である。そのため企業の経営者は過剰なまでに短期的な利益追求を是として，多様なステークホルダーの利得については無関心であるという考え方が株主至上主義である。

▷**リーマンショック**
アメリカの投資銀行だったリーマンブラザーズ（Lehman Brothers Holdings Inc.）が，サブプライムローンと呼ばれる高リスクの住宅ローンで大規模な損失を計上した。リーマンブラザーズはその損失の処理に失敗し，2008年9月に破産した。この破産により，続発的に世界的金融危機が発生した事象をいう。

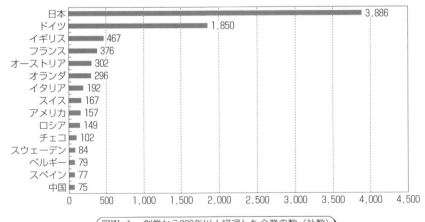

図XV-1　創業から200年以上経過した企業の数（社数）

出所：『週刊東洋経済』第6294号，2010年，11月20日号，43頁。

の陰りが，日本企業の長寿性への注目につながっている。

2 長寿企業の多い業種と地域

　企業調査会社のデータによると，長寿企業の数÷その業種全体の企業数で計算した長寿出現率の高い業種は，清酒製造業で59.6％，以下，醤油製造業，味噌製造業というランキングになっている。この3業種は，日本に古くから伝わる発酵技術をもとにした飲食品の醸造業である。清酒は700年代初頭に編纂された**播磨国風土記**に登場し，平安時代に編纂された延喜式には，現代の製法とほぼ変わらない製法が記述されている。醤油は日本の食文化に合った調味料として，江戸時代には千葉県のキッコーマン醤油やヤマサ醤油などで醸造が始められた。味噌は，応仁の乱以降の戦国時代には，戦用の食料として醸造が進められ，また，たんぱく源を補給する機能食として各地で醸造された。

　地域別の長寿企業出現率（長寿企業数÷その地域の企業数で算出）第1位は京都府である。古くから都として栄え，伝統工芸や寺社との関わりのある企業が多くあることで，京都府の長寿企業出現率が高いと考えられる。第2位から第4位までは，日本海側の山形県，島根県，新潟県となっている。これらの地域は，北海道の松前から日本海側を航海し，近畿地方に物資を運んだ**北前船**の寄港地である。ゆえに，これらの地域では，港を中心に物資を積み込む企業が集結していて，この地域特性が長寿企業出現率の高さに反映されている。

3 長寿ブランドの伝統を守る企業連合

　清酒製造業は，業種別での長寿企業出現率のトップ1であるが，食文化の欧米化によって，清酒製造業は厳しい立場に置かれることになった。その危機を救ったのがジャパン・フード・リカー・アライアンス（JFLA）という持株会社である（**図XV-2**）。JFLAの原点は，小豆島で醤油製造業をしていた丸金醤油と灘五郷の酒蔵であった忠勇である。そしてJFLAの筆頭株主は，ソニーの創業者である盛田昭夫の生家が営む「盛田アセットマネジメント」である。JFLAは，発足当時，日本全国に散らばる伝統を受け継ぐ醸造企業を買収し，傘下に置いた。

> ▷播磨国風土記
> 『風土記』は奈良時代初期の713年，大和朝廷の命によって，各国でまとめられた地誌である。近畿圏に隣接する播磨国は，朝廷との関わりが強く，交通の要衝地で，それを示す古墳や出土品が多く残っている。『播磨国風土記』には，それを裏付けるように，畿内各国をはじめ，山陰，西国諸国と活発な交流を行っていた様子が記載されている。澄みの酒，つまり清酒の製法が記載された日本最古の書とされている。
>
> ▷北前船
> 江戸時代には日本海や北海道の港から江戸や大坂へ，米，昆布，にしんなどが船で運ばれていた。船は瀬戸内海をとおって大坂，江戸へ向かう西廻り航路か，津軽海峡をとおって江戸へ向かう東廻り航路を利用したが，西廻り航路を走る船を北前船と呼ぶようになった。大坂からの帰り荷は，酒，塩，雑貨，むしろといった加工品であった。

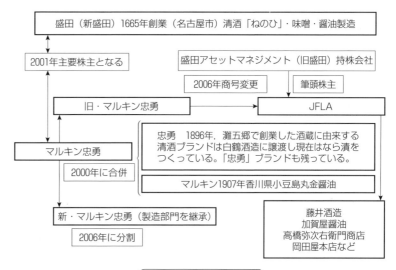

図XV-2　JFLAの構成企業

第4部 新しい価値を追求する企業

XV 長寿企業のビジネスモデル

 近江商人の三方よし経営

▷**楽市楽座**
戦国時代から安土桃山時代にかけての都市構築と市場活性化のための政策が楽市楽座令である。従来，楽市楽座令は戦国大名および織豊政権が領国経済の統一，その中心としての城下町の繁栄を目的として発布したものであり，楽市は城下町を課税免除，自由交易の場とするために，楽座は独占的な商工業座の解体を目的とした政策である。

▷**正札販売**
正札販売とは，小売価格政策の1つであり，すべての顧客に対して同じ価格で販売する販売方法のことである。正札販売が採用される以前は，売り手と買い手の駆け引きが行われており，買い手ごとに商品の値段が異なっていた。近江商人は，駆け引きなしに誰でも同じ価格で商品を販売した。

1 近江商人とは

　明治維新以前，今の滋賀県は近江と呼ばれており，この近江の国を本拠地として地元の特産品を持って，全国各地へ行商に出かけていた商人を近江商人という。戦国時代の終わり，近江の国を治めた織田信長による安土城下での**楽市楽座**をはじめとする商業基盤の整備と商業の規制緩和が，のちの近江商人の繁栄に大きく貢献した。江戸時代になると商業で存在感を発揮し始めた近江の国を江戸幕府が直接治めることになった。幕府の直轄下の近江商人たちは専用の通行手形で日本各地の関所を容易に通行できるようになり，全国規模の商人として大活躍を遂げていった。近江商人の拠点は，地域ごとに高島・八幡・日野・湖東といった琵琶湖周辺の地域に分散していた。**表XV-1**に示す通り，近江商人の流れをくむ現代企業は多数あり，近江商人の商人魂が現代に継承されている。近江商人の商人道は，「三方よし」という経営理念で開花していった。

2 「三方よし」とは

　商売をしていく上で，商売相手の立場も考慮して，自らだけが利益を独り占めしないという考え方が「三方よし」の原点である。近江商人は，まず，顧客の満足度を高めるような経営をしていった。その前提として，売り手の側の労働環境が優れているということが三方よし経営の基盤となっている。すなわち，労働者が働く喜びを感じられるような仕事をリーダーが提供するということが優先課題となっていた。したがって，売り手の労働環境が良く，労働者の意欲が高いという意味から，「売り手よし」が第1番目の理念となる。労働者の献身的思考によって，顧客にとって快い経験を与えることで，第2番目に「買い手よし」が実現できる。近江商人の商売方法の工夫として，薄利多売，**正札販売**，切売りといった当時としては革新的な売り方が顧客に受け入れられた。顧客志向の労働者が仕事を通じて買い手よしを実現できれば，仕事の喜びや充実感を通じて，仕事の社会的意義に目覚めるようになる。この段階で得られる働き甲斐が，自己満足を超えて，第3番目の「世間よし」という，社会全体を満足させようという

表XV-1　近江商人の流れをくむ主な長寿企業

西川産業	寝具卸：1566年創業
とよの（外与）	婦人・子供服卸：1700年創業
武田薬品工業	製薬：1781年創業
髙島屋	百貨店：1831年創業
伊藤忠商事	総合商社：1858年創業
丸紅商事	総合商社：1858年創業
滋賀銀行	銀行：1879年創業
日本生命保険	生命保険：1889年創業

出所：帝国データバンク史料館・産業調査部編『百年続く企業の条件：老舗は変化を恐れない』朝日新書，2009年，75頁の表に筆者加筆。

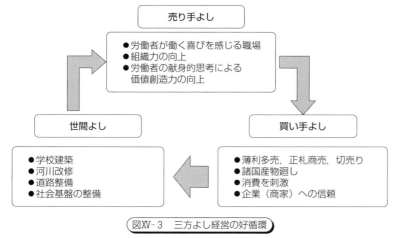

図ⅩⅤ-3　三方よし経営の好循環

出所：筆者作成。

意欲につながった。さらに，適正な利潤を得た経営者は，**陰徳善事**として学校の建築や，道路や河川の改修などに私財を投じて社会貢献をした。たとえば，丸紅商店の専務であった，古川鉄治郎は滋賀県犬上郡豊郷町の豊郷小学校の校舎と敷地を寄贈したのであった。このような寄付に至った動機は，普通教育の振興による国運の進展を図る念願であったとされた。学校の寄贈という大きな貢献は，ゆくゆくは国力の増進を図り，日本人の消費能力を高めるという先見性に満ちていた。三方よしの経営の好循環を図示すると**図ⅩⅤ-3**のようなる。

3　近江商人の経営システム

　地域別の**長寿企業出現率**の第5位は滋賀県である。滋賀県は，北前船の寄港地である福井県の敦賀からショートカットして，物資を運び込んでいた近江商人の集積地なのである。近江商人は，琵琶湖の周辺に拠点を置き，そこに仕入れた物資を全国各地に**持ち下り商い**をしていた。この持ち下り商いという当時の新しいビジネスモデルでは，1回限りの売買が行われていたのではなく，近江商人は継続して同じ地域を訪れることが前提となっていた。ゆえに，近江商人は，商品の品質や立ち振る舞い（現代におけるビジネスマナー）といった世間からの評判に注意を配っていたのである。持ち下り商いの発展形態は，出店（支店）を構えてからの諸国産物廻しという商売の手法である。上方からの商品は，古着，小間物，薬，麻布などであり，東北など地方からの帰り荷は，生糸，紅花，紫根，青苧などであった。

▷陰徳善事
陰徳善事とは人に知られないように善行を施すことである。陰徳はやがては世間に知られ，陽徳に転じる。人に知られないようにというのは，自己顕示や見返りを期待しないという意味も含む。近江商人は社会貢献の一環として，治山治水，道路改修，貧民救済，寺社や学校教育への寄付を盛んに行った。

▷長寿企業出現率
⇨ⅩⅤ-1「日本の長寿企業」

▷持ち下り商い
持ち下り商いとは，上方の商品を地方へ持ち下り，帰路には地方の産物を持ち上るという，効率的な商売の方法である。このような流通の手法を鋸商いともいう。このような商売の相手は最終消費者ではなく，地方商人を相手にしていたため，近江商人の業態は現代の卸売業に相当する。持ち下り商いによって多様な地域の商品を日本全国に流通させることが諸国産物廻しである。

XV 長寿企業のビジネスモデル

3 ファミリービジネスの永続性

1 ファミリービジネスとは

ファミリービジネスでは，経営に関する形式的な意思決定にファミリーが関与している。このファミリーの影響力は，法的な所有権，たとえば株式会社であれば株式所有によって行使され得る。ファミリーの実質的な経営参画もファミリービジネスの重要な要件である。経営参画とは，取締役会における経営方針の決定にファミリーの代表，つまり社長として実権が確保されることを意味する。そして，複数のファミリーメンバーが形式的な側面と経営参画の面で関与していることも，ファミリービジネスの要件である。

以上のような要件を満たすファミリービジネスを一般企業と比較すると**表XV-2**のように整理することができる。ファミリービジネスでは，株主と経営者との間で生じる利害の不一致が生じないため，その不一致を防止するための費用は生じない。株主と経営者が一致しているため，株主が経営者を監視する必要がなく，経営者に対する特別報酬のようなインセンティブを考慮する必要がない。株主を経営依頼人（プリンシパル），経営者を経営代理人（エージェンシー）という関係に注目してファミリービジネスを考察すると，そこには，**プリンシパル・エージェンシー問題**は発生しないことになる。

2 ファミリービジネスの長寿性

ファミリービジネスであることに加えて，事業継続の長い企業が集まる協会として**エノキアン協会**がある。この協会への入会条件は，①創業200年以上で

▷**プリンシパル・エージェンシー問題**
プリンシパル・エージェント関係とは，行為主体が自らの利益のための役務の実施を，ほかの行為主体に委任することである。この時，行為主体をプリンシパル，もう一方の行為主体をエージェントと呼ぶ。エージェントが，プリンシパルの利益を追求する役割を委任されているにもかかわらず，プリンシパルの利益に反してエージェント自身の利益を優先した行動をとってしまうことをプリンシパル・エージェンシー問題という。

▷**エノキアン協会（Les Hénokiens）**
同協会は，フランスのリキュールメーカーであるマリー・ブリザール社（Marie Brizard）が1981年に設立した経済団体である。現会長は，ピーナ・アマレリ（Pina Amarelli）で，甘草キャンディーのアマレリ社（AMARELLI）の社長である。毎年の活動として会員外の企業のなかから，経営状態，伝統の継承，未来への発展可能性，社会への貢献度，製品やサービスの程度を基準にして優秀企業を選択し，エノキアン賞を顕彰している。本部はフランスのパリである。

表XV-2 ファミリービジネスと一般企業との比較

	ファミリービジネス	一般企業
株主と経営者	一致が多い	不一致 （株主は経営者に経営を委託）
株主と経営者の利害	一致	不一致 （経営者は利己的になりやすい）
監視機能	不要	必要 （経営者の自己利益志向を防止する必要がある）
インセンティブ	不要	必要 （経営者の士気を高める必要がある）

出所：後藤俊夫編著『ファミリービジネス：知られざる実力と可能性』白桃書房，2012年，35頁の表を一部修正。

あること，②創業者一族が会社を所有しているか，または大多数の株式を所有していること，③少なくとも，1人以上の創業者一族が経営に携わっているか，または，取締役会のメンバーであること，④財務的に健全であることである。現在の登録企業はヨーロッパの企業を中心に30社程度である。日本企業も**表ⅩⅤ-3**のとおり，7社が加盟している。国別には，イタリア，フランス，ドイツ，オランダ，スイス，ベルギー，そして日本の企業が加盟している。ヴェネチアングラスをつくるバロビエ＆トソ社（1295年創業），アルザスワイン蔵元のヒューゲル社（1639年創業），穀物の蒸留酒造蔵元のシュワルゼ社（1664年創業）といった企業が名を連ねており，これらの企業の作り手の技術力や創造力が高く評価されている。そして，職人気質を**企業文化**として大切に継承していることもエノキアン協会加盟企業の特徴である。

表ⅩⅤ-3　エノキアン協会に加盟している日本企業

法師（有限会社善吾楼）：	温泉旅館業　718年創業
株式会社虎屋：	和菓子製造・販売業　1520年創業
月桂冠株式会社：	酒造業　1637年創業
岡谷鋼機株式会社：	総合商社　1669年創業
株式会社赤福：	和菓子製造・販売業　1707年創業
材惣木材株式会社：	木材加工業　1690年創業
株式会社中川政七商店：	麻織物加工業　1716年創業

出所：The Henokiens（エノキアン協会）ホームページより（2016年4月現在）。筆者作成。

3　江戸の商家における人材育成とファミリービジネス

主に江戸時代の商家では，幼年（10歳くらい）の奉公人を受け入れていた。新入りの奉公人は，商家の雑用そして読み書きそろばんの訓練を受けた。16歳くらいで手代として，一人前の店員となり，出納，売買，納品などの仕事を任されるようになった。そして，30歳前半で**番頭**となり，店の代表として経営の切盛り，奉公人の指導をするようになっていった。番頭はその後，大番頭となり，主人の右腕，経営者の一員として商家を支えていくことになった。

欧米のファミリービジネスでは，純血の後継者のみが，経営の所有と参画を継承することが原則であるが，日本では，丁稚奉公制によって育てられる奉公人が商家の家族として位置づけられ，後に彼らはファミリーの一員として経営に参画するようになった。

4　現代企業の補佐役としての番頭機能

戦後成長したファミリービジネスにおいて，豊田家と石田退三，松下幸之助と高橋荒太郎，本田宗一郎と藤沢武夫は，創業家（者）と番頭という関係にあった。番頭の機能は，ファミリーの一員として，トップ経営者の弱点を補い，その非を諫め，その意思決定と決断を補完し，その負担を軽減することである。

現代の経営では，**コンプライアンス**やCSRといった，企業の社会性が注目されている。長寿を目指す企業にとって，独断先行するような経営者の失敗を未然に防ぐという番頭の機能が求められている。

▷企業文化

企業文化とは，ある組織の基礎的仮定の織り成すパターンである。具体的には，企業が継続的に業績をあげていくための，経営戦略の実行の仕方や，目的達成のためのプロセス上の各種のルールやしきたりを意味する。組織が成功する上で，組織内の人々が当然であると仮定する行動パターンが企業文化である。

▷番頭

日本型の「補佐役」ともいうべき番頭の機能は，徳川3代将軍家光の時代に確立された。当時の番頭は，大店（おおだな）つまり，商家の本店の主人を助け，商売の実務だけでなく奉公人の管理から，場合によっては主人を隠居させ，跡取りの若旦那を鍛えるなど，商家で大きな影響力を持つ存在だった。

▷コンプライアンス（compliance）

コンプライアンスとは法令遵守を意味する。現代企業では，コンプライアンスを徹底するため，コンプライアンス部門，コンプライアンスオフィサーという組織と役職が整備されている。法令を守ることのみならず，社会規範や倫理を遵守する意味でコンプライアンスという言葉が用いられることがある。

XV 長寿企業のビジネスモデル

 伝統を受け継ぐ長寿企業

1 長寿企業の不易流行

「不易」とは時代が変わっても変化しない本質のことを意味し,「流行」とは時代の変化とともに移り変わっていくことを意味している。長寿企業は,この両面を巧みに使い分けて,長い事業の航海を続けている。

表XV-4に不易と流行の各項目が示されている。不易の項目での顧客第一主義は近江商人の**三方よし経営**の説明で述べた通り,顧客が快く購買できるものやサービスを提供することで,長寿企業を成功に導く要因であるといえよう。この顧客第一主義は,顧客をまず満足させたその後で,企業に利得がもたらされるという先義後利という考え方に基づいている。⑤の従業員の能力重視という考え方は,③の質の高い財やサービスを提供すること,そして,①の顧客満足の向上という考え方に結びつく。そして,②の本業重視・堅実経営は,高利を望まず,地道に精進するということを明言していく⑥の企業理念の維持に結びついている。そして,⑥の企業理念は④の製法の維持継承に密接に関連している。

流行の項目の①顧客ニーズの対応は,不易と同様に顧客満足の向上に直結している。そして,顧客の求めているものが何であるかという予想を立て,②の半歩先を進むこと,③流通経路の多様化による売り方の新規性を取り入れることで,伝統の先にある革新を見つけているのが長寿企業である。そして,多くの長寿企業には代々受け継がれる**家訓**があり,従前の解釈に拘ることなく,この家訓の解釈を刷新して,新たなビジネスの芽吹きを察知することで,長寿企業は環境変化に対応している。

▷三方よし経営
⇨ XV-2 「近江商人の三方よし経営」

▷家訓
創業者や中興の祖が家の存続と繁栄を願って子孫代々に残した訓戒が家訓である。「奢れる者かならず久しからず」は五個荘商人・松居遊見の遺訓として,松居家の家訓となっている。松居遊見は,豪商であるが,表向きは百姓の身分で,生活はきわめて質素,手織木綿の衣服を着て,粗食で粗末な家に住み,陰徳を積むことを喜びとしたと伝えられる。

表XV-4 長寿企業の不易流行

不　易	流　行
①顧客第一主義 ②本業重視の経営・堅実経営 ③品質本位 ④製法の維持継承 ⑤従業員重視 ⑥企業理念の維持	①商品・サービスに関する顧客ニーズへ対応する ②時代の半歩先を進む ③販売チャネルを時代に合わせて変更する ④従来業態の縮小を前提として新規事業を確立する（コアコンピタンスは継承） ⑤家訓の解釈を時代に合わせる

出所：横澤利昌編著『老舗企業の研究［改定新版］』生産性出版, 2012年, 106-107頁の記述を基に筆者作成。

② 先義後利と誠実さ

　和菓子製造・販売の虎屋は1520年の創業から490年超の歴史を刻んできた。虎屋が天皇にお菓子を納めた最初の御所御用は後陽成天皇（1586～1611年在位）であり，その後も歴代の皇族方にお菓子を納めてきた。明治時代となり，虎屋は遷都に伴い東京に支店をつくり，御所御用の継続を果たすとともに，一般顧客向けのお菓子への製造に至り，質の高いお菓子を顧客に提供し続けている。

　虎屋らしさとは，という問いに対して，虎屋17代当主の黒川光博氏は「あえていうならば，製造を原点とする不器用なまでの真面目さにある」と述べており，ここでの「製造を原点にする」という言葉には，あくまで最高のものを追求し続ける強い志がある。「不器用」とはネガティブ思考ではなく，正直さや誠実さ，実直さを土台として，正しい手順を踏んで事を前に進めていくというポジティブ思考を意味している。そして，この理念の貫徹は，お客様の満足につながっており，このような**顧客満足度**最優先の考え方は，虎屋の従業員の中で共有化されている。つまり，虎屋は先義後利を実践してきたのである。

③ 時代の半歩先を進むビジネスモデル

　テイボーは，1896年に創業した紳士用帽子の専門メーカーであったが，時流に逆らえず，現在は帽子製造からは撤退している。テイボーは，羊などの毛を加工した生地でフェルト帽子を製造していた。このフェルトがテイボーの経営の事業転換を成功に導くことになった。終戦後に，マジックインクペンがアメリカから日本に導入され，そのペンの先端がフェルトであったため，フェルト帽子をつくっていたテイボーに日本製のマジックインクペンの先端の製造のチャンスが生まれた。その後もテイボーは，マジックインクペンのみならず，1ミリ以下のペン先を独自の技術開発で作り上げ，多様なニーズに応えることができた。つまり，テイボーの場合は，このように本業の伝統を守り，フェルト加工を原点とした**コアコンピタンス**を磨いていくことで，帽子製造からペンの先端製造への事業転換ができたのである。まさに，テイボーは半歩先を進む経営を実践してきたのである。

④ 身の丈経営を実践する長寿企業

　虎屋は，近年の若者のスイーツブームに関心を抱き，六本木ヒルズにトラヤカフェを出店することになった。伝統のブランド力が虎屋には備わっており，新業態は成功している。テイボーの事業転換も，伝統のフェルト加工技術あってこその成功である。両社とも高利を狙わず，伝統の技術やブランド力を土台とした，身の丈経営を実践している。

▷ **顧客満足度**
顧客満足度とは，企業から提供される財やサービスが顧客の価値観や欲求，必要性を満たす程度を意味する。顧客満足度の向上から，対顧客関係の改善，さらに収益性の増進を目指すことができる。戦略的な課題として，多様な顧客満足の継続的な測定，組織の再編，事業展開の改善が顧客満足度の向上に必要とされる。

▷ **コアコンピタンス**
(core competence)
競合他社では提供が不可能な価値を顧客にもたらす，企業の有する独自のスキルや技術の束をコアコンピタンスという。コアコンピタンスは競争優位の源泉と位置付けられ，他社では模倣が困難であるため，企業が独自の路線で事業を構築する上で必須の資源である。

XVI　長寿企業の進化

1 リビングカンパニーの概念

1 リビングカンパニーの環境適応と結束力

　アリー・デ・グース（Arie de Geus, 1930-）は，1997年に出版した著書，*The Living Company* で，欧米の長寿企業の組織的な特性を抽出している。その中の1つの特性が長寿企業の環境適応力である。戦争や不景気，消費嗜好，技術革新，政治の動向に，長寿企業がセンサーを働かせて，周囲の動きに合わせて行動を起こしている。テイボーのフェルト帽子からペン先への事業転換は，まさに，消費嗜好の変化に迅速に反応した企業行動である。長寿企業の特性の2つ目は，強い結束力である。企業の成果と労働者自身の成果を一体化させるような結束力が事業の存続に結びついている。トップ経営者の関心ごとは，組織全体の健康状態，つまり，組織全体の統制を方向付けることによって，組織の力を発揮できるような状態にしておくことである。

▷1　⇨ XV-4「伝統を受け継ぐ長寿企業」

2 リビングカンパニーでのフロッキング（群れ）づくり

　組織にイノベータが活躍できる余地を残しておかないと，彼らが淘汰され，新しい発明に向けて突進する好奇心の強い人間の力が発揮できなくなってしまう。この組織力は，共通点のない人間が一緒になって集中教育を受けるフロッキング（群れ）づくりで発揮される。フロッキング（群れ）の中で，お互いの考え方の違いや，自分に備わっていない能力を認識することで，**相補性**が育てられていくのである。その結果，イノベーションは強制的に生み出されるのではなく，組織におけるフロッキング（群れ）での人と人との関わりの中から生み出される。企業の中には職能という壁があるが，この壁を取り払い，各職能間での仲間づくり，つまり，フロッキング（群れ）づくりが，創造性を生み出す組織の特性である。

▷相補性
⇨ XVI-4「持続的発展企業の組織能力」

▷ゆらぎ
硬直的な組織は，権限や責任が厳密にされており，効率性という面では好ましい。しかし，大きな経営環境のうねりが押し寄せた時に，この硬直的な組織は対応することができない。そのため，人材の多様性，組織間関係の多様性，自然界の営みを経営に取り入れるという，ゆらぎを認める組織を構築していれば，事業の存続の可能性が高まる。

3 リビングカンパニーのトレランス

　長寿企業はトレランスの高い企業である。トレランスとは，許容度を意味し，多様性を受け入れる組織の特徴を意味している。創造活動は異質な外部資源を積極的にとりこむことによって実現可能となる。**ゆらぎ**というトレランスをあえて取り込む勇気が組織力を強くする。ゆらぎを体験した後に本来の意味での「和」が生まれる。和はある部分が全体を凌駕することによっておこる同質化

表XVI-1　キズナのマーケティング

ソーシャルメディア時代のキズナとは
キズナの構成要素 　　信用…消費者に商品やサービスを信用させる 　　理解…消費者の本音に傾聴する 　　愛着…消費者に感謝し，消費者を愛する 　　関与…消費者の便益に最大限関心を払う 　　共感…消費者と対話をしているかを問う 　→ <u>企業と顧客との関係を維持・向上させる</u>

出所：池田紀行『キズナのマーケティング：ソーシャルメディアが切り拓くマーケティングの新時代』アスキー新書，2011年，124頁の記述を基に筆者作成。

とは異なり，主体性のある異なる能力の調和によって生み出されると考えることができる。このような考え方は，ビジネスを生態系と同様に捉える，ビジネス・エコシステムという考え方に結びつく。

❹ ビジネス・エコシステム

　生物界のエコシステム（生態系）と似て，ビジネス・エコシステムは多くの企業が緩やかに結びついたネットワークから形成されている。生物界のエコシステムに似て，ビジネス・エコシステムにおける企業は多様な方法で相互に影響しあい，個別企業における成果はエコシステム全体の成果に依存している。

　例えば，コンピュータ産業（コンピュータ・エコシステム）では，1つの製品が多数の企業の集合的な活動によって成立している。コンピュータ・エコシステムでの結びつきが存在しなければ，個別企業の存在価値はとても小さい。逆に，コンピュータ・エコシステムに組み込まれていれば，個別企業の価値は十分に発揮できる。個別企業の目的は，産業の垂直統合によって独自の優位性を守ることではなく，専門化した一定範囲の技術をコンピュータ・エコシステムの仲間に開示して，専門領域で事業を継続することである。このようにコンピュータ・エコシステムは，マイクロソフトのような**ハブ企業**を中心として，相互依存的にその存在価値を高める企業の集合によって存続している。

　このエコシステム思考に，顧客とのコミュニケーションを含めるとより現実的になる。消費者の声に耳を傾けることこそ，企業存続の優先課題である。ソーシャルメディアの進化によって，顧客とのコミュニケーション対応が，企業の存続を左右する時代になった（表XVI-1）。基本的には企業経営への信用力を固めることが重要であるが，それ以上に**BUZZ**による企業にとっての好ましい情報発信を世間に広めるとともに，顧客の不満に対しては，**リスクマネジメント**手法を事前に確立して負の情報拡散を防ぐことが，企業存続には欠かせない。企業にとって良い情報は**バイラルマーケティング**の効果によって，企業存続の追い風となる。一方，不祥事や経営危機といった情報は，ソーシャルメディアによって瞬く間に世界駆け巡り，長寿企業の存続の向かい風となってしまう。

▷ハブ企業
ハブ（hub）とは，本来，車輪のスポークが集中している中枢を意味する。したがってハブ企業とは，多種多様な企業の中心で，それらの企業を束ねる中枢企業を意味する。ハブとしての企業は，地理的に散らばっている企業群を束ねることや，1つの製品の中の部品を作る企業群を束ねることで，形式上は拡散している企業を1つの組織体として機能させることができる。

▷BUZZ
口コミを意味するマーケティング用語である。

▷リスクマネジメント
⇨ XVI-2「リスクマネジメントの最適化」

▷バイラルマーケティング（viral marketing）
財やサービスに関する「口コミ」を意図的に広め，低コストで効率的に告知や顧客の獲得を行うマーケティング手法である。「バイラル」は「感染的な」という意味で，財やサービスの情報が人づてに伝わっていくこと，つまり情報の感染・増殖が，バイラルマーケティングの目的である。

XVI 長寿企業の進化

2 リスクマネジメントの最適化

1 企業不祥事というリスク

　企業不祥事は，事業危機に直結する重大なリスク誘因となる。近年の企業不祥事は，とくに食品業界で多く発生している。乳製品企業の食中毒事件，お菓子の賞味期限偽装事件，農薬入り餃子事件，そして，チキンナゲットへの異物混入事件といった，消費者の安全に影響する不祥事が多発している。このような企業不祥事は，健全な企業であれば防止できるのであるが，企業経営の疲弊から，健全経営が疎かになり，社会的な問題となってしまう。企業不祥事は経営陣の価値観から説明することができる。1つ目は，経営陣の保身がステークホルダーの利得よりも優先されることで引き起こされる企業不祥事である。例えば，企業の利益を水増しして，公表する**粉飾決算**はステークホルダーの企業に対する期待を裏切る行為である。2つ目は，経営陣の暴走から説明できる。企業の資金繰りは**自己資本と他人資本**によって賄われるが，この資本を経営陣が個人的な用途に使ってしまうという不祥事は，暴走タイプに該当する。3つ目は，組織的な不正である。食に関する不正もこのタイプに該当する。この不祥事の原因は，経営陣の安全に対する価値判断基準のゆがみが従業員の立ち振る舞いに悪影響を与えることに起因する。企業は組織的な活動によって社会を良くしていく存在として信頼されるので，組織的な不祥事は消費者を裏切り，結果として企業の存続を危うくすることになる。これらの不祥事を回避するには，**多様な「眼」**を意識していくリスクマネジメントが有効である。これらの「眼」による統制から，経営が健全に保たれるようになる。

2 リスクマネジメントの実践

　第1のリスクマネジメントの狙いは，法令を遵守し，法令違反によるペナルティを避けることである。法令に定められている制度条件と現状の経営活動における遵守状況との比較によって把握されるギャップを認識し，そのギャップをリスクとして把握するアプローチが第1のリスクマネジメントである。

　第2のリスクマネジメントの狙いは，不測事態発生時にステークホルダーに対する**情報開示**を誠実に果たすことである。つまり，不測の事態が発生したときに，誠実に対応することによって，投資家，消費者，地域住民を安心させることにより，さらなる企業のダメージを防止することが第2のリスクマネジメ

▷**粉飾決算**
粉飾決算とは，不正に会計処理を操作することで，収支を偽装した虚偽の決算報告をすること。粉飾決算は，取引先，株主，銀行などのステークホルダーへの虚偽の報告によって，財務状態が悪いのにもかかわらず，健全であるかのように報告する時に行われる会計操作である。本来は，経理財務部門，監査役，監査法人が虚偽の粉飾決算の抑止力となる。

▷**自己資本と他人資本**
自己資本とは，企業の総資本のうち，株主から調達した資本金と，経営活動の成果として得られた剰余金との合計である。他人資本とは銀行からの借入金など外部から調達した資本のことである。自己資本については返済の義務はないが，他人資本については，利子をつけて返済する義務がある。

▷**多様な「眼」**
・素直な眼
・現場の眼
・自己観察の眼
・冷静な眼
・複合的な眼
・経営者の眼
・変化を捉える眼
　土屋博之『企業不祥事と持続可能性』（ブイツーソリューション，2013年，84頁）では，これらの7つの眼によって経営リスクが回避されるとされている。

図ⅩⅥ-1　全社統合リスクマネジメントの作業ステップ

出所：アクセンチュア・リスクマネジメントグループ『強い企業のリスクマネジメント』東洋経済新報社，2009年，58頁の図に筆者一部加筆。

▷情報開示
企業は社会の中で存続しているがゆえに，利害関係者に対して情報を開示してその説明責任を明確にする義務がある。具体的に企業は，会計に関する情報，環境影響に関する情報，そして危機対応に関する情報などを開示することが求められる。

ントである。第1の方は，不測の事態が発生する前の予防的措置なのに対して，第2の方は事後の措置となるが，この事後の措置の段取りをあらかじめ決めておけば，不祥事の深刻化の度合いは小さくなる可能性がある。

第3のリスクマネジメントの狙いは，企業価値を増大させて，企業の安定性を維持していくことである。この段階は攻めのリスクマネジメントである。具体的にはステークホルダーとの**コミュニケーション**を活発にし，企業の発信する情報を正しく伝えることである。食品製造企業であれば，食品素材の原産地表示を明確化することなど，その企業のつくる財，そして企業自体の健全性をアピールすることで，攻めのリスクマネジメントが強化できる。

このように3つの目的をもつリスクマネジメントであるが，図ⅩⅥ-1に示す通り，企業経営には必ずリスクがあるという前提で，最適なリスクマネジメントが実践できるように段取りをしておけば，リスクによる企業へのダメージは軽減されるようになる。

❸ リスクマネジメントと長寿企業

このように，複雑な経営環境の中で生き延びようとする企業にとって，リスクマネジメントという手法は，重要なツールとなっている。多くの長寿企業は監視の「眼」を意識し，積極的な社会との対話を実践している。企業の独断専行の経営手法では，ステークホルダーの支援は得られない。

▷コミュニケーション
(comunication)
言語表現，態度，行動となどを用いて，意思，感情，意味を生み出し，それらを情報として伝達することが送り手のコミュニケーションである。受け手のコミュニケーションは，送り手からの情報を受容し，解釈することである。情報化社会はコミュニケーション関与主体と空間を拡大させている。

XVI 長寿企業の進化

新たな競争軸と誠実な経営

1 事業の継続を決定づける競争軸

企業として栄えることができるか否かを決定づける要因（競争軸）は，次のように整理することができる。

第1の競争軸は，企業の存在意義を強調し，財やサービスを刷新することを可能にする能力である。たとえば，アメリカの自動車製造企業のフォード社は，**T型フォード**の発売を契機に自動車を一般大衆に広めていった。熟練工を必要としない製造工程が構築され，未熟練工でも作業をすることができたため，低コストでの自動車の生産が可能になった。その背景には，ベルトコンベアーによる工程の流れ作業化，単純化などの工夫があった。さらに，フォード社では，業績の高い従業員には高賃金が支給され，その結果，労働者の購買意欲が高まり，労働者がT型フォードを購入し，生産工程革新，労働意欲の向上，高賃金，豊かさの享受という企業と経済にとっての良いサイクルが生まれた。

第2の競争軸はマーケット・シェアである。マーケット・シェアは企業側の視点では，自らの財・サービスがどれだけ市場に浸透しているかを意味している。たとえば，テレビ，冷蔵庫，洗濯機といった白物家電の分野で国内のマーケット・シェアの多くを占めてきたのが，松下電器産業（現在はパナソニック）である。マーケット・シェアが高まれば，知名度が高まり，既存顧客が新規顧客を生み出すような良いサイクルが生まれる。マーケット・シェアの確保は，第1の競争軸の強化に依存している。

第3の競争軸は価格設定である。価格設定は，消費者の期待値に対応する指標となるので，財・サービスの価値がどのくらい，消費者の期待に応えられるかが第3の競争軸の中心課題となる。顧客が心から欲しい製品には，ある程度高価格を設定できる可能性がある。とくにブランド力によって，その企業のファンを増やしていくことは，価格設定に大きく影響を与える。

第4の競争軸は品質管理の向上である。たとえば，製品の品質を保つための工学的手法として，**TQM**が多くの企業で導入されている。このような現場での継続的な改善を通じて，技術先進企業は，自社の製品とその生産プロセスの品質を高め，性能的卓越性を実現することになる。第4の競争軸を図示すると**図XVI-2**のようになる。QCサークル活動や改善活動といった現場の工夫は，高品質を追求する企業のツールである。

▷ T型フォード
20世紀初頭，ヘンリー・フォード（Henry Ford）が，部品や製品の標準化という工夫をして作り上げた大衆車。T型フォードは製造コストの徹底的な削減により，従来の自動車よりも低価格で販売され，モータリゼーションの発展の基礎を築いた。フォードは，労働者の労働成果に応じて，その報酬差をつけて，労働者意欲を刺激した。

▷ TQM（Total Quality Management）
TQC（Total Quality Control）は，製造現場単位での問題解決，品質改善，生産性向上，労働意欲の向上策を，研究開発，設計，購買，販売という職能単位に広げて，総合的に品質管理をしていく手法。その進化バージョンとしてのTQMは，製造現場のみならず，サービス業や建設業などあらゆる業種で顧客満足の追求や環境問題などを目的とした全社体制での経営管理手法である。

▷ デミング14カ条
デミング（Deming, W. E.）は，アメリカの統計学者。彼はビジネスを成功に導くための原則を統計的に考察し，14カ条としてまとめた。これは，経営者の責務や経営哲学から，社員教育論，経営組織論など，ビ

2 企業性善説と2つの信認義務

企業と顧客との取引関係は，契約関係と信認関係に分けられる。前者は，細かな**情報開示**と法的根拠に基づいた取引関係で，企業が契約に反する行動をしてしまえば，**損害賠償責任**を負うことになる。

一方，信認関係とは，企業と顧客との間の信頼，信用に基づく取引関係である。企業と顧客との取引関係の大部分は信認関係に基づいている。企業が信認に応えるためには，2つの義務を意識しなければならない。1つは社会の利益を考えて行動する忠実義務と，善良な法人であれば当然払うであろう注意をもって自らを律していくという善管注意義務である。現代企業に求められる社会的責任の中心となる考え方は，この2つの義務を果たすことではないだろうか。これらの義務の遂行することを経営の誠実さと捉えることができる。

顧客は企業の提供する財・サービスに対価を支払う時，細かな契約書を取り交わすことは少ないであろう。なぜ，顧客は企業と細かな契約を結ばないのか。それは，**企業性善説**が社会規範として生きているからである。

3 企業性善説を前提としたガバナンスの方向性

従来のガバナンス機構が監視や金銭，業績数値の評価といった他律的な誘因によって成り立っていたのに対し，企業性善説に基づくガバナンスでは，経営者による社会を良くしたい，顧客を喜ばせたいといった思考が自己統治の誘因となる。このような経営者のガバナンスは，積極的に信認義務を果たすべき誠実な経営を実践する企業に最適な手段となる。企業性善説に基づくガバナンスは，利益といった数値目標を追求しなくてはという切迫感に縛られていた経営者を開放し，自らの信念を感情で表現できるようなガバナンス機構である。

経営者が自利心のみに基づいて行動すれば，その結果は保身的となり，株主志向の経営となる。その一方で，他利心を考慮して行動する経営者は，その心に余裕があり，企業の社会的な意味で存在価値を高めることができる。経営者の自利追求から他利追求へのシフトチェンジが事業継続の競争軸となる。

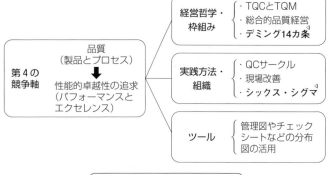

図XVI-2　統合的品質管理の全体像

出所：ピーター・D.ピーダーセン『第5の競争軸：21世紀の新たな市場原理』朝日新聞出版，2009年，112頁の図に筆者修正・加筆。

ジネスにおいて押さえなければならない重要事項である。

▷シックス・シグマ（Six Sigma）
1980年代にアメリカのモトローラ社が開発した品質管理手法。それは，事業過程の中で起こるミスやエラー，欠陥品の発生確率を100万分の3.4のレベルにする継続的な品質改善活動である。

▷情報開示
⇨XVI-2「リスクマネジメントの最適化」参照。

▷損害賠償責任
損害賠償責任とは，故意または過失により他人の身体または財物に損害を与えた場合，民法および自賠責法の規定により，その損害について原則として金銭で賠償する責任である。

▷企業性善説
消費者や市民が企業を無意識的に信頼し，その信頼の上に取引や生活が成り立っているという考え方が企業性善説。しかし，近年の企業不祥事の多発によってこの企業性善説が揺らぎ始めている。暗黙のうちに信頼される側の企業が，その信託を裏切ることは，その存続に負の影響を与える。

XVI　長寿企業の進化

持続的発展企業の組織能力

 企業の目的と社会の目的

　企業はより大きな経済的システムの1つの下位単位であり，その経営活動は経済システムの諸目標を達成する1つの手段である。企業が組織として創意工夫をし，たとえばイノベーションを創出することで，より大きな経済システムの中での企業の存在価値は高められる。

　上位の経済システムと下位組織である企業，そしてその企業の中の労働者の役割に関して，下位単位を構成する企業の中の人々の専門的役割が，上位の経済システムの役割と目標に合致することは難しいのであろうか。経済学の理論で議論されているように，企業が利益を極大化させ，消費者が自らの効用を最大化するような行動をとれば，**経済厚生**は保たれるので，個々の企業の「市場を拡大しよう」「顧客満足度を高めよう」「よい製品をつくろう」といった目標と経済の安定化，**完全雇用**の実現，経済の発展といった経済システムの目標は関連し合っているといえよう。したがって，経済厚生という枠組みを越え，社会の持続的発展という大きな目的の下で，個々の企業は目標を達成し，企業の中の労働者が専門的役割を発揮すれば，企業の目的および労働者の役割は，社会の目的と一致するのである。

②　企業組織の中の相補性

　相補性とは，異なった要素が一緒になって，はじめて完全な全体が形成されるという意味を持っている。相補性の考え方を応用すると，自分にないものを持っている相手と連動することによって，新しい全体を構築することが可能になるのである。相補性の視点では，経済主体（国家・企業・労働者個人）間の関係は，一方が他方の犠牲の上に成り立つものではなく，各主体の目的を同時に実現することが求められる。このような考え方は，経済システムの目的（社会の目的）と企業の目的が相補の関係であることにも応用できる。そして，相補性の概念で，企業組織内の人と人の関係を説明することができる。

　企業組織内の創造活動において，決められた枠組みを簡略化し，企業組織の構成員が闊達な議論をすることで，魅力のある企業が生み出されるのである。異空間，多様な結合，連続する時間軸と断絶した時間軸の中で多様な価値を認め合うことから持続的発展企業が生まれるのである。

▷経済厚生
厚生とは人間の幸福もしくは福祉を指すのであるが，とくに経済厚生とは経済的観点から見た厚生を意味する。A. C. ピグー（Arthur Cecil Pigou）によれば，この経済厚生とは社会を構成する各個人の効用の総和である。しかし，効用の総和を直接に取り扱うことはできないので，彼はそれに対応するものとして国民所得を考えた。そして，(1)国民所得が大きいほど，(2)貧者の受けとる国民所得の分が大きいほど，(3)国民所得の変動が少ないほど，経済厚生は大きいと結論づけた。

▷完全雇用
労働需給の一時的な誤差に基づく摩擦的失業を除いた上で，現行の実質賃金率で働きたいと思っている労働者がすべて雇用されている状態を完全雇用という。摩擦的失業とは，労働需要の変化に基づく労働の産業間移動が完全には行われないために発生する失業である。

3 組織の求心力は何か

賃金が高いこと，業績の良いことが労働者の**モチベーション**に影響を与えるのだろうか。これらは，企業として最低限堅守しなくてはならない要件であるので，ある限度までの労働者のモチベーションを高める効果を持つであろう。さらに自分たちの仕事に誇りを持つ労働者は，彼らの所属する組織が社会的観点から良い仕事をしているか，つまり**誠実な経営**をしているかということに関心を抱き，顧客のため，地域社会のために関与していくことにやる気を感じるのである。マズロー（Maslaw, A. H., 1908-1970）の欲求段階説（**図XVI-3**）に従えば，生活の安定や生理的欲求は低次の欲求であり，労働者自身の持つ自己実現欲求を満たすことこそ，モチベーションを刺激する最優先の要因となる。

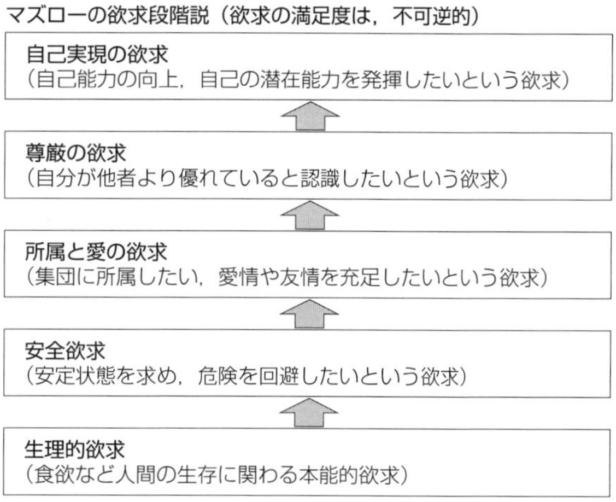

マズローの欲求段階説（欲求の満足度は，不可逆的）

| 自己実現の欲求 |
（自己能力の向上，自己の潜在能力を発揮したいという欲求）

↑

| 尊厳の欲求 |
（自分が他者より優れていると認識したいという欲求）

↑

| 所属と愛の欲求 |
（集団に所属したい，愛情や友情を充足したいという欲求）

↑

| 安全欲求 |
（安定状態を求め，危険を回避したいという欲求）

↑

| 生理的欲求 |
（食欲など人間の生存に関わる本能的欲求）

図XVI-3　モチベーション理論

出所：筆者作成。

モチベーションの高い組織は，社会的な使命を果たす企業となり，つまり，社会にとって欠かせない企業となることで，その存続が実現できるのである。存続のために，まず利益を確保することに躍起になってしまうという企業が多く存在するが，社会にとってどのような経営判断が良いのか，その経営判断が正しいか正しくないかという情報を開示し，その経営判断に労働者を参加させることが，つまり**経営参加**という工夫が企業存続の1つの条件となる。

4 企業成長と企業発展

企業成長とは，企業の量的な拡大を意味している。たとえば，利益の拡大，市場シェアの拡大，マーケットの地理的拡大は企業成長である。一方，企業発展とは質的な成熟を意味している。たとえば，経済発展を実現すること，短絡的な思考ではなく相補性を持った思考で組織能力を磨くこと，そして，労働者の新たな自己実現欲求を刺激することにより，組織を活性化することが企業発展である。高度経済成長期の日本の大企業は経済成長を突き進んできた。しかし，経済が成熟化し，つまり国民の豊かさが満たされた現代においては，革新的な財やサービスの提供，社会的な課題解決に取り組むことが現代企業に求められている。このような経済環境においては，質的発展を目指す企業に，その存続の可能性が高まっているといえよう。

▷**モチベーション（motivation）**
モチベーションとは働く意欲を意味する。企業組織内の多くの労働者が強く動機づけられることで，組織として質の高い成果が生み出される。動機づけは組織のパフォーマンスに影響を与える重要度の高い要因である。

▷**誠実な経営**
⇨ XVI-3 「新たな競争軸と誠実な経営」

▷**経営参加**
経営参加とは，労働者が企業の管理レベルの意思決定に直接的に影響を与えることを意味する。ドイツの共同決定法では，トップマネジメントである監査役会に労働者代表が参加して，彼らが企業の政策決定に影響を及ぼす可能性を持っている。

XVI NPO経営

 NPOとは何か

 企業論とNPO経営

　ここでは企業論をテーマとする本書においてNPO経営を議論することの意味を考えることから始める。そのためには経営学はどのような学問であり，企業をどのように議論してきたかということを理解する必要がある。

　経営学は人間の行動，社会構造とその変動を体系的に理解することを目的とする社会科学の1つである。経営学は研究対象によって，組織の管理活動を研究する管理学としての経営学と，企業とは何かを研究する企業学としての経営学に大別できる。管理学としての経営学は企業だけでなく政府組織，学校，病院，NPO法人など組織一般の管理活動を内容とする。経営学の対象は必ずしも企業の経営管理に限定されず，非営利組織など企業以外の組織の経営管理も含む。また企業の経営管理と企業以外の経営管理を比較することによって，企業の経営管理を相対化し理解を深めることができる。非営利組織の経営管理を対象とすることは，組織一般の経営管理および企業の経営管理に対する理解を深めることができるため，管理学としての経営学にとって意義がある。

　企業学としての経営学は，①本書のテーマでもある企業論，②管理学としての国際経営論と補完関係にある企業学としての多国籍企業論などに代表されるように，企業の管理活動と行動原理を体系的に理解することを内容とする。企業の行動原理は営利性と社会性である。営利性とは利潤極大化を目的とする企業行動の営利原則である。この営利性・営利原則に基づく企業行動すなわち営利活動は，市場や社会との相互作用によって規定される。市場や社会のあり方は国や地域および時代によって異なるため，営利活動は多様であり，動態的であり変化する。企業の営利性・営利原則ないし営利活動をこのように理解する場合，企業の社会性は，営利性・営利原則ないし営利活動の社会的即応性を説明するための概念になっている。つまり，経営学は，営利性の追求を目的とする経済的組織としての企業を前提としている。従来の経営学はこの前提に基づいて，営利性と社会性の関係を以上のように議論してきた。

　ところが近年では，持続可能性をコンセプトとする**環境経営**，貧困緩和を目的とする**BOPビジネス**，地域社会の活性化を目的とし法人形態を問わないコミュニティ・ビジネスなど，営利性を必ずしも前提としない社会性を経営目標とする企業経営や**ソーシャル・ビジネス**が見られるようになっている。この企

▷**環境経営**
⇨第Ⅷ章「CSRと環境経営」
▷**BOPビジネス**
⇨第ⅩⅢ章「BOPビジネス」
▷**ソーシャル・ビジネス**
⇨ⅩⅣ-2「ソーシャル・ビジネス」

業経営やビジネスを背景として，環境経営論，「企業と社会」論，社会的企業論という経営学の新しい議論が登場した。これらの新しい議論は企業の社会性として，環境配慮型製品や寄付付き商品およびフェアトレード商品など**ソーシャル・プロダクト**の供給，管理活動や事業プロセスの社会的正当性・倫理性，フィランソロピーなど本業以外での社会貢献などに注目している。このような企業経営の変化と経営学の状況は改めて企業とは何かを問うことの必要性，営利性のための社会性という理解にとどまらず，営利性と社会性という企業の二面性を捉え得る理論体系の必要性を示している。言い換えれば，経済的組織だけでなく社会的組織という企業の特徴に焦点を当てることによって経営学をさらに発展させる必要がある。企業学としての経営学にとって，NPO 経営を議論することは企業の社会性ないし企業の社会的組織としての特徴に対する理解を深めるという意義があると思われる。

2 NPO とは何か

　NPO とは非営利組織の略称であり，Nonprofit Organization（営利を獲得しない組織），または Not for Profit Organization（営利を目的としない組織）の略記である。「営利を獲得しない」とは利益を生まないということではない。利益を生み出した場合，組織の目的のために利用し，相殺する。現代の（日本の）非営利組織研究は，組織の会員にサービスを供給するという共益的活動ではなく，会員・非会員を問わずサービスを提供するという公益的活動を行っており，かつ政府所有ではなく民間所有である NPO を議論の主な対象としている。以上から，NPO とは**公益的民間非営利組織**である。その特質は非営利性と公益性という点にある。

　NPO の類似概念としてボランティア（volunteer）と NGO（Nongovernmental Organization：非政府組織）がある。ボランティアとは志願者や有志者など自発的に事に当たる個人のことであり，本来，組織や団体を指す言葉ではない。ボランティアは NPO の活動に参加する場合が多いことから，NPO は**ボランタリー組織**としての特質（＝自発性および市民性という特質）を持つ。

　NGO も NPO と同様，非営利性，公益性，自発性，市民性を特質とする民間組織である。NGO と NPO の違いは，前者が「ある特定の政府とは別個の独立した目的を持ち活動する」という意味での非政府性を強調するところにある。NGO 活動は人権保護，環境保護，人道的支援，開発援助，文化交流，平和維持などにおける国際的な活動である。非政府性を強調しながらこれらの国際的な活動を行い，営利を目的とせず公益を自発的に追求するのが NGO である。実際，日本では慣例的に，NPO は国内の非営利・公益目的の自発的・市民的活動を行う民間組織であり，NGO は同様の活動を国際的に行う民間組織であるとされる。

▷**ソーシャル・プロダクト (social product)**
環境保護，オーガニック，フェアトレード，寄付，地域の活力向上，地域文化の継承・保存，障害者支援，復興支援などに関連する人間と地球にやさしい製品・サービスの総称。生活者が持続可能な社会の実現に貢献できる商品のこと。

▷**公益的民間非営利組織**
NPO を公益的民間非営利組織と定義することは，日本の非営利組織研究の一般的な方法である。この日本の一般的な定義はジョン・ホプキンス大学非営利セクター国際比較プロジェクトによる定義から著しい影響を受けている。

▷**ボランタリー組織 (voluntary organization)**
ボランティアを主体とする組織。

（参考文献）
藻利重隆『経営学の基礎〔新訂版〕』森山書店，1973年。
林正樹『日本的経営の進化』税務経理協会，1998年。

XVI　NPO経営

2　NPOの類型とNPO法人の活動

1　NPOの類型

　日本の法人制度では，非営利組織は，①一般社団・財団法人法に基づく一般社団法人と一般財団法人，②公益法人認定法に基づいて認定を受けた公益社団法人と公益財団法人，③社会福祉法人法に基づく社会福祉法人，④私立学校法による学校法人，⑤宗教法人法による宗教法人，⑥更生保護事業法による更生保護法人，⑦特定非営利活動促進法に基づく特定非営利活動法人などがある。非営利組織の略称であるNPOはここにあげた法人すべてを含むのに対して，内閣府やマスコミはこれらのNPOのうち特に特定非営利活動法人を指してNPO法人と呼んでいる。日本の経営学における非営利組織研究ではNPO法人を主な対象としている。本章でもNPOと表記する場合は広く非営利組織一般を指し，NPO法人と表記する場合は特定非営利活動法人を意味するものとする。以上のようなNPOの多様性から，NPO経営を統一的・一律的に議論することは困難である。以下では，紙幅の都合上，NPO法人の経営に議論を限定する。

　近年の**社会的企業**論によれば，NPO法人には慈善型，アドボカシー（＝提言）型，および事業型がある。慈善型とアドボカシー型は寄付や会費を主な資金源とする点で共通している。両者の違いは，慈善型はチャリティ活動を目的とするのに対して，アドボカシー型は政府や企業の活動を監視し政策提言を行うことを目的とする点にある。事業型は公益的な社会サービスを有償で提供する社会的事業（＝**ソーシャル・ビジネス**）を営み，その事業からの収益を自らの活動の費用に充てる。そうすることによって活動の永続性を確保しようとすることを特徴とする。近年では，社会的事業を目的として営利企業がNPO法人を設立すること，およびNPO法人による企業法人の設立・運営が多くみられるようになっている。このような法人の設立・運営を行う個人を**社会的企業家**（＝ソーシャル・アントレプレナー）という。

2　NPO法人の活動

　NPO法人は特定非営利活動促進法（1998年施行）によって規定される特定非営利活動に従事する（**表XVI-1**）。内閣府による2014年度のアンケート調査（任意の4800法人を対象に2014年8月22日から9月30日実施，回答率29.9％［1343法人］）

▷**社会的企業**
⇨第XIV章「社会的企業」
▷**ソーシャル・ビジネス**
⇨XIV-2「ソーシャル・ビジネス」
▷**社会的企業家**
⇨XIV-1「社会的企業とソーシャル・イノベーション」
▷**認定特定非営利活動法人**
特定非営利活動法人のうち，審査を受けて，一層公益性が高い団体であると国税庁長官が認める法人のこと。寄付金に対する税の控除，ほかの法人による寄付金を経費として算入できる限度額の増大，相続税の非課税化，収益事業からの利益を非収益事業に使用した場合の減税措置（＝みなし寄付金制度）による減税が許可される。

表Ⅶ-1 特定非営利活動促進法によるNPO法人の活動分野20

①保険, 医療または福祉の増進, ②社会教育の推進, ③まちづくりの推進, ④観光の振興, ⑤農山漁村または中山間地域の振興, ⑥学術, 文化, 芸術またはスポーツの振興, ⑦環境保全, ⑧災害救援, ⑨地域安全, ⑩人権擁護または平和の推進, ⑪国際協力, ⑫男女共同参画社会の形成の促進, ⑬子どもの健全育成, ⑭情報化社会の発展, ⑮科学技術の振興, ⑯経済活動の活性化, ⑰職業能力の開発または雇用機会の拡充の支援, ⑱消費者保護, ⑲これらの活動を行う団体の運営または活動に関する連絡, 助言, 援助, ⑳これらの活動に準じる活動として都道府県または指定都市の条例で定める活動

出所:内閣府のホームページより筆者作成。

によれば,「保険, 医療または福祉の増進を図る活動」(**認定・仮認定法人**:51.6%, 非認定・非仮認定法人:36.9%)が最も多く, 2番目に多い「子どもの健全育成を図る活動」(認定・仮認定法人:10.3%, 非認定・非仮認定法人:10.5%)と比べても著しく多い。このことは, 1970年代から1980年代の福祉国家の危機的状況に対する民間の対応, および1990年代以降の**新自由主義**的な民営化政策を背景として, 市民による自発的な参加に基づく公益活動の制度化が行われ, 福祉NPOの事業化が進んでいることによる。特に1990年代以降は, 特定非営利活動促進法, **公的介護保険制度**(2000年), 障害者自立支援法(2006年, 2013年から障害者総合支援法)の制定・施行, および高齢者福祉や障害者福祉のニーズの増大を受けて新しく事業型NPO法人を立ち上げる事例が増えている。

20世紀の資本主義先進国では, 社会福祉サービスは政府機関, 自治体, 自治体から事業委託を受けた社会福祉法人など公的非営利組織によって供給されてきた。公的非営利組織の財源は主に国民や住民の税金である。1970年代の2度にわたるオイルショックやそれ以降の景気変動によって国家の財源(税収入)が悪化し, 福祉国家の危機が議論されるようになった。20世紀の先進国に見られる福祉国家の構築方法は経済成長による福祉の充実という方法と, 家族や市場では十分に満たすことのできない福祉の責任を国家が引き受けるという方法がある。そのどちらの方法も有効に機能しなくなるという状況が生じた。

このような状況の中で, たとえば日本では, 1980年代に地域住民による高齢者や障害者へのホーム・ヘルプ・サービス活動が発展した。このサービス活動は声掛け訪問, 配食, **地域リハビリテーション**, デイサービスなど多様である。この住民参加型の在宅福祉活動を法人化・事業化することを可能にしたのが, 特定非営利活動促進法, 公的介護保険制度, 障害者自立支援法(現, 障害者総合支援法)である。

NPO法人の活動に従事する人の意図は必ずしも政府や企業の代役や補完的役割を担うというものではない。その活動は使命感や問題意識に基づくものである。しかし, NPO法人の活動は結果的に企業や政府が充足できないニーズに対応する補完的役割を担っている。

▷**仮認定特定非営利活動法人**
設立5年以内の特定非営利活動法人で, スタートアップ支援のため審査を免除し, 3年間を期限として税制上の優遇措置を受けている法人のこと。この仮認定は1回だけ受けることができる。

▷**新自由主義**
⇒ⅩⅦ-4「NPO法人のパートナーシップ戦略」

▷**公的介護保険制度**
介護保険法に基づく新しい社会保障制度。40歳以上の人全員が介護保険加入者となる。

▷**地域リハビリテーション**
高齢者, 障害者, およびその家族が住み慣れた地域で一生安全にいきいきと生活が送れるよう, 地域の医療・保険・福祉および生活に関わるすべての人がリハビリテーションの立場から行う活動のこと。

(参考文献)
谷本寛治『ソーシャル・エンタープライズ』中央経済社, 2006年。
橋本理『非営利組織研究の基本視角』法律文化社, 2013年。

XVI NPO経営

NPO法人の経営

1 ミッションに基づく経営

　取引コスト理論によれば，企業組織の存在意義は**取引費用**を節減し**市場の失敗**や**政府の失敗**を克服するという経済合理性にある。**非営利セクター**の存在意義は企業・市場（第1セクター）と政府の政策（第2セクター）のいずれによっても十分に満たされない社会的ニーズを満たすという社会合理性にある。

　NPO法人は社会合理性を追求するために，当該組織が達成すべき目標としてミッションを掲げ，組織内外に周知徹底していく必要がある。P. F. ドラッカーによれば，NPO法人のミッションは，組織とその構成員が何に貢献するのかを明確に知ることができるように行動本位で事業を定義するものでなければならない。事業を定義するために，顧客にとっての価値を考え，自らの組織の強みがその顧客にとっての価値を満たすことに対して有効かどうか，またその価値の充足にコミットメントできるかを問う必要があるという。

　NPO法人はミッションをボランティアや有給職員に達成目標として内面化するために，研修や教育のための会合を開催することがある。また日々の活動が合目的的であったかどうかを評価し，その成果をフィードバックすることによってミッションと活動の関連性を常時，意識させることが重要である。そうすることによって，多様な人材の集団としてのNPO法人は組織としての一体性を獲得・維持することができる。

2 NPO法人の活動の評価

　NPO法人の活動分野は，特定非営利活動促進法の規定によって20種類ある。その活動の評価は，評価対象となる組織，評価を行う主体，目的，手法などによって多様である。NPO法人は善行という意識から組織の効率性と**有効性**に対する意識の低さや無責任を生じさせるリスクを抱えている。このリスクを抑制し活動を改善することに対して，NPO法人自らによる点検・評価は役に立つ。NPO法人による自己点検・自己評価はPlan（計画）— Do（実行）— Check（点検）— Action（改善）という4つの管理活動を循環的に行うPDCAサイクル，類似の活動を行うほかの団体との比較および**ベンチ・マーキング**などが効果的なツールであると言われている。またNPO法人は，個人や企業および助成団体に情報開示することによって，自己点検・自己評価の結果とプロ

▷**取引コスト理論**
市場取引と組織内取引のそれぞれにかかる費用の観点から，より効率的な取引形態として市場と組織のどちらが選択されることを説明する経済理論。

▷**取引費用**
取引コスト理論が想定する取引費用には，たとえば取引の相手や条件を探索するための「情報探索の費用」，取引相手と交渉する際の「交渉・意思決定の費用」，および契約後の監視や警告に係る「契約締結・履行のための費用」などがある。

▷**市場の失敗**
市場取引によって資源の効率的配分が達成されないこと。伝統的な経済学によれば，需要者と供給者が多数存在する完全競争市場の下では価格メカニズムが機能し，資源配分の効率性が達成される。完全市場は経済学が作り上げた架空の市場であり，実際は必ず非効率が生じる。組織はその非効率を解消する手段であるという考え方。

▷**政府の失敗**
政府の経済政策が意図した通りの成果を上げられず，経済的非効率が生じること。その非効率を解消する手段的装置として市場メカニズムがあるという考え方。

▷**非営利セクター**
経済学では企業によって構

セスを，組織の透明性の獲得・維持，および資金調達のためのマーケティング活動に利用できる。

NPO法人はコンサルティング会社や中間支援機能を担うNPO法人への委託，同業者による検証（＝ピア・レビュー）などによって外部主体による評価を受けることもできる。ここで中間支援機能を担うNPO法人とはNPO法人の活動を支援するNPO法人であり，資源提供者とNPO法人の仲立ち，事業活動のノウハウの提供，各種サービスの需給のマッチングなど（＝中間支援機能）を行う団体である。

3 資金調達戦略

NPO法人の活動分野は市場取引では収益が見込めず，かつ一定の規模になっていないため政府が取り上げるべき問題として認知されない問題領域である。NPO法人はその問題領域に対して非営利を条件として参入し，事業を継続していかなければならない。事業を継続していくためには資金が必要である。

NPO法人による資金調達の方法は(1)会員からの会費，(2)個人・企業・財団等による寄付，(3)政府・自治体・企業・財団等による助成・補助，(4)財・サービスの受け手（＝NPO法人の顧客）からの代価，および(5)個人・金融機関からの借入がある。内閣府による2014年度のアンケート調査によれば，NPO法人の収益に占める割合（有効回答数1294団体）は事業収益（63.6％），補助金・助成金（17.3％），寄付金（11.1％），会費（6.1％），その他（2％）の順に多い。借入については（有効回答数1327団体），借入無しが68.2％を占めている。NPO法人は寄付金を活動の資金源にしていると一般的に思われがちだが，実際にはNPO法人としての本来の活動または本来の活動を資金面で支援するための副業としての収益性事業によって，活動資金を獲得するようになっている。

一方で，「必要と考える行政による環境整備」については（有効回答数1326団体），「法人への資金援助」という回答が認定・仮認定法人（58.7％）および非認定・非仮認定法人（63.7％）を問わず最も多い。多くのNPO法人が資金面で，経営の自立性を獲得しようと試みているものの，現在では自らの事業によって十分な活動資金が得られていないと思われる。

NPO法人による資金調達が困難な原因は，副業として収益性事業を営む場合も本来の事業との整合性が条件となること，また営利企業やほかのNPOとの競争などである。アドボカシー活動や運動を中心とするNPO法人の場合，財・サービスの受け手は存在しないため，事業収益はますます見込みづらい。上記の内閣府の調査では，「収入源の多様化」が課題であると回答しているNPO法人が多い（56.3％，有効回答数1337団体）。また今後は，多くのNPO法人が行政からの事業の受託（44.5％），市民・行政・企業等との共同事業の展開（42.0％）による資金調達を試みようとしている。

ⅩⅦ-3 NPO法人の経営

成される経済活動分野を第1セクター，政府による活動分野を第2セクターとし，非営利組織によって構成される活動分野を第3セクターと呼ぶ。ただし，日本では官民共同の事業活動を第3セクターと呼ぶため，非営利セクターをサード・セクターまたはボランタリー・セクターと呼ぶこともある。

▷1 ⇨ ⅩⅦ-2「NPOの類型とNPO法人の活動」

▶組織の有効性

C. I. バーナードによれば，組織の有効性とは組織の目的が達成される度合いである。

▶ベンチ・マーキング (benchmarking)

類似の活動を行う団体の優良事例（ベスト・プラクティス）と比較分析を行い，その分析対象とする事例を到達目標として設定すること。

▷2 ⇨ ⅩⅦ-2「NPOの類型とNPO法人の活動」

（参考文献）

田尾雅夫・吉田忠彦『非営利組織論』有斐閣アルマ，2009年。

P. F. ドラッカー／上田惇夫訳『非営利組織の経営』ダイヤモンド社，2007年。

XVI　NPO経営

NPO法人のパートナーシップ戦略

NPO法人によるパートナーシップの構築

NPO法人はたとえばまちづくり，環境保全，教育，医療・保険・福祉などの活動を行政組織や企業とのパートナーシップによって展開することが多い。パートナーシップとは，「複数の組織が連帯・協働することで，別個に活動することによっては実現が困難な目的を達成しようとすること」である。

NPO法人は，小規模組織であることが多く，経営資源（人的資源，物的資源，財務的資源）が不足しがちである。この経営資源の不足を補うために，NPO法人は行政組織や企業と積極的にネットワークを形成し，相互依存関係＝パートナーシップを構築する戦略を採用することがある。

NPO法人がパートナーシップを構築する主な方法は，行政組織や企業との契約の締結，相手の組織の関係者を自組織の理事メンバーに据える人材の吸収（＝コープテーション），自組織と活動領域が同じ組織との連合の形成である。特にコープテーションと連合の形成は補助金や寄付金の維持・獲得のために利用されることが多い。また連合の形成は行政組織とパートナーシップではなく，NPO法人がアドボカシー（＝政策提言）活動を行って行政組織と敵対する時にも採用される。そうすることによってNPO法人は団結して交渉力を高めることができるからである。

② 行政とのパートナーシップ

20世紀の資本主義先進国では，1920年代までアダム・スミス以来の**自由主義経済政策**，世界恐慌から1960年代まではケインズ流の**修正資本主義経済政策**を採ってきた。その結果，公共サービスは行政主導でコントロールする領域が多くなり，行政の財政難と非効率性の解消が課題となった。

この課題に対して，1970年代以降，企業やNPO法人などの民間セクターの活用による小さな政府を志向する**新自由主義的経済政策**が次第に採られるようになった。特に1980年代後半以降，行政組織が担っていた社会サービスの供給について，規制の緩和と撤廃を行い，民間組織に委託したり（アウトソーシング），行政組織が撤退したり（民営化）するようになった。行政組織にとってNPO法人は，公平性や画一性にとらわれることなく社会サービスを供給するための効率的かつ有効な手段である。

▷**自由主義経済政策**
国家が個々の経済主体の経済活動に干渉せず，個人の経済活動の自由を保障すれば，市場原理によって自然調和的に個人の私的利益と社会全体の経済的利益が促進されるという考え方（＝自由主義経済学）に基づく経済政策。

▷**修正資本主義経済政策**
政府が経済に介入して，失業や恐慌などを解消および抑制するという考え方に基づく経済政策。

▷**新自由主義的経済政策**
個人の経済活動の自由や市場原理を再評価し，政府による経済への介入を最低限にするべきという考え方（＝新自由主義）に基づく経済政策。

行政組織に代わって社会サービスを継続的に供給するために，NPO法人はその財源を行政組織からの委託金や補助金，および企業やその他のNPO法人からの寄付金に頼ることが多い。NPO法人が行政組織に代わって社会サービスを供給し，その活動に必要な資金を行政組織が提供するという関係は行政組織とNPO法人のパートナーシップとして議論されている。

3 企業とのパートナーシップ

企業とNPOとの関係には敵対関係，協働関係，競争関係がある。たとえば雇用や労働の改善を目的とする「働き方ASU-NET」のように告発型・運動型の活動を行うNPO法人はしばしば企業と敵対的関係にあるかもしれない。このタイプのNPO法人の活動を企業が積極的に受容する場合，企業とNPO法人は協働関係を構築することができる。

企業は**企業の社会的責任（CSR）**の1つとして，NPO法人とのパートナーシップを構築することがある。企業とNPO法人のパートナーシップはNPO法人への寄付金だけでなく，環境保全，国際協力，子どもの健全育成，保険・医療・福祉などを協働して行う事例が見られる。NPO法人「パートナーシップ・サポート・センター」は自薦または他薦によって応募のあった企業とNPO法人のパートナーシップを一定の基準で審査し，優れている事例を表彰している。2015年2月現在で第11回目の表彰式が行われている。

新自由主義的経済政策の下での規制緩和と民営化は，企業にとってビジネス・チャンスを提供している。NPO法人が活動資金の獲得を目的として展開する事業型活動はしばしば企業と競争関係になることがある。企業間の競争関係と同様，企業とNPO法人の競争関係は，社会サービスを洗練する可能性がある。その意味で競争関係は，パートナーシップと類似する機能を持つ，市場における敵対関係といえよう。

4 NPO法人のパートナーシップ戦略の課題

NPO法人が行政組織や企業とパートナーシップを構築することに対する懐疑的な見方がある。たとえば，行政組織や企業に経営資源を過度に依存することによってNPO法人の自立性とアドボカシー性を削ぐ危険性である。また行政組織からの事業委託，および企業との協働的活動はNPO法人を下請機関のようにしてしまうという指摘もしばしばなされている。NPO法人の自立性とアドボカシー性および下請け化は当事者組織間の関係の持ち方の問題であり，たとえば行政組織による事業委託金や補助金，および企業からの経営資源の提供などそれら自体の欠陥ではない。相互に依存し合う関係と同時に緊張感ある関係を構築していくことが，NPO法人によるパートナーシップ戦略の課題である。

▷企業の社会的責任（CSR）
⇨V-1「CSRとはなにか」を参照。

参考文献
岸田眞代『企業とNPOのパートナーシップ』同文舘，2006年。
田尾雅夫・吉田忠彦『非営利組織論』有斐閣アルマ，2009年。
宮永健太郎『環境ガバナンスとNPO：持続可能な地域社会へのパートナーシップ』昭和堂，2011年。

XVII 新しい出資形態と企業

1 公共サービスの民営化と PFI

1 公共サービスの民営化

　従来，国や地方自治体などの政府は，市民が円滑に日々の生活を送ることができるよう，さまざまな**公共サービス**を提供してきた。しかしながら，公共サービスの提供への支出が政府の財政を圧迫するケースは少なくない。また，より多くの人々に安定的にサービスを提供するために，公共サービスの提供機関は競争から守られていることが多く，その結果非常に効率性の低い経営が行われている場合が少なくない。

　これらの政府中心の公共サービスの提供が抱える問題点の解決策の1つに，公共サービスの提供を政府から民間に委ねる民営化がある。国有企業の株式が営利追求を目的とする一般の株主によって保有されるようになれば，その企業はより効率的な経営を目指すようになる。また，公共施設などの運営を民間事業者の手に委ねれば，政府の財政支出も減り，さらに民間事業者の経営ノウハウや技術なども活用できるため，より質の高いサービスの提供が可能になる。

2 民営化と PPP

　民営化は，1970年代末頃からイギリスで本格的に展開されて以降，日本をはじめとする各国で普及してきた。当時のイギリスでは，公共サービスの非効率な提供と財政の逼迫が深刻な社会問題となっていた。だが，公共サービスの提供を民間の手に委ねることにはリスクもある。たとえば，事業の効率性を追求するあまり，不採算事業からの撤退を理由に，必要な公共サービスの提供が停滞してしまう恐れがある。また，政府の保護や監視が無くなり激しい競争にさらされれば，倒産のリスクも高まる。加えて，株式を公開する場合には，敵意や悪意を持った投資家などに，公共サービスの提供機関が乗っ取られてしまう恐れもある。

　このような公共サービスの極端な民営化のデメリットを避けると同時に，経営の効率の向上など民営化によるメリットをも享受しようとする方策に，官民パートナーシップ（Public-Private Partnership：通称 PPP）がある。PPP は，政府と民間が連携・共同して公共サービスを提供する取り組みである。PPP は，民営化の先進的な国であったイギリスで2000年代に生まれ，その後各国に広まっていった。日本でも，2000年以降，市庁舎などの施設では，受付・案内業務，

▷**公共サービス**
国や地方自治体が，一個人の利益（私益）のためではなくより多くの一般市民の利益（公益）のために提供するサービス。電気ガス水道といった生活インフラのほか，治安，医療・衛生，道路，保険など，さまざまな分野のものが存在する。

▷**指定管理者制度**
2003年に導入された，従来の管理委託制度に代わる「公の施設」の管理委託制度。「公の施設」は地方自治法に登場する概念で，住民が共同で使用する「公共施設」に相当する。指定管理者制度の導入により，「公の施設」の管理委託先の対象が，従来の公共団体・公共的団体から，民間事業者にまで拡大された。

▷**PFI の方法**
PFI には，公共施設等の設計，建設，運営における民間の関わり方の違いによってさまざまな方法がある。イギリスでは，公共施設を建設した民間事業者が，一定期間所有権を保持したまま運営を行った上で，政府に所有権を移管する BOT（Build・Operate・Transfer）方式が多く取られている。BOT 方式を採用する場合には，施設建設後に所有権をすぐに政府へ移管しないため，民間事業者の

情報処理業務，清掃業務といった業務の一部を民間にアウトソーシングする動きが広まっている。また，2003年には，公共施設の管理を民間事業者に代行させることを認める，**指定管理者制度**が導入されている。

3 PFI

公共サービスの提供の民間委託に際し，民間の資金を積極的に活用していこうとするPPPの方法にPFI（Private Finance Initiative）がある。PFIは，既存の公共施設等の運営のみならず，公共施設等の設計や建設においても民間の資金や経営ノウハウ，技術力などを活用するPPPの方法である。PFIは，民間資金の活用を前提としているため，委託料を支払うなど政府の費用負担を前提としているアウトソーシングや指定管理者制度などは含まれない。

PFIの方法には，さまざまなものがあるが，政府の負担の軽減の観点から，近年特に注目を集めているのが，公共施設等の設計や建設にかかる費用を民間に負担させるPFIの方法である。わが国で一般的なのはBTO（Build・Transfer・Operate）方式である。これは，契約後，民間事業者が自己負担で公共施設等を建設し，その完成した施設等の所有権を政府に移管した後に，民間事業者がその施設等を運営する方式である。

PFIとして行われる事業は，できるだけ少ない費用でできるだけ価値の高いサービスの提供を目指すという，**バリュー・フォー・マネー**の考え方に立脚している。PFI事業の実施や業者の選定などにおいても，PFI後に想定されるVFMの優劣がかなり大きな判断基準となる。

日本では，1999年に**PFI法**が施行されて以降，この法律に基づくPFI事業は年々増加してきた（図XⅧ-1）。

▷ 自由を高めることによる施設のより効率的な運営などが期待される。

▷ **バリュー・フォー・マネー（Value for Money：VFM）**
できる限り少ない費用でできる限り高い価値の提供を目指すという考え方。PFI事業全体の過程（施設・設備の設計・建設から管理・運営の終了まで）でかかる費用をライフサイクルコストとし，PFIによりライフサイクルコストがどれだけ軽減されたかを重視する。個別のPFI事業のVFMは，PFIにより低減されたライフサイクルコストを，従来のライフサイクルコストで割り，それを100倍すること（パーセンテージ化）で算出される。

▷ **PFI法**
「民間資金等の活用による公共施設等の整備等の促進に関する法律」の通称。1999年に制定・施行された。日本のPFI事業はこの法律に基づいて行われることから，PFI法と呼ばれる。

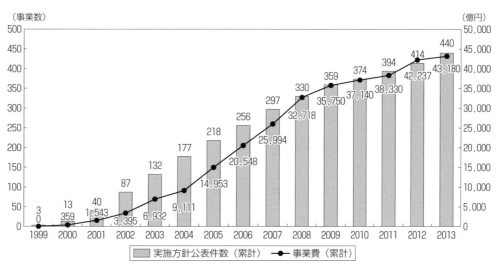

図XⅧ-1　日本におけるPFIの累計事業数・費の推移（平成26年度末時点）

出所：内閣府　民間資金等活用事業推進室『PFIの現状について』2014年（http://www8.cao.go.jp/pfi/140331_pfi_genjyou.pdf　2015年3月2日アクセス），4頁。

第4部　新しい価値を追求する企業

XVIII　新しい出資形態と企業

 コンセッション方式：新たなPFIの方式

コンセッション方式

　PFIは公共施設等の設計，建設，資金調達，管理などを民間事業者に委託することを特徴としている。だが，一から新しく設計，建設する必要がない既存の公共施設等の民営化においては，その運営（施設等の管理，資金調達など）だけを民間事業者に委託すればよい。既存の公共施設等の運営権を入札などを経て，民間事業者に売却する手法は，コンセッション方式と呼ばれる。なお，事業運営に必要な新たな設備投資（拡張工事，修理費用など）の費用は，運営権を委託された民間事業者が負担するため，コンセッション方式はPFIの手法の1つとして位置づけられる。

　コンセッション方式の下での公共施設等の運営は，この運営を目的に民間の出資によって設立される特別目的会社（Special Purpose Company：SPC）が実施する。コンセッション方式は**独立採算型**のPFIであり，事業の運営費は特別目的会社が自力で賄わなければならない。この点で政府からの委託料（サービス料）を財源に，民間事業者が事業を運営する**サービス購入型**のPFIとは大きく異なっている。

② アフェルマージュ方式

　コンセッション方式に類似するPFIの手法に，フランスのアフェルマージュ方式がある。アフェルマージュ方式は，民間事業者に公共施設等の運営権を委ねる点ではコンセッション方式と共通している。しかしながら，アフェルマージュ方式の下では，コンセッション方式とは異なり，民間事業者は運営する公共施設等のリース料を，発注者（政府等）に対して支払わなければならない（図XVIII-2）。たとえば，上下水道設備のPFIにおいて，民間事業者が施設のリース料を支払っている場合には，そのPFIはコンセッション方式ではなく，アフェルマージュ方式である。

　また，コンセッション方式の下では，契約後の新たな設備投資にかかる費用は民間事業者が負担する。これに対し，アフェルマージュ方式の下では，民間事業者が施設等のリース料を支払う代わりに，契約後の設備投資にかかる費用は政府が負担する。契約後に巨額の新規設備投資が必要でない場合には，コンセッション方式よりもリース料を受け取れるアフェルマージュ方式を採用した

▶独立採算型
PFIの過程における財務上の責任を民間に委ねるPFIの方法。独立採算型の下では，利用者が施設の利用の際などに支払う料金が主な収入の源泉となる。

▶サービス購入型
独立採算型とは異なり，PFIの過程における財務上の責任を民間に委ねないPFIの方法。サービス購入型の下では，政府が民間事業者に対価を支払うため，独立採算型よりも安定した経営が期待できる。なお，PFIには，事業費を政府からの対価と利用者から徴収する料金の両方で賄う，独立採算型とサービス購入型の両方の特徴を兼ね備えたミックス型も存在する。

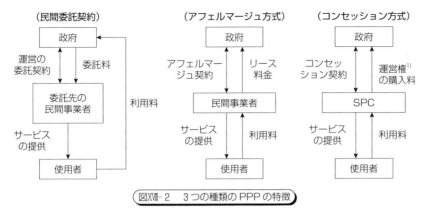

図XVII-2　3つの種類のPPPの特徴

（注）1）日本のPFI法では、「公共施設等運営権」と規定されている。
出所：国土交通省『PPP/PFI手法の整理とコンセッション方式の積極的導入のための展開について』
（http://www.mlit.go.jp/common/001003171.pdf）2頁、を基に筆者作成。

方が，政府が得られる利益は大きくなる。なお，資金調達面における民間事業者の負担が少ないことから，アフェルマージュ方式はPPPではあるがPFIではないとする見方もある。

3　日本におけるコンセッション方式の展開

　日本では，既存の公共施設・設備の非効率な運営と財務状況の改善が大きな課題となっており，2010年以降，コンセッション方式の進展に向けた取り組みが積極的に展開されてきた。2011年5月には，PFI法が改正され，日本でもコンセッション方式による民営化を実施することが可能となった。その後，日本政府は，2013年に，2022年までの10年間で12兆円規模のPPP事業を実施し，そのうち2～3兆円をコンセッション方式で実施することを目標として掲げた。2014年には，12兆円の達成目標年は2022年から2016年度末へと前倒しされ，2016年度末までに19件のコンセッション方式（空港6件，上水道6件，下水道6件，道路1件）を実施することが目標として掲げられた。

　日本政府が目標として掲げる上下水道，道路，空港の民営化の中では，空港が最もコンセッション方式の導入が進んでいる。2013年には，民活空港運営法が成立・施行され，空港の民営化においてコンセッション方式を採用することが可能になった。2014年10月には，2012年に経営統合を果たした関西国際空港と大阪国際空港の運営権の入札が，日本初のコンセッション方式による民営化の案件として開始されている。このコンセッション方式の目的は，運営権の売却益による関西国際空港が抱えていた1兆円を超える借金の返済，およびより効率的な空港経営を実現することにある。

▷1　本段落の内容は，『日本再興戦略』などの官邸・内閣府による公表資料を参照のこと。

XVIII　新しい出資形態と企業

3　クラウドファンディング：群衆からの資金調達

1　クラウドファンディングの概要

インターネットを通した不特定多数の人々からの資金調達方法は，クラウドファンディング（crowdfunding）と呼ばれる。「クラウドファンディング」という用語は，群衆（クラウド）と資金調達（ファンディング）を掛け合わせた言葉である。クラウドファンディングは，銀行や株式市場などから大規模な資金調達を行うことが比較的困難な中小企業や起業家にとって，重要な資金調達手段となっている。世界のクラウドファンディングの市場規模は，2012年時点で27億ドルに上り，2013年には51億ドルに上ると予測されている。

クラウドファンディングの下では，出資を募る者と出資に応じる者のマッチングは，プラットフォームと呼ばれるウェブサイト上で行われる（図XVIII-3）。出資を募る者は，出資を必要とする事業の概要をウェブサイトに掲載し，出資を募る。プラットフォームの閲覧者の中で出資に応じる者がいれば，資金を調達することができる。とりわけ，**社会的企業**など収益を目的としない企業や起業家などによる資金調達においては，その事業の理念や社会的意義などを，出資者に共感してもらうことが重要である。なお，クラウドファンディングでの資金提供表明は，一般に「コミットメント」とも呼ばれる。

また，クラウドファンディングの資金調達方法には，募集期間内にあらかじめ設定した目標金額に達して初めて資金を調達できる「オール・オア・ナッシング（All or Nothing）」，および目標額に達しなくても資金を調達できる「キープ・イット・オール（Keep it All）」の2種類がある。

▷ 1　Massolution ホームページ（http://research.crowdsourcing.org/2013cf-crowdfunding-industry-report　2015年3月10日アクセス）。

▷社会的企業
⇨ XIV-1　「社会的企業とソーシャル・イノベーション」

図XVIII-3　クラウドファンディングの仕組み

出所：筆者作成。

❷ クラウドファンディングの種類

クラウドファンディングは，①寄付型，②購入型（報酬型），③貸付型，④投資型の4つの種類に分けられる。まず，第1の寄付型は，出資に対する見返りが何もない寄付として，出資を募る方法である。

次に，第2の購入型は，出資によって完成した製品・サービスなどを見返りに，出資を募る方法である。そして，第3の貸付型は，元本と利息（見返り）の返済を約束して，出資を募る方法である。なお，貸付型クラウドファンディングは，ソーシャル・レンディング（social lending）とも呼ばれる。

最後に，第4の投資型は，事業収益の配当を見返りに，株式の売却により出資を募る方法である。投資型のクラウドファンディングは，さらに，(1)株式型と(2)ファンド型の2つのタイプに分類される。株式型の下では，出資者が出資先の企業の株式を購入することで資金提供が行われる。これに対し，ファンド型の下では，出資者が出資先と**匿名組合契約**を結ぶことで資金提供が行われる。

❸ 日本におけるクラウドファンディングの展開

日本では，クラウドファンディングのプラットフォームは，2000年代後半頃から登場し始めた。2008年に貸付型クラウドファンディングのプラットフォーム「maneo」（マネオ）が開設され，2009年には投資型（ファンド型）クラウドファンディングのプラットフォームである「セキュリテ」が開設されている。

その後，日本では，2011年の東日本大震災の発生を契機に，被災地の支援を目的とする寄付型や購入型のクラウドファンディングが増加した。また，金融商品取引法の規制の対象とならない寄付型や購入型は，貸付型や投資型よりも参入が容易である。このような中で，2011年以降，手数料などの収入が見込める，購入型のクラウドファンディングのプラットフォームが相次いで開設された。

日本では，株式型クラウドファンディングは**第一種金融商品取引業**に該当し，ファンド型や貸付型よりも厳しい規制を受ける。また，第一種金融商品取引業を運営する事業者の団体である，**日本証券業協会**が非上場株式の勧誘を原則禁止している。このような中で，日本では，株式型クラウドファンディングを展開するプラットフォームは存在しない現状にある。

もっとも，日本政府は，2013年頃から，資金調達手段としての投資型クラウドファンディングの活用を大きな課題としている。2014年5月には，投資型クラウドファンディングの規制緩和を目的とする「**金融商品取引法等の一部を改正する法律**」が成立し，投資型クラウドファンディングの規制が緩和された。また，日本証券業協会も，少額（発行総額1億円未満，1人当たりの投資額50万円以下）の株式型クラウドファンディングの解禁案を含む，自主規制規則の改正案を公表している。

▷**匿名組合契約**
出資者（匿名組合員と呼ばれる）と事業者（営業者と呼ばれる）間の出資に関する契約の1つ。特定の事業等（営業と呼ばれる）に対して，その事業等を通して得られると見込まれる収益の分配を見返りに，出資者から資金を集める資金調達方法。

▷**第一種金融商品取引業**
金融商品取引業の種類の1つで，金融商品取引業の最も厳しい規制がかけられる。株式の売買や店頭デリバティブ取引などが含まれる。

▷**日本証券業協会**
第一種金融商品取引業を運営する事業者の団体。加入は任意であるものの，日本国内で活動するすべての証券会社が加入しており，日本の証券業界において非常に大きな影響力を有している。

▷**金融商品取引法等の一部を改正する法律**
投資型クラウドファンディングの規制緩和を目的に制定された法律。この法律により，株式型のプラットフォームの運営会社の最低資本金額が5000万円から1000万円に，ファンド型のプラットフォームの運営会社の最低資本金額が1000万円から500万円に引き下げられた。また，投資家保護のための情報提供やベンチャー企業の自主規制のチェックも義務付けられた。

第4部　新しい価値を追求する企業

XVIII　新しい出資形態と企業

4　プロボノ：専門知識を活かした社会貢献活動

1　プロボノ

　新しく事業を興す起業家の中には，経営の未経験者も少なくない。また，設立間もない企業や営利を目的としない非営利組織などが，財務や法務，情報処理といった専門性の高い業務を自力で行うことは容易ではない（図XVIII-4）。このような中で，出資ではないものの，非営利組織を中心に人的資源の調達手段として注目が高まっているのが，プロボノ（pro bono）と呼ばれる専門家らによる社会貢献活動である。

　プロボノとは，自身の職業を通して培った専門知識やノウハウなどを活かしながら，社会貢献を目的に行われるボランティア活動のことである。プロボノは，ラテン語の「公共善のために」を意味する，「プロ・ボノ・パブリコ（pro bono publico）」に由来する。プロボノは，企業にとっても，社会貢献活動の実績としてのイメージアップにつながるほか，社員が自身の仕事の意義や価値を実感しやる気を高めることができるといったメリットも期待できる。

　プロボノは，ボランティア活動の一種であるものの，専門的な知識やノウハウを活用するという点で，一般的なボランティア活動とは大きく異なっている。たとえば，経営コンサルタントや企業のマーケティング担当者などが**社会的企業**の経営を無償でサポートすることや，システム・エンジニアが非営利組織の

▷**社会的企業**
⇨ XIV-1「社会的企業とソーシャル・イノベーション」

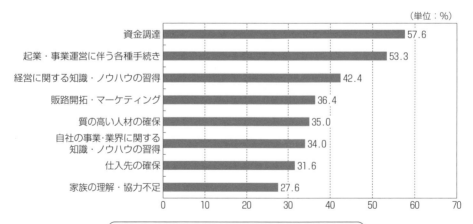

図XVIII-4　本業の売上がない萌芽期の企業が抱える主な課題

（注）　回答企業数4044社，調査年2012年。
出所：三菱UFJリサーチ＆コンサルティング「平成24年度 中小企業の起業環境に関する調査 報告書」経済産業省，2013年，25頁を一部修正。

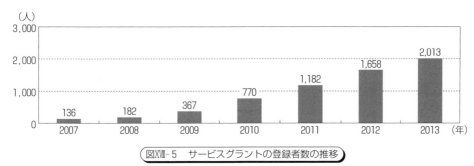

図XⅧ-5　サービスグラントの登録者数の推移

出所：サービスグラント『サービスグラント年次報告書2013』2013年，6頁。

ホームページの作成を無償で手伝うことなどは，プロボノである。これに対し，地域住民による地域の清掃活動や募金活動などはプロボノではない。

2　法曹界のプロボノ

　もともと，プロボノは，アメリカにおいて，弁護士を中心とする**法曹**の公益活動として広く知られていたものである。法曹界でのプロボノ活動は，法曹は巨額報酬目当てといった私益ではなく公益のために活動すべきであるとの理念に基づいている。**アメリカ法曹協会**は，その会員規則の中で，1983年にプロボノ活動の実施を会員に求め，1993年にはプロボノ活動を年間50時間以上実施することを目標として求めた。2012年時点で，弁護士に対し目標として50時間以上のプロボノ活動の実施を求めている州の数は25を超え，アメリカの弁護士の80％がプロボノ活動を行っている。

3　プロボノの普及

　弁護士を中心とする活動として知られていたプロボノだが，現在ではより幅広い職種の人々が参加する活動へと発展している。とりわけ，アメリカでは，2008年のリーマンショック以降，(1)企業の財務状況の悪化，(2)プロボノの普及に向けたアメリカ政府の企業への働きかけ，(3)再就職に向け専門能力の維持を望む失業者の増加などを背景に，プロボノに対する企業への関心が大きく高まっている。

　アメリカでのプロボノへの関心の高まりを背景に，日本でも，2000年代後半頃から，プロボノに対する関心が高まってきている。プロボノへの参加希望者とプロボノを必要とする団体をマッチングさせる団体の1つであるサービスグラントによれば，プロボノへの参加を希望するサービスグラントの登録者数は，2007年度の136人から2013年度の2013人へと急速に増加している（図XⅧ-5）。

▷法曹
裁判官や弁護士など法律を専門とする職業またはその職業に就いている人のこと。

▷アメリカ法曹協会（American Bar Association：ABA）
1878年に設立された全米規模の法曹の任意加入団体。もっとも，ロースクールの学生など，法曹以外の者でも加入ができる。その規模の大きさから，プロボノをはじめ，アメリカの弁護士の活動に大きな影響力を有している。

▷1　American Bar Association, *Supporting Justice III*, 2013, pp. vi-34.

▷2　嵯峨生馬『プロボノ：新しい社会貢献　新しい働き方』勁草書房，2011年，35-36頁。

第 5 部 経営戦略の理論と実際

guidance

　昨今，経営学の学習において，実践的な経営戦略論の必要性が広く認識されるようになってきている。そこでまずアメリカで研究が始められた経営戦略論の展開を1960年代から時代を追いながら検討していく。そして現在最も重視されている経営戦略論の1つであるM.ポーターの競争戦略論を詳しく学ぶことにする。

　企業の成長戦略において，M&A戦略はきわめて重要な地位を占めている。さまざまなM&Aの方法やその特長について考えてみる。これに加えて，現代企業の競争力強化のための重要な戦略の1つとなっている戦略的提携についても考えていく。

　日本企業はかつてM&Aに消極的であったが，今日M&Aを事業再構築の手段として積極的に活用するようになってきている。M&Aと戦略的提携はグローバル競争の中で，迅速にビジネス・チャンスを捉えるための重要な手段である。

XIX 経営戦略

経営戦略とは何か

1 経営戦略とは

企業経営を考える際，経営戦略という考え方は必要不可欠なものである。一般に，経営戦略に内包される事項は多岐にわたるため，使われる状況によって込められる意味が異なる場合もある。

これまでの先行研究を整理してみると，次のようなことが経営戦略の必要性に対する共通項として浮かび上がってくる。それは「経営環境との適合性」「現時点だけではなく将来を想定した時間軸の視点」「経営資源の蓄積と活用の方向性」である。

まず，企業は社会の中に存在し，**オープン・システム**である。それゆえに企業を取り囲むさまざまな経営環境からプラスの影響，マイナスの影響を受ける。企業が社会の構成要素として存続していくためには，経営環境との適合性を維持していかなければならない。また，企業はさまざまなステークホルダーとの関係の中で，長期的な活動をしていく存在，すなわち**ゴーイングコンサーン**であることを前提とする。したがって，常に長期的な成長と存続を目指した将来像を描きながら行動する必要がある。

2 プロダクト・ライフサイクル

もし，現在ある製品やサービスが大ヒットし高い利益を得ているとしても，時間の経過，社会状況の変化等の影響から将来も利益を出し続けていくことを保証するものではない。すべての製品やサービスには生物のような寿命があると考えることができ，これを「プロダクト・ライフサイクル」と呼ぶ。

図XIX-1に示されるように，製品やサービスが市場に導入される「導入期」から始まり，市場で急速に売れていく「成長期」，売上が安定する「成熟期」を経て，売れなくなる「衰退期」を迎え，最終的には市場から退場するという生命体のような寿命を持つ。この考え方に立つならば，現時点の好調な売上だけでは企業の将来的な存続は保証されない。現時点の好調さを維持しつつ，企業としての経営資源を培い将来に備えること，将来，企業を支える柱になる新しい製品開発に投資することなど，将来を想定した時間軸の中で考え行動する必要がある。

こうした時に企業が進むべき方向性とそれを実現していくための設計図とな

▷**オープン・システム**
(Open System)
環境から資源をインプットし，それを消費することを通じて，再び環境に何らかの資源をアウトプットするシステム（桑田・田尾，1998）。オープン・システムとしての組織である企業は，環境との相互作用の中で，存続，成長・発展，衰退していく存在となる。

▷**ゴーイングコンサーン**
(going concern)
企業規模の拡大や企業の社会性の増大により，企業はさまざまなステークホルダーとの関係を長期的に継続，発展させることが求められている。そのためには，中長期視点に基づいた経営戦略を確立し，遂行していくことが必要になる。 ⇒Ⅴ-3「CSRの理論的視座と実証研究」も参照。

るものが経営戦略である。この設計図の検討に際して，いくつか留意しなければいけない課題があり，また，できあがった設計図から実際に作り上げていく際にもやはり課題が存在する。現実社会の

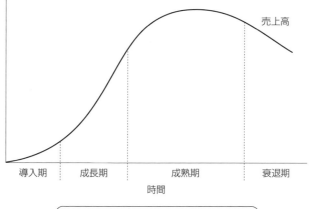

図XIX-1　プロダクト・ライフサイクルの推移

さまざまな企業活動，組織活動を手掛かりとしながら体系化されてきたのが経営戦略論である。

3　経営戦略の対象領域

経営戦略論と一言で称される場合が多いが，検討する課題の対象によって3つの種類に分けることができる。それは①全社戦略（corporate strategy）②競争戦略（competitive strategy）③機能別戦略（functional strategy）である。この機能別戦略については，マーケティング戦略や財務戦略といった個別専門領域の中で検討されることが多いテーマである。

全社戦略は全社レベルの広い視点で将来の成長に向けた望ましい状況にたどりつくためにどのように活動展開していくかを考える，トップ・マネジメントの意思決定を必要とする事項である。これは，後述するような経営資源の配分や多角化の問題が代表的な問題となる。こうしてトップ・マネジメントにより事業領域の確定がなされると，今度は，各事業単位でライバルとの競争に勝ち抜いていくためにどう競争優位性を確立していくかという点に議論が移っていく。これが競争戦略の観点である。最後に個別の機能（職能）領域において，決定された目標を実現するために具体的に何をすべきかが検討され，実施されていく。つまり，全社戦略は，将来のあるべき姿に向けた大きな見取り図であり，それを実現していくための具体的な事業の組み立て方を検討するのが競争戦略であり，その下で具体的な活動として機能戦略が遂行されるという関係性である。この3つの戦略が矛盾することなく一貫性を持って設計されることがきわめて大事である。

実現したい目標によって，注意すべき事柄や現象の捉え方も異なってくる。そのため，3つの領域のどの部分を解決するための戦略を検討しているのかということは意識されなければならない。

参考文献

加藤俊彦『競争戦略論』日経文庫，2014年。

網倉久永・新宅純二郎『経営戦略入門』日本経済新聞出版社，2011年（同書は19章，20章に関係する事項を網羅的に扱っている）。

桑田耕太郎・田尾雅夫『組織論』有斐閣アルマ，1998年。

XIX　経営戦略

　経営環境と企業の関係

　外部経営環境とは何か

　企業は社会の中に存在し，その中で長期的な存続を目指して活動する。その時考えなければいけないことは，企業は社会からの影響を受けるオープン・システムであるということだ。

　オープン・システムとしての企業が活動していく時，企業は外側にある要素から影響を受けることになる。このような企業の外側にあり企業に影響を与える要因のことを外部経営環境と呼ぶ。ヒット他の『戦略経営論』では，大きな範囲で企業に影響を与える外部経営環境として次の6種類を上げている（ヒット他，2014）。

- Demographic（人口統計上の変化）：たとえば年齢構成，年収構成，外国人比率などの問題。
- Economic（経済上の変化）：たとえば物価上昇率，金利，経済成長率，蓄財率等。
- Political / Legal（政治，法律上の変化）：たとえば労働法，独占禁止法，税法，規制緩和等。
- Sociocultural（社会環境の変化）：たとえば女性の社会進出，環境への意識，生活への意識等。
- Technological（技術上の変化）：たとえば技術・商品に関わる技術革新。
- Global（国際環境の変化）：たとえば国際関係，新興国の台頭等。

　この6種類の外部経営環境は相互に関連し合う部分もあり，業種や企業規模の違いを問わず，同時代に同社会で活動する企業ならば等しく直面する問題である。しかし，どの要素がどのような影響を及ぼすかという点ではすべての企業が同じわけではない。同じ要因がプラスに働くかマイナスに働くか，あるいは影響がないのかは業種や企業によって異なってくる。たとえば，今日，わが国は「少子高齢化社会の到来」という大きな問題に直面しているが，これは人口統計上の変化に起因する問題である。その結果，子どもや若年者を顧客として事業を行っていた産業では顧客層が縮小する。乳幼児向けの商品や玩具，教育やスポーツ用品など子どもに関わる産業ではすぐに影響が懸念されるが，いずれは労働人口の減少としてすべての産業に影響がある。一方で，高齢者向けビジネスは，大きな可能性がある。さらに，女性の社会進出の一層の促進も見

込まれるが，そのためには，これまで女性の社会進出の障壁となっていた課題を解決する必要がある。そこで，育児支援や生活サポートといった産業，あるいはITやロボットの技術を使い，より効果的な仕組みを構築するといった新しい産業が急成長していく可能性がある。

外部経営環境は企業の活動に対して大きな制約と可能性を与えるものとなる。現在，自社はどのような外部経営環境に取り囲まれているのか，そしてそこからどのような直接的な影響，間接的な影響を受けるのかを分析することが，経営戦略を検討する第一歩となる。

		外部経営環境から導き出される「機会」と「脅威」	
		自社の市場機会 (Opportunity)	自社の市場脅威 (Threat)
内部環境から導き出される自社の「強み」と「弱み」	自社の強み (Strength)	自社の「強み」を活かし，市場の「機会」に対応する方策は何か？	自社の「強み」を活かし，市場の「脅威」を回避する方策は何か？
	自社の弱み (Weakness)	自社の「弱み」を補い市場の「機会」に対応する方策は何か？	自社の「弱み」を補い市場の「脅威」を回避する方策は何か？

図XIX-2　SWOT分析の視点

2　内部経営環境とは何か

もう一つの経営環境が内部経営環境と呼ばれるものである。内部経営環境は，企業が保有する経営資源との関わりである。経営資源とは企業が企業活動を行う際に使用する資源である。それは企業が使える人的資源（ヒト），物的な資源（モノ），金銭的な資源（カネ），情報的な資源（情報）の4つに大別される。企業はこの4タイプの経営資源を利用しながら，財やサービスを生み出しているのである。そして，これら経営資源については，企業ごとに保有している資源の質に差異がある。

▷1　⇨XIX-4「経営資源と事業の多角化」で詳述。

3　SWOT分析の視点

以上，外部経営環境と内部経営環境の2種類の経営環境に注目することを見てきたが，この2つの視点を組み合わせることで，代表的な分析フレームワークが示される。それがSWOT分析である。同じ外部経営環境に直面していたとしても，そのことが自社の市場機会として有利に働くか不利に働くのかは企業によって異なる。また，外部経営環境は自社の意思とは関係なく絶えず変化していく存在であることは注意しなければならない。

外部経営環境の分析と検討から市場におけるOpportunity（機会）とThreat（脅威）を導き出す。そして，自社の内部環境を分析することにより，自社のStrength（強み）とWeakness（弱み）を導き出す。機会・脅威と強み・弱みをそれぞれ組み合わすことで，検討すべき，4タイプの戦略課題が明らかになる。このような視点は戦略を策定する際の大きな指針となる。

▷ SWOT分析
SWOT分析が考える外部環境と内部環境への注目という視点は，事後的に成功企業の戦略を分析していく時にも有効であり，経営学を学習する際に「ケーススタディ」「事例研究」などでも使用しやすい分析枠組みである。

参考文献
マイケル・A.ヒット，R.デュエーン・アイルランド，ロバート・E.ホスキソン／久原正治・横山寛美監訳『戦略経営論：競争力とグローバリゼーション［改訂新版］』同友館，2014年。

XIX 経営戦略

3 企業ドメイン

1 ドメインの決定の必要性

　企業は社会の中で活動する存在であり，その活動領域を自ら定めることができる。事業の可能性は無限に存在するが，実際にはそれら可能性からどこかに事業活動領域を決めなければならない。このような企業の事業活動領域のことをドメイン（domain）と呼び，ドメインの決定は経営戦略の策定と密接に関係する。企業にとって，ドメインを決定することは，大きく2つの意味を持つ。まず1つ目の意味は，事業活動領域の明確化である。それは事業において直接戦う競合企業が誰なのかということを特定することにつながる。2つ目の意味は，ドメインの決定を通じ，自分たちがどのような企業なのか，どのような価値を提供しようという企業なのかという企業の基礎を規定することができる。それは，その企業らしさとは何かというアイデンティティの確立につながる。企業としてのアイデンティティの確立は，企業内外に企業の進むべき方向性を示し，組織としての一体感を醸成することに効果的である。

2 企業ドメインの決定とマーケティング近視眼の問題

　それでは，企業が自社のドメインを決定していく際に，どのようなことを検討していけばいいのだろうか。ドメインの決定は企業の進むべき方向性に影響を与える問題となってくる。

　企業が自社のドメインを定義しようとした際，物理的定義に基づく定義と機能的定義に基づく定義の2つの方向が可能である（レビット，1960）。物理的定義とは，現在提供している製品やサービスそのものから事業を提供することである。機能的定義とは，顧客ニーズや自社が市場に提供している価値に関連させて定義する方法である。物理的定義は具体性が高く，機能的定義は抽象性が高い。

　物理的定義にとらわれすぎると将来の事業構想に負の影響を与えると指摘したのがレビットの「**マーケティング近視眼**」である。たとえば，わが社は「鉄道会社である」とか「映画の制作会社である」というように，現在の具体的な事業から定義する場合，狭いドメインとなってしまう。狭いドメインでは既存の製品やサービスを陳腐化させる長期的な環境変化を見逃し対応できない危険性を持っているとレビットは指摘する。そこで，機能的定義に基づく事業定義

▶マーケティング近視眼
レビットにより「マーケティング近視眼」の問題が指摘されたのは，1960年である。ここに示した鉄道会社や映画会社の例はレビットが当時示したものである。製品中心から顧客中心というマーケティング視点を最初に示した研究である。（レビット，T.「［新訳］マーケティング近視眼」『DIAMONDハーバード・ビジネスレビュー』2001年11月，52-69頁）

が必要になる。機能的定義の場合，顧客ニーズや自社が市場に提供している価値に関連させて自らのドメインを定義する。たとえば鉄道会社は「鉄道会社」という狭いドメインではなく，幅広く「輸送業」と定義することにより，鉄道以外の輸送手段を活用した事業も自らのドメインと位置づけて検討できる可能性が生まれるとする。物理的定義は具体的でわかりやすいが，将来的な発展の余地や環境変化，市場機会や競合企業への認識などが限定的になるため，長期的な有効性を考えるためには，機能的定義のほうが相応しいとされる。

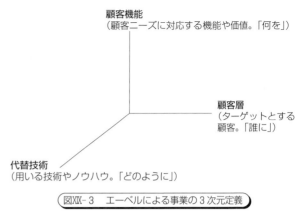

図XIX-3　エーベルによる事業の3次元定義

出所：デレク・F.エーベルほか／石井淳蔵訳『事業の定義』千倉書房，1984年，37頁を基に筆者作成。

3　有効なドメインを検討するために

意味あるドメインを設定するためには，「空間」「時間」「意味」3つの次元の広がりを考える必要がある（榊原，1992）。

「空間」の次元とは物理的定義によって狭く定義するか，機能的定義によって広くとるかの問題となる。機能別定義を強調し過度に抽象化してしまうとアイデンティティが不明瞭になり，戦略展開の方向性に混乱が生じる。そのため，適度な幅で位置づけられることが必要になる。

「時間」の次元とは，現在の事業構成だけを示すもの（静的）か，将来的な事業の発展性を示唆するもの（動的）かである。

「意味」の次元とは，特定の経営者に固有な特殊的なもの（特殊的）なのか，組織のメンバーや社会に共有されるような普遍性のあるもの（一般的）なのかである。一般に受け入れられるような普遍性の高い価値や倫理性のあるドメインは意味の広がりを豊かに持っている。

このような観点から，ドメインが設定されるならば，企業活動の焦点が明確化され，その範囲を中心として顧客ニーズに対応するのに必要な経営資源を獲得，蓄積していくための指針として企業内で機能することが期待できる。

企業ドメインの下で，個別事業のドメインが求められる。そこでは，誰（ターゲットとする顧客層）に対して，どのようなニーズ（顧客に提供できる機能，価格など）をどのような方法（実現のために用いる技術やノウハウ）で満たすのか，具体的に決定していくことが必要になる。

▷「空間」「時間」「意味」3つの次元の広がり
エーベルも同様に，誰に対して（顧客層），どのようなニーズを（顧客機能），どのような方法で満たす（技術）のか具体的に決定していくことが必要になると指摘している（榊原，1992）。

参考文献
榊原清則『企業ドメインの戦略論』中公新書，1992年。

XIX 経営戦略

経営資源と事業の多角化

1 経営資源とは

先にのべたように，経営資源とは企業が経営活動を行うための土台であり，ヒト（従業員をはじめ企業活動に関わる人々），モノ（工場や機械などの有形物），カネ（活動に必要な資金），**情報**（市場情報や技術情報，顧客からの信頼など無形の資産）の4つに分類される。企業の競争優位性の源泉を独自の経営資源に求める考え方は，**Resouce-Based View（資源ベース視点）**と呼ばれ，近年の経営戦略論研究の代表的な考えの1つとなっている。

今日，企業が必要な経営資源のすべてを自前で準備することは，時間的にも資金的にも大きな負担となる。そこで不足する経営資源を短期間で手に入れるために企業間の戦略的提携やM&A（買収と合併）が活発化している。提携関係の構築や買収・合併を通じて，流通網や生産能力，ブランド力やノウハウなど確立された経営資源を入手することが狙いである。また，競争力のある経営資源に重点投資を行うことで強みを強化し，不足する資源は他社の優れた経営資源と柔軟に結合させていくオープン・イノベーションの発想も今日の経営戦略を考える上できわめて重要な視点となる。

2 アンゾフの成長ベクトル

図XIX-4は，企業成長を検討する際の4つの方向性を示している（アンゾフ，1969）。

市場浸透戦略とは，既存製品で既存市場での売り上げ増加を目指すものであり，既存顧客の購入頻度，購買量を増加させたり，あるいはまだ顧客となっていない人たちを取り込み，現在の市場をより深く掘ることで成長を目指す戦略である。

市場開発戦略は，既存製品をこれまで販売してこなかった地域や顧客層に販売することで成長を目指す戦略である。国内販売だけだった製品を海外でも販売するというような地理的市場の開拓と，大学生層向けだったものを若手社会人層にも売り込んでいくというような顧客層の開拓の2種類がある。

製品開発戦略は，既存市場に対して新しい製品を提供することを目指す戦略である。この戦略で成長を目指すならば，新製品や新機能につながる技術開発投資が不可欠になる。

▷**情報（情報的経営資源）**
情報的経営資源とは，技術ノウハウやブランド，独自の組織文化などであり「見えざる資産」と呼ばれヒト・モノ・カネとは性質が異なる。物質的な3つの資源に比べ減耗することが少なく，ブランド名や技術ノウハウを複数の製品で同時に利用したり，上手に使用することで価値を高めていくことができるといった特徴を持つ。

▷**Resource-Based View（資源ベース視点）**
Resouce-Based View は，競争優位の源泉を企業内部の資源に求める視点である。バーニー，ワーナーフェルト，ルメルト，伊丹らの研究が代表的である。ヒト・モノ・カネという目に見える資源のみならず目に見えない資源，それら資源の組み合わせであるケイパビリティに注目する。コア・コンピタンス論，ナレッジマネジメントなど類似の視点から競争優位について論じている。

最後が多角化である。多角化とは，製品面でも市場面でも新しい事業領域に進出することから成長機会を探る戦略である。先に示したプロダクト・ライフサイクルに見るような事業の衰退局面を考慮すれば，企業は存続のために次世代を担う事業を常に育成しておく必要があるのだ。

	現製品	新製品
現在の市場	市場浸透戦略	新製品開発戦略
新しい市場・ニーズ	市場浸透戦略 ・地理的な市場開拓 ・新規の顧客層開拓	多角化

対象とする市場　　　製品

図Ⅻ-4　企業の成長ベクトル

出所：アンゾフ，1965；1969。

3 多角化の意義と課題

多角化を志向することは，企業の成長機会を探るために有効な戦略である。そして，多角化を考える際は，経営資源の**シナジー効果**を検討する必要がある。

シナジー効果は，これまでの事業の中で培われてきたヒト，モノ，カネ，情報を複数の事業間で共有したり相互補完したりすることで実現される。既存の経営資源を活用できるならば，新規事業への進出であっても，全くゼロからスタートする場合と比べ，成果を上げやすくなる。

シナジー効果が発揮されるタイプとして，アンゾフ（1969）は次の4つを指摘する。

・販売シナジー：流通経路，販売管理組織や広告，販売促進などのマーケティング手法を共通利用することで生じる効果。
・操業（生産）シナジー：設備や人員などを効果的に利用すること，また，間接費を広く分散させることから生じる効果。
・投資シナジー：工場や原材料への投資，研究開発成果の共通利用などから生じる効果。
・マネジメントシナジー：既存事業で培ってきた経営手法や業務の経験を応用することにより生じる効果。

このことから既存領域との関連性が深い領域に多角化する「関連多角化」であれば，経営資源間のシナジー効果が効きやすく高い収益性が見込まれる。一方で，シナジーの源泉である経営資源そのものに何らかのトラブルが発生した場合，すべての事業が一度に被害を受けるリスクもある。そのため，リスク分散を目的として「非関連多角化」を志向することもできる。この「非関連多角化」は，事業リスク分散と引き換えにシナジー効果が発揮できる可能性は小さくなってくる。多角化による企業成長は，単にたくさんの事業を展開するだけでは獲得できない。自社の経営資源の強みを把握し，その強みに基づくシナジー効果を発揮できる範囲を見極めた事業選択が必要になるのである。

▷シナジー効果
シナジー効果とは，経営上の相乗効果をさす。いわゆる「2＋2＝5」となるような効果である。既存の経営資源を他の事業で再利用したり，複数の事業で同時に利用できるならば，ひとつひとつの資源の総和する以上の成果を生み出すことができる。

参考文献
アンゾフ，H. I.／広田寿亮訳『企業戦略論』産業能率大学出版部，1969年（Ansoff, H. I., *Corporate Strategy*, 1965.）。

XX　競争戦略

1 競争を優位に進める視点

1　競争優位性と価値連鎖

　XIX章では企業の全社レベルでの戦略について検討してきた。全社レベルで決定した戦略の下，個別の各事業を実施するならば，その過程で必ず競合する他社との競争が生じる。そこでは，競合他社との関係において競争を優位に進められる状況になるよう，自社の経営資源の特徴を見極め，その効果的な活用を考えることが必要になる。

　ポーター（Poretr, M. E.）は，製品は原材料，部品から始まり，メーカー，流通，小売店，アフターサービスなどの各段階の中で，さまざまな付加価値が連鎖的に生み出されてゆきながら最終的に消費者の手元に届いていると説明する。このような捉え方を価値連鎖と呼ぶ。価値連鎖（バリューチェーン）は**図XX-1**のように主活動と支援活動から構成される。

　この価値連鎖のプロセスにおいて，自社が大きく付加価値を提供できる部分はどこなのか，有限な経営資源をどのように配分していけば効果的なのかを検討する必要がある。**差別化戦略**，あるいは**コスト・リーダーシップ戦略**といった方向性を決定したならば，それを実現していくためには，一連の価値連鎖のどの部分に注力する必要があるのか，どのような事業システムを作れば実施できるのかが検討される必要がある。たとえば高付加価値を顧客への訴求ポイントにしたとしても価値連鎖の活動すべてにコストをかけることはできない。どの部分にコストをかけることが自社の目指す価値を実現するものなのか，提供したい価値を実行していく事業自体のシステムを効果的に設計することが，

▷差別化戦略
⇨ XX-3「3つの基本戦略」
▷コスト・リーダーシップ戦略
⇨ XX-3「3つの基本戦略」

▷コモディティ化（commoditization）
コモディティ化とは多くの製品やサービスで性能や品質という本質部分がもはや満足できるレベルとなりそ

支援活動	企業のインフラストラクチャー				
	人的資源管理				
	技術開発				
	調達				
主活動	購買・物流	製造	出荷物流	マーケティング・営業	アフターサービス

マージン

図XX-1　企業活動のバリューチェーン

出所：Porter, M. E., *Competitibe Advantege*, FreePress, 1985（土岐坤・中辻萬治・服部照夫訳『競争優位の戦略：いかに好業績を持続させるか』ダイヤモンド社，1985年）．邦訳49頁を基に筆者作成。

真の競争力獲得につながっていく。

2 イノベーションの重要性

今日，グローバルな企業間競争の激化により，多くの製品分野で次々と高性能の新製品が市場に投入されている一方で，深刻な**コモディティ化**の問題が発生している。また，デジタル化，インターネット化などにより，これまで構築されてきたビジネスモデルとその事業システム自体の優位性が失われてしまう企業事例も後を絶たない。こうした厳しい経営環境の変化を乗り越え，長期にわたる市場での存続を目指すためには企業として絶えざるイノベーションの実施が不可欠となる。

イノベーション（innovation）は，国語辞典的に訳せば「技術革新」となるが，現代企業の経営戦略を検討する際は，技術のみならず経済的な成果につながるような組織の仕組みや企業システムの変革，さらには社会制度の変革も含まれる。イノベーションは企業だけでなく現代社会を考えるキーワードである。

競争力のある新製品や新サービスを投入するためには，技術など優れた経営資源を獲得，蓄積するために投資し続けなければならない。その上，複雑性を増す今日の経営環境下では，すべての経営資源を1社で保有することは困難であるため，他企業との連携，大学や地域社会との連携など社会に存在する多様な経営資源を結合しながら経営していくことが必要とされる。

3 創造的破壊としてのイノベーション

イノベーションにおいて最も大きな影響をもたらすのは，質的な非連続的な変化の到来である。**シュンペーター**は非連続的な変化を，「いくら鉄道馬車を連ねてもそこから鉄道を得ることはできない」と例えた。馬車と鉄道では動力原理が異なっており，こうした質的に非連続的な変化は，変化以前に企業活動で培ってきた経営資源や事業システムの無力化や，あるいは負債化してしまう可能性を持っている。馬車の時代に必要とされていた経営資源，事業システムをそのまま鉄道に持ち込むことはできなかったわけだが，こうした非連続な変化は歴史的にさまざまな産業で生じている。たとえば，近年の小売業におけるインターネットショッピングの勃興は，実店舗を持つ企業に大きな影響を与えている。このような非連続的な変化による影響はイノベーションにともなう「創造的破壊」といわれ，企業の盛衰に関わる深刻な問題となる。

企業が長期にわたる競争優位を考える際には，現在の環境下における優位性の源泉になる経営資源と事業システムの精緻化とともに，「創造的破壊」の引き金になるような技術，環境，社会の変化の兆しに対しても目を向けていくことが必要である。

の部分での差別化が困難になった結果，価格競争のみに陥ってしまう状況を指す。廉価な日用品だけでなく高価格の製品にも及んでいる。

▷**シュンペーター**（Schumpeter, J. A., 1889–1950）
オーストリア生まれ。のちにアメリカで活躍する経済学者。資本主義における経済発展の原動力としてイノベーションの重要性にいち早く言及し，その後のイノベーション研究の基礎となった。イノベーションは，「新しい財貨の生産」「新しい生産方法の開発」「新しい販路（市場）の開拓」「原材料や半製品の新しい供給源の獲得」「新しい組織の実現」の5種類の「新結合」より引き起こされる。モノや力を従来とは異なった形で結びつけ経済的成果につなげることがイノベーションのポイントである。シュンペーターの1934年の研究が，イノベーション研究の出発点とされる（塩野谷祐一・中山伊知郎・東畑精一訳『経済発展の理論：企業者利潤・資本・信用・利子および景気の回転に関する一研究』岩波書店，1997年）。

▷1　経営資源の負債化
変化前の状態で優位に立っている企業は，その時の経営環境に上手に適応している企業である。そうした企業が長年の投資の末に獲得した生産設備，流通網，技術などの価値や優位性を否定するような変化にすばやく対応することは難しく，前の時代の成功要因が次の時代の失敗要因となるケースもある。

XX 競争戦略

業界を分析する

▷ ポーター（Porter, M. E.）
アメリカの経営学者。本文で取り上げた5つの競争要因に基づく分析視点を示した『競争の戦略』（1980年）や『競争優位の戦略』（1985年）など経営戦略論を学ぶ際に不可欠な著作，論文を数多く著している。経営戦略論を語る際のキーパーソンの一人なので，企業の競争や経営戦略に興味がある方は，まずはポーターの研究の大きな流れを理解したい。Porter（1980）においては，この5つの競争要因のそれぞれについて，検討するべき事項が詳述されている。

1 業界構造分析

　直接的な競合相手が存在し自社との間で競争が行われる場が業界である。しかし業界は，それぞれに置かれている状況が異なっている。たとえば競合する企業数を考えてみても，日本国内の携帯電話業界の企業数とスーパーマーケット業界の企業数では企業数が大きく異なることがわかるだろう。このような違いは業界の競争状態に影響を与え，競争が相対的に厳しいため利益機会の低い業界と競争が相対的に緩やかなため利益機会の高い業界という差異になって現れる。こうした差異に注目し，利益可能性の高い魅力的な業界，業界内ポジションを発見することの重要性を指摘したのが**ポーター**である（Porter, 1980）。利益機会のある魅力的な業界を選び出し，そこに自社を位置づけるポジショニング（positioning）の視点（ポジショニング・アプローチ）は，有効な競争戦略を検討する手がかりを与えてくれる。

2 5つの要因フレームワークとは

　ポジショニングを検討するためにポーターは図XX-2のような「ファイブ・

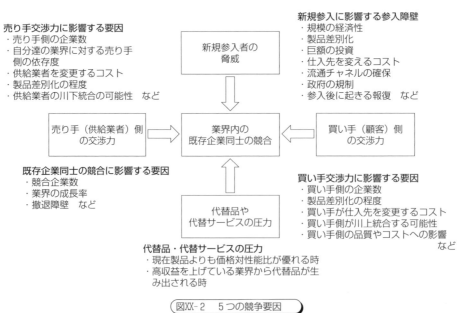

図XX-2　5つの競争要因

出所：ポーター（1995）。邦訳18頁を基に筆者作成。

フォース（5つの要因）分析」のフレームワークを示した。このフレームワークから明らかになることは，自社の収益性に影響を与える存在が，目の前の競合企業だけではないということである。競合企業以外にも，部品や原材料の供給業者（売り手），あるいは自らの顧客（買い手）も利益を左右する相手として位置づけられる。また，まだ存在しない潜在的な新規参入者も収益に影響を与える。競合企業以外にも幅広い関係性の中で競争が発生していると捉え検討することが，このフレームワークの重要なポイントである。

このフレームワークを簡単にまとめると，次のようになる。

- 売り手との関係：自社と自社に原材料を供給してくれる企業との関係。
- 買い手との関係：自社と自社製品を購入してくれる買い手との関係。

この2つは，相手と自社とのパワー関係（交渉力）であり，取引に際して自社に有利な取引条件で交渉ができる状況か否かにより収益性が決まる。たとえば，特殊な原材料を使うため仕入れ先を選べない状況ならば，自分よりも売り手の方がパワーを持つため，高い仕入コストでも受け入れることとなる。逆にたくさんの仕入れ先候補を比較できる状況ならば，仕入コストを抑えることができるといった関係性になる。

- 新規参入の脅威：業界の参入障壁，すなわち新規参入しようとする時の難易度が高ければ，新たな競合企業が増える可能性は少なく，難易度が低ければ，新規参入企業が増え競争が厳しくなる可能性がある。参入障壁には，参入時にかかるコストの多寡，法律や規制といった制度的なものがある。
- 代替製品・代替サービスの脅威：自らが提供している製品やサービスにとって替わるような製品・サービスが存在する場合，価格が高いと代替品に需要が流れ，収益機会を失う可能性がある。
- 競争業者との敵対的関係：狭義での競争戦略がこの部分である。自らが位置する業界の特徴（たとえば生産設備や固定費との関係）や企業間の競争状態（業界内企業数や企業規模）により収益機会は影響を受ける。

3 業界構造分析の課題

この「5つの競争要因」による業界構造分析は，経営戦略を検討する時の基本であるが，課題も明らかになっている。まず競争相手も同業界の中に想定するため，他業界にいる企業との競争が捉えにくくなる。そして，今日の競争環境の激化は業界そのものの線引きが難しくなっている。また，原材料以外の供給者，例えば**補完的生産者**など本来ならば競争に影響を与えるプレイヤーが示されていないということもある。このような課題を補うために発展的な研究も登場しているが，この考え方は，競争を考える際の重要な示唆を与え続けてくれるフレームワークである。

▷1 業界区分があいまいになっているということ
たとえば，インターネット・コンテンツ業界とテレビ放送業界は違う業界されているが，実質的には競合関係にあるといえよう。技術環境の変化，市場競争の激化により，以前ほど明確に「業界」を切り分けることが難しくなっている。無理に線引きすることは，競合に対する間違った認識を持つ危険もある。

▷補完的生産者
当該業界の製品やサービスと一緒に使う必要がある製品やサービスの供給業者，当該業界の製品やサービスの需要を高めたり利便性の向上に役立つ製品やサービスの供給業者が重要なプレーヤーと位置づけられる。

参考文献
ポーター，M. E.／土岐坤・中辻萬治・服部照夫訳『新訂　競争の戦略』ダイヤモンド社，1995年（Porter, M. E., *Competitibe Strategy*, FreePress, 1980）。

XX　競争戦略

3つの基本戦略

1　3つの基本戦略

▷ 5つの競争要因
⇨ XX-2「業界を分析する」

現実的な問題として**5つの競争要因**のすべてにおいて自らに有利なポジション，競争が存在しないポジションを探り当て，その下で事業展開ができることは稀である。そのため，競合企業との戦いの局面でどのように戦っていくかも検討する必要がある。この問題に対して前出のポーターは1つの答えを示している。

ポーターは，同業の競合企業との競争に勝つための基本戦略として，**図XX-3**のような考え方を示している。縦軸は自社がターゲットとする市場の範囲であり，広範な場合と特定の市場に限定する場合の2通りを想定する。横軸は競争優位の源泉をどこに求めるかということであり，他社よりも低コストであるか，差別化された付加価値であるかの2通りを想定する。その組み合わせにより導き出されるのが「3つの基本戦略」である。この「3つの基本戦略」は，あらゆる業界において応用できる枠組みであり，今日の企業活動の前提といえる。

①コスト・リーダーシップ戦略

この戦略は，広範な市場（顧客層）を対象に，他社よりも低コストで製品・サービスを生産し，提供することを目指す戦略である。そのために，標準的な製品・サービスを低コストになるように大量生産し，相対的に低価格で大量販

▷ 1　大量生産とコスト・リーダーシップの関係
コストを低下させるためには，「規模の経済性」(economics of scale)，「範囲の経済性」(Economies of scope)，「経験効果」(experience effect) の3つの要因を追求する必要がある。そのためには，相対的に大

図XX-3　3つの基本戦略

出所：ポーター，M. E.／土岐坤・中辻萬治・服部照夫訳『競争優位の戦略：いかに高業績を持続させるか』ダイヤモンド社，1985年（Porter, M. E., *Competitibe Advantege*, FreePress, 1985）。邦訳16頁を基に筆者作成。

売することが一般的である。ファストフード・チェーンや低価格アパレル・チェーンなど，身近な企業でもこの戦略を志向する企業は多い。

　②差別化戦略

　この戦略は広範な市場（顧客層）を対象に，ライバルとの差異，たとえば製品・サービスの性能や品質といった点に独自性を示すことで差異（高い付加価値性）を創出し，それを訴求ポイントとすることで競争優位性を構築する戦略である。自ら作り出した付加価値が顧客に価値があるものと受け入れられるならば，その分，高い価格を払ってもらうことができる。つまり，低コストを背景にした低価格を競争軸とするコスト・リーダーシップ戦略とは異なり，非価格的要素としての高い付加価値に競争軸を求める戦略である。

　しかし，差異の全てが，付加価値として評価されるわけではない。
顧客に評価される付加価値である場合にのみ，高い価格が実現されるのである。この点を検討するためには，誰が自分たちにとっての顧客なのか，顧客のニーズを満たす差異は何なのかを綿密に検討することが必要となる。

　③集中戦略

　この戦略は，特定の市場や顧客層を対象として事業展開する戦略である。顧客の属性別や製品の種類や用途，地域別など特定の市場領域に特化することが基本となる。市場には広く一般的なニーズがある市場のほかに，**ニッチ（隙間）市場**と呼ばれる市場規模は大きくないが特定の強いニーズがある領域がさまざまに存在する。そうした領域を奪取しようとする戦略である。狙う特定市場の特性によって高付加価値を目指す集中差別化戦略か，特定の市場の中で一層の低コストを目指すコスト集中戦略かに細分化することができる。

❷ コスト・リーダーシップ戦略と差別化戦略のトレード・オフ関係

　図XX-3の横軸に示されている「コスト・リーダーシップ戦略」と「差別化戦略」の2つの志向性は，原則的にはトレード・オフ（背反）関係にある。低コストを目指すコスト・リーダーシップは，それを追求すればするほど，コスト増につながる要素を盛り込んでいくことが難しくなる。逆に，差別化戦略を追求するならば高付加価値化に伴う高コストが生じるので，低コストで提供するということはできなくなる。両者を一度に追及するとどちらに対しても優位性を構築できない中途半端な取り組みとなる危険がある。

　このトレード・オフ関係を理解し，企業は自社がどちらの方向で事業活動を行うのかを決定し，研究開発，生産，マーケティングなどすべての活動において，ビジネスモデルとしての一貫性，整合性を維持した活動をする必要がある。

規模な大量生産体制の構築と大量生産された製品を効果的に販売する体制の構築が重要となる。コスト・リーダーシップを実現するには，相対的に高い市場占有率（マーケットシェア）が必要である。

▷2　顧客に評価される付加価値である場合にのみ，高い対価が実現される

どのような付加価値が顧客に評価されるのかはきわめて難しい課題である。企業側が付加価値としたことが顧客に評価されない場合も多い。また，付加価値を生み出すためには相応のコスト増加があることはきちんと認識される必要がある。

▷**ニッチ（Niche，隙間）市場**

ニッチ市場は，明確なニーズを持っている顧客を対象とする。そのニーズを満たすためならば，高いプレミアム価格を払ってもらえる可能性が高い。しかし，広く受け入れられる一般的なニーズでないため，結果的に市場規模が限定的になり，同じ市場で競う企業数も少数になる。

▷3　中途半端な戦略

あらゆる顧客にあらゆる製品を提供しようと，コストリーダーシップと差別化の同時追及をすると，結果的にどちらに対しても優位性を発揮できず高い業績を達成できない。ポーターは，このことをスタック・イン・ザ・ミドル（Stack in the middle）と呼び戒めている。

参考文献

沼上幹『わかりやすいマーケティング戦略』有斐閣アルマ，2000年。

XX　競争戦略

4　市場地位別の競争の定石

1　市場における競争地位の違い

　同業の競合企業との市場競争を想定した時，自社の状況に合わせて，それぞれの企業が望ましい戦略をとることが必要になる。業界の中でトップの地位にいる企業なのか，下位に甘んじている企業なのかによってとるべき戦略の方向性は異なり，トップだからとれる戦略，とれない戦略，小規模な下位企業だからとれる戦略，とれない戦略がある。こうした市場内の地位に応じた競争の方向性が**コトラー**によって示されている。

　コトラーは，企業を市場地位ごとに，リーダー（leader），チャレンジャー（challenger），フォロワー（follower），ニッチャー（nicher）の4つに分類し，それぞれに目指すべき戦略を整理している（コトラー，2002）。

2　リーダー企業の狙い

　リーダー企業は，市場シェアがトップの企業である。この地位にある企業が目指すのは，市場自体を拡大させること，シェアの防衛，シェアの拡大の3点である。自社のマーケットシェアを維持できるのであれば，市場そのものを拡大させることは，自社にとって大きな恩恵となる。市場を拡大させる方法としては，これまで対象としてこなかった新しいユーザーを開拓すること，新しい用途を発見し，普及促進を図ること，既存ユーザーの消費量を増加させることがあげられる。これらの戦略は，既存のパイを取り合うのではなく，パイ自体を拡大させていく活動となる。一方で，チャレンジャー以下の企業からの攻撃に耐え，現在のシェアを維持，防衛していくことも必要である。リーダー企業は，ほかの企業に比べて豊富な経営資源を保持している可能性が高い。また，高いマーケットシェアは，流通への影響力やブランド力で競争優位となる。その強みを活かし，すべての市場セグメントを押さえるように製品を導入する**フルライン戦略**を展開することや，他社が仕掛けてくる差別化戦略を無効にするような同質的製品を速やかに投入することで，他企業に付け入る隙を与えないことがシェアを防衛・維持していく上での基本となる。

3　チャレンジャー企業の狙い

　チャレンジャー企業とは，二番手，三番手の企業であり，現在のシェアを拡

▷コトラー（Kotler, P.）
現代マーケティングの父とも称されるアメリカの研究者。著書 *Marketing Management* は，研究者はもとより，マーケティング実務家にも高く支持され，マーケティングを学ぶための上級者向けテキストとしての世界的地位を確立している。

▷フルライン戦略
一見，「1つの製品分野」に見えても，詳細に観察すると，その中は細分化されている。たとえば自動車ならば，小型車，大衆車，高級車，スポーツカーといった細かい製品ラインに分けることができる。こうした細かい製品ラインのすべての領域に対応し，網羅的な製品展開を行うことをフルライン戦略と呼ぶ。

大してリーダーの地位を手に入れることを目指す。そのためには，リーダーからシェアを奪うか，より下位の企業からシェアを奪う必要がある。一方で，現状ではリーダー企業より小規模であり，使用できる経営資源は相対的に乏しいため，リーダーに正面攻撃を仕掛けるようなやり方は得策ではない。むしろ，リーダーとは違う市場セグメントで圧倒的な地位を築きその成功を足がかりに成長することが目指される。チャレンジャーにとっては，リーダーが提供する製品・サービスとは異なる価値を提供する差別化戦略の展開が求められるが，リーダーも差別化をキャッチアップし，差異による優位性を打ち消すような同質的な製品を展開してくる。そこで，独自技術などリーダーが持っていない経営資源を源泉とした模倣しにくいような差別化，同質化しようとするとリーダー企業の活動と矛盾が生じるため二の足を踏んでしまうような差別化が有効となる。

4 フォロワー企業の狙い

フォロワーは業界の中位に位置していることが多く，リーダーの地位も狙わず，明確な独自性も発揮しない企業である。リーダーのやっていることを上手に模倣していくことで，不確実性を回避し，相対的に乏しい経営資源を有効に使うことが試みられる。リーダーが展開する製品市場に，あえてカラーバリエーションを減らしたり機能を削減したりしたワンランク格下の模倣製品を低コストで投入することで，低価格志向の顧客を中心に一定の売上げと利益を享受することを目指すことがこのポジションである。

5 ニッチャー企業の狙い

ニッチャーは，市場のごく小さな隙間市場（ニッチ市場）の支配者である。限定的な隙間市場は，大企業にとってあまり魅力的な市場でない場合が多い。ニッチャーはそうした市場に特化することで，相対的に規模の大きい企業との直接競合を避け生き残りをはかることを狙っている。ニッチャーで成功するためには，ニッチ市場の細かいニーズを収集する能力であり，そのニーズに対応する高品質の製品やサービスの展開である。

以上，このような市場地位別の方向性は，経営戦略を検討するための「定石」であって，これをそのまま展開すれば競争に打ち勝てるというものではない。しかし，限られた経営資源を有効に使い，市場での生存を図る企業にとっては，目指す方向性を検討する有益な手がかりとなる。

▷1 **市場地位別の競争の定石**

ここで示した市場地位別の競争の定石は，私たちの日常生活で目にする様々な製品やサービスを提供する企業がすでに導入している考えである。たとえば自動車，家電・エレクトロニクス，大手外食などの分野は分かりやすい例となる。身近な製品やサービスが企業のどのような戦略的な方向性のなかで提供されているのか，この4つの定石の観点から整理してみると面白い発見があるだろう。

参考文献

フィリップ・コトラー／恩蔵直人監修・月谷真紀訳『コトラーのマーケティング・マネジメント 基本編』ピアソン・エデュケーション，2002年。

第5部　経営戦略の理論と実際

XXI　M&A戦略

 M&Aの概念と類型

1　M&Aの定義

M&Aは、英語のMerger（合併）とAcquisition（買収）に由来する用語である。合併とは、2つ以上の会社が契約により1つの会社になることを指す。買収とは、所有権を取得することである。また、合併や買収に類似する概念に、提携がある。提携は、特定の目的を達成するために企業間で結ばれる契約である。M&Aの事例の中には、合併であるか買収であるかの判断が難しいものも少なくない。たとえば、吸収合併は、吸収される側の企業の株式を吸収する側の企業が獲得するため、買収であるとも言える。

M&Aを広く定義する場合には合併と買収のみではなく、所有権の移動を伴わない提携や**合弁**などが含まれる。提携をM&Aに含む場合には、当事者企業間で所有権の移動を契約する資本提携のみならず、企業間での技術供与に関する契約である技術提携や、業務上の協力を取り決める業務提携などもM&Aに該当することになる。

企業は、他社が持つ販売網や技術、人的資源、資産等をM&Aを通して内部化することで、それらを自社で一から獲得するまでの時間を節約することができる。

2　M&Aの類型

M&Aには、①水平的M&A、②垂直的M&A、③コングロマリット型M&Aの3つがある。第1の水平的M&Aは、同業他社とのM&Aである。水平的M&Aは、主に、市場シェアの拡大、売上の増加などによって業界上位の企業になることを目的に実施される。

次に、第2の垂直的M&Aは、製品の製造会社と販売先会社、あるいは原材料の供給会社との間のM&Aである。たとえば、完成品を製造しているメーカーが、原材料から完成品までの一貫した生産・販売体制を作るために、部品メーカーや販売会社等を買収することは、垂直的M&Aである。垂直的M&Aでは、生産から販売までの過程全体を**内部化**することで、情報の共有がよりスムーズになり、経営の効率化が目指される。

そして、第3の**コングロマリット型M&A**は、技術的関連のない事業を次々に買収するM&Aである。技術的関連のある事業間のM&Aでは**シナジー効**

▷**合弁**
2つの企業が資本を出して新しい事業を設立すること。

▷**内部化**
自社にはない経営資源を外部から取り入れること。

▷**コングロマリット型M&A（Conglomerate M&A）**
企業が製品、技術、販売経路などで自社とまったく関係のない業種の企業とのM&A。企業は多角化する目的でほかの業種の企業と統合し、コングロマリット型のM&Aを行う。コングロマリット型M&Aは多角化型M&Aともいわれる。

▷**シナジー効果**
⇒XIX-4「経営資源と事業の多角化」

170

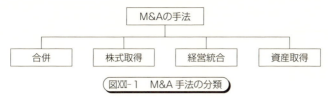

図XXI-1 M&A手法の分類

出所：筆者作成。

果を得られることが多い。これに対し，非関連業種を次々と買収するコングロマリット型M&Aは，買収した事業間のシナジー効果を得られにくいため，企業全体の経営効率が低下する可能性がある。

そのほかに，M&A当事者企業の所在地の違いに基づいて，M&Aを3つのタイプに類型化する方法もある。第1は，In-In型M&Aであり，これは，国内企業間で行われるM&Aである。次に，第2は，Out-In型M&Aである。これは，外国企業が国内企業に対して実施するM&Aである。そして，第3は，In-Out型M&Aであり，これは国内企業が外国企業に対して実施するM&Aである。

3 M&Aの手法

M&Aの手法には，①合併，②株式取得，③経営統合，④資産取得がある（図XXI-1）。第1の合併には，合併の当事者である企業のうちの1社が存続し，もう1つの会社を吸収する吸収合併と，合併により当事者企業の法人格を消滅させ，新たに設立する会社に全当事者会社の権利義務を承継させる新設合併がある。

次に，第2の株式取得は，企業が買収先企業の株式を取得する手法である。株式取得は，**株式譲渡**や**株式交換**などの方法で行われる。株式交換や株式譲渡は，自社の株式を買収の対価として提供するため，買収のための新たな資金調達を行う必要がないという点で，M&Aにかかる費用を比較的低く抑えることができる手法である。株式を買い付ける価格や株式数を公告で明示して株式を一気に買い集めるのが，**株式公開買い付け**（**TOB**）である。

そして，第3の経営統合とは，**持株会社**を利用して2つ以上の企業が結合して1つのグループとなることである。持株会社設立によって経営と事業を明確に分離することができる効果がある。

最後に，第4の手法は資産取得である。資産取得は，多くの事業を持つ企業から一部の事業を買い取る方法で，近年盛んに行われている，「**選択と集中**」と呼ばれる経営戦略でよく用いられる手法である。

▷**株式譲渡**
売り手企業の既存株主がその保有株式を買い手企業に譲渡し，買い手企業からその対価として現金を受け取る手法のこと。

▷**株式交換**
株式交換とは，株式会社が発行済株式をほかの株式会社または合同会社に取得させることにより，完全親子会社関係を創設する組織再編行為のことである。売り手企業の既存株主がその保有株式を買い手企業に譲渡し，買い手企業はその対価として自社株式を割り当てる手法である。

▷**株式公開買い付け**（Takeover Bid：TOB）
ある株式会社の買い取り株式・価格・買付け期間等を広告により買付け申込みを行い，不特定多数の人から株式市場で買付け等を行うこと。

▷**持株会社**
他会社の株式を所有することにより，その会社の事業活動の支配を主な事業とする会社のこと。

▷**選択と集中**（selection and concentration）
選択と集中とは，多角化が進展している企業が自社の得意とする事業分野を明確にし，その分野に経営資源を集中的に投下する戦略のことである。

XXI　M&A戦略

 M&A の目的

1　M&A の目的

今日まで行われてきた M&A の動向を踏まえると，M&A の目的は次のように整理できる。

第1の目的は**規模の経済**の獲得である。企業のグローバル化による競争激化を背景に，企業は規模の拡大に迫られている。激しい企業競争の中で勝ち抜くためには，自社の規模を競争相手と同等もしくはこれを上回る規模にまで拡大させる必要がある。具体的には，合併，買収，経営統合などにより他企業と一体化することによって規模を拡大することができる。

とりわけ，規模拡大によって大量仕入れが可能になり，商品供給先との間の交渉力を増大させる効果を得ることができる。また，規模拡大によって，より高い効率を持つ生産設備や生産方法，労働力や管理方法などの利用が可能になり，産出量1単位当たりのコストが削減される。

たとえば，製品を100個作る時に1個当たり100円のコスト（平均費用）がかかっていたものが，200個になると80円，300個になると50円といった具合に平均費用が低下する現象である。

第2の目的は，関連事業の M&A による**シナジー効果**の獲得である。既存の事業と新しく獲得した事業の間にシナジー効果が存在する場合には，企業全体の経営効率が高くなる。

第3の目的は，新事業進出に必要な時間の短縮である。成長を目指す企業は，既存の事業を強化するだけではなく，新たな事業に進出して自社の事業領域を広げることが必要となる。このために自社の経営資源を用いて新たな部門を設立するとなるとゼロからスタートすることになるため，本格的な事業化までに多大な時間を要する。すでに生産や販売などの事業を行っている企業を買収することによって新事業に参入するならば新事業を展開するための時間を大幅に短縮することができる。加えて，新規参入する業界の実績がある企業を買収することができれば，その企業のビジネスノウハウを利用して，比較的少ないリスクで事業拡大できるメリットもある。また，これによって新たな顧客層に商品やサービスを提供することができる。

第4の目的は，事業の統廃合である。近年自社の中心的事業の再構築を図るのに「選択と集中」を行って事業の入れ替えを志向する企業も少なくない。

▷ **規模の経済（economies of scale）**
規模の経済とは，大量生産を行うことによって，製品単位当たりの平均コストが下がり，競争力を向上させることができる仕組みのことである。⇨ Ⅰ-2 「企業形態展開の原理」も参照。

▷ **シナジー効果（synergy effect）**
⇨ ⅩⅨ-4 「経営資源と事業の多角化」

「選択と集中」は，自社が取り組むべき事業領域を選択し，その選択した事業領域に経営資源を集中的に投下する戦略である。事業の選択は，自社の得意分野であるか否か，成長性が高いか否かなどの基準に基づいてなされる。この戦略の下では，成長性が低い，収益性が乏しいなどの理由で選択されなかった事業は，他社に売却されるなどして，収益性の改善が図られる。

第5の目的は，原材料へのアクセスである。世界の大手企業は，原材料獲得のために国境を越え，世界中で事業を展開している。たとえば，鉄鋼業でいえば，日本のJFEスチールは2011年にブラジルの鉄鉱石生産・販売会社ナミザに約140億円を出資したが，この目的は鉄の原材料である鉄鉱石を獲得するためであった。日本だけではなく，世界の鉄鋼メーカーを含む多くの企業が国境を越え，原材料を獲得する目的でM&Aを行っている。

第6の目的は，ブランド力の強化である。自社のブランド力が低い企業は知名度が高い企業をM&Aによって獲得することで，自社のブランド力を高めることができる。今世界全体で，新興国の資金力がある企業が知名度の高い先進国の企業を買収することで，自社のブランド力の向上を図ろうとするケースが増えている。

第7の目的は，事業再生である。これは，倒産を防ぎ事業を維持するために行われるM&Aである。企業間での競争激化，資金不足などの理由により，経営難に陥り人材や資金が不足している企業の中には，高度な技術力，ノウハウ，ブランド力がある場合も少なくない。事業再生を目的とするM&Aでは，買い手側の企業は，高度な技術力やブランド力を安く獲得することができ，一方で売り手側の企業も倒産の危機を免れることができる。近年では，**投資ファンド**会社が，再生が必要な企業や事業部門のスポンサーとなり，経営支援を行っている。

第8の目的は，提携関係の強化である。企業は厳しい競争にさらされる時代に突入し，自社だけの力で競争に勝ち抜くことが困難になってきている。そのため，他社と提携関係を結び成長を図ろうとするものである。提携の種類には技術提携や資本提携などがある。企業は他社と提携することによって，自社にはない技術やノウハウ，知的財産などを獲得することができる。提携関係の強化を目的に実施されるM&Aは，提携関係強化型M&Aと呼ばれる。

第9の目的は，会社の非上場化である。会社を非上場化する際には，現経営陣が発行済み株式を買い取るMBO（management buy-out）が実施されるケースが多い。非上場化を目的にM&Aは，業績不振に陥った企業の経営陣が事業再生に集中したり，上場することによる敵対的買収の防衛策として利用するケースが少なくない。

▷1　例えば，2008年にインドのタタ・モーターズは，米フォード・モーター傘下の英高級自動車部門ジャガーとランド・ローバーを買収したが買収の狙いは，ジャガーとランド・ローバーのブランドにあった。

▷投資ファンド（Investment fund）
機関投資家や富裕層など複数の投資家から集めた資金を株式取得を通じて企業に投資し，企業価値を向上させた上で，売却益による利益獲得を目的とする基金のこと。

▷2　会社が非上場化することにより，敵対的な買収ができないのは大きなメリットである。一般株主に対する説明責任（例えば株価が下がったとき）がなくなるなどのメリットがある。
⇨ XXI-3 「敵対的企業買収と買収防衛策」

第5部　経営戦略の理論と実際

XXI　M&A戦略

 敵対的企業買収と買収防衛策

1　敵対的企業買収と友好的企業買収

　企業買収は相手企業の合意の有無により，友好的企業買収と敵対的企業買収に分類することができる。友好的企業買収とは，買収の対象となる会社の支配権を，経営陣や従業員の同意を得て獲得することである。これに対し，敵対的企業買収とは，買収の対象となる会社の支配権を経営陣の合意を得ないで獲得することである。

　だが，日本では，株式相互持合いや長期的な関係を重視する文化などを背景に，多くのステークホルダーが買収に反対するため，敵対的買収が成功するケースはほとんど見られない。2003年に，アメリカの投資ファンドであるスティール・パートナーズが，ユシロ化学工業に対して実施したTOBは，外資による初の敵対的TOBであった。ユシロの場合は，配当金を引き上げることで株主がTOBに応じないようにして買収防衛に成功した。一方でソトーはエヌ・アイ・エフ・ベンチャーズと組んでMBOを実施し，友好的TOBで対抗した。

　2000年代前半には，敵対的企業買収を試みるケースが増加したこともあり，買収防衛策を導入する企業の数も急激に増加した。2004年に買収防衛策を導入する企業が2社現れたのを契機に，買収防衛策を導入する企業数は，2005年の29社から2008年の569社へと急激に増加している（図XXI-2）。

▷TOB
⇨ XXI-1 「M&Aの概念と類型」

▷MBO
⇨ XXI-2 「M&Aの目的」
▷1　『MARR』レコフ，2011年8月号，12-13頁を参照。

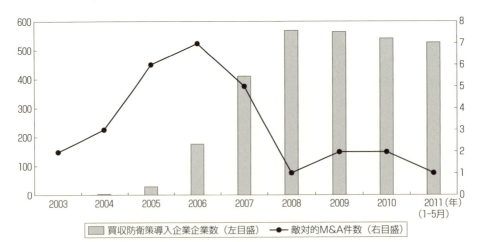

図XXI-2　日本における敵対的企業買収件数と買収防衛策導入企業数の推移

（注）敵対的M&A件数は右軸，買収防衛策導入企業数は左軸。
出所：『MARR』レコフ，2011年8月号，13頁を一部修正し，筆者作成。

174

② 友好的企業買収と敵対的企業買収の手法の違い

友好的企業買収においては，買収先企業の合意を必要とする，**株式譲渡**や**株式交換**などが行われる。株式交換においては，買収を試みる企業の株式を買収先企業の株式よりも少ない割合で交換することで，買収企業の方が多くの所有権を握ることになる。株式交換や株式譲渡は，自社の株式を買収の対価として提供するため，買収のための新たな資金調達を行う必要がないという点で，M&Aにかかる費用を比較的低く抑えることができる手法である。

一方，買収先企業の合意を得ることができない敵対的企業買収の場合には，株式公開買い付け（TOB）という方法が実施されることが多い。TOBにおいては，買収を試みる企業は，買収先の企業の株式を市場の株価よりも高い価格で買い取ろうとする。もっとも，TOBが行われれば，ターゲットとしている企業の株価は上昇することになる。もし買い付け期限までに株式市場の株価が買い取り価格を上回ってしまった場合には，株主は株式を売却することで利益を得られないことから株式を売却しないため，TOBは失敗することになる。

③ 買収防衛策

買収防衛策とは，敵対的買収を防ぐために企業が導入する方策のことである。買収防衛策には様々な手法が存在する。

第1は，毒薬条項（ポイズン・ピル）である。米国で発展したポイズン・ピルは米国企業の5割以上が導入している。これは，敵対的買収者が発行済み株式を一定の比率以上買い集めた場合に，この買収者以外の株主に大量の新株を発行することで，買収者の持株比率を低下させる仕組みである。

第2は，非公開化（ゴーイング・プライベート）である。株式市場で株式を自由に売買できる状態は株式公開といわれるのに対し，非公開化とは株式を自由に売買できないよう上場を廃止することである。投資会社や企業の経営陣などが，発行済み株式をすべて買収し，敵対的買収者が株式を買い集めることができないようにする。企業の経営陣が自社の発行済み株式をすべて買い取ることはMBOと呼ばれる。近年日本では，MBOによる非公開化が増えている。

第3は，ホワイトナイトである。ホワイトナイトとは，敵対的買収の目標となった企業が，第三者である友好的な企業に買収してもらい，敵対的買収を回避する方法である。日本においては，村上ファンドに敵対的買収を仕掛けられた阪神電鉄が，阪急ホールディングスに友好的に買収してもらった例がある。また，王子製紙による旧北越製紙に対する敵対的買収の際には，旧北越製紙が三菱商事に第三者割当増資を実施してこれに対抗したこともよく知られている。

他にも買収防衛策には，敵対的買収の予防策としての**ゴールデンパラシュート**及び，敵対的買収をかけられてからの**クラウンジュエル**もある。

▷株式譲渡
⇨ⅩⅩⅠ-1「M&Aの概念と類型」
▷株式交換
⇨ⅩⅩⅠ-1「M&Aの概念と類型」

▷1 20％以上を基準とすることが多い。

▷ゴールデンパラシュート（golden parachute）
買収ターゲットとなる企業の経営陣が買収を防止させるため，自分が解任または退任する，あるいは権限を限定される場合に巨額の退職金または一定期間の高額報酬が支払われるような契約を予め会社と締結しておき買収時の企業価値を下げる防衛策である。

▷クラウンジュエル（crown jewel）
企業が自社のもっとも魅力的な事業部門や財産を第三者に譲渡するか，又は多額の負債引き受けにより自社の魅力を低下させることによって，買収者の意欲をなくすという買収防衛策の一つである。

XXI M&A戦略

 M&Aの動向と特徴

1 アメリカの動向と特徴

アメリカはM&Aの歴史が長く，その起源は1890年代までさかのぼる。1895年から1904年までにアメリカで行われたM&Aの件数は3000件を超える。日本を含む他の先進国および新興国のM&Aの歴史は，アメリカに比べ比較的新しい。このような理由から，M&Aについて理解する際には，まずアメリカのM&Aの動向と特徴を学ぶ必要があろう。

アメリカでは数回にわたりM&Aブームが起き，1900年前後や1920年代には**水平的M&A**や**垂直的M&A**がそれぞれ盛んに行われた。まず，1890年代から1900年代にかけて第1次ブームが起きた。この第1次ブームの特徴は，同業種の企業間のM&Aである水平的なM&Aが盛んに行われたことである。

次に，1920年代には同業種の**川上と川下**企業間のM&A（第2次ブーム）が盛んに行われた。この第二次ブームの特徴は，垂直的M&Aが盛んに行われたことであった。

1970年代以前のM&Aは同業種間の企業のM&Aがほとんどであったが，1970年代には，第3次のブームである，**多角化**を目的とするM&Aが盛んに行われた。この第3次ブームの特徴は，異業種企業を次々に買収して**コングロマリット化**する企業が多かったことであった。

その後，1980年代後半には，水平合併を中心とする第4次M&Aブームが起きた。経営の効率化を重視し，比較的狭い事業範囲で，関連性の高い分野に経営資源を集中する動きが見られた。そして，子会社を次々に売却するリストラ戦略を打ち出すため，大規模企業間のM&Aが，水平合併の形式で数多く行われた。取引の対価支払形態は，現金が中心であったことがこの時期のM&Aのもう1つの特徴であった。

2 日本の動向と特徴

1970年代以前までの日本企業の海外取引は輸出を中心としていた。M&Aなどによる直接投資を通して海外市場へ進出しようとする企業はほとんどなかった。

日本で最初にM&Aが本格的に展開されたのは，1980年代後半頃から1990年代初頭にかけてであった（図XXI-3）。これは，1985年の**プラザ合意**以降の急

▷1 AccentureのHP（http://www.accenture.com/jp-ja/landing-pages/manda/Pages/insight-asean-mergers-acquisitions-keys-to-success.aspx）2015年4月1日アクセス。

▷**水平的M&A**
全く同じ製品を生産・販売するなど同じ経営活動に従事する企業同士のM&Aのことである。全く同じ製品を生産・販売する企業同士で，M&Aを行うことによって市場の独占的支配・規模を拡大することができる。たとえば，新日本製鉄株式会社と住友金属工業株式会社の合併は水平的M&Aである。⇨ XXI-1 「M&Aの概念と類型」も参照。

▷**垂直的M&A**
製品の生産・流通・販売などの流れの過程に位置する企業同士のM&Aのことである。たとえば，自動車会社でいえば，鉄などの原材料を調達する会社，部品を製造する会社などの企業同士で行うM&Aは垂直的M&Aである。⇨ XXI-1 「M&Aの概念と類型」も参照。

▷**川上と川下**
モノの生産から販売までの流れを，川の流れのように「川上から川下へ」にたとえた表現。モノの生産段階は川上，消費者により近い段階は川下と呼ばれる。し

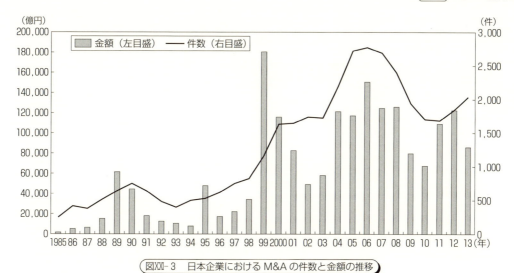

図XXI-3　日本企業におけるM&Aの件数と金額の推移

出所：レコフ社による集計（同社HPのマール統計により）。

激な円高と，バブル経済の下での株価と地価の高騰による企業の資金余剰を背景に，日本企業によるIn-Out型M&Aが増加したためである。また，日本製品が海外市場を席巻する中で，日本企業が貿易摩擦を解消するために海外市場へ積極的に直接投資し，現地化を進めたことも背景にある。

2000年以降，日本では，M&Aの件数と金額が大きく増加しているがこれはOut-In型M&AではなくIn-In型M&Aの増加によるものである。2000年度には1066件であったIn-In型M&Aは2006年度には2174件と2倍に増加している（図XXI-3）。In-In型M&Aが増加したのは，国際競争の激化や後継者問題，市場の縮小などを背景に，国内の業界再編が進んだためである。

合併ブーム後の日本企業のM&Aの特徴は，リストラクチャリングの有力な手段としてM&Aの役割が一層強調されたことである。M&Aの件数から見ると日本ではIn-In型M&Aが多いのが特徴である。日本企業のIn-Out型M&Aにおいては，ASEAN諸国が占める割合が多く，M&Aが成功する割合もASEAN諸国で行われたM&A全体の6割を超えている。2011年には3300億円だった日本企業のASEAN企業に対するM&A投資は2013年には7540億円だった。日本企業のアジア地域全体へのIn-Out型M&Aのうち，ASEAN企業への投資が占める割合も，2012年の30％から2013年には91％まで増加した。[2]

たがって，製造業者は川上に位置し，販売業者は川下に位置しているといえる。

▷多角化
製品と市場との組み合わせに視点をおく製品市場戦略の1つであり，製品も市場もともに新しい分野に進出して成長を図る戦略。

▷コングロマリット化
既存のビジネスと直接関係を持たない業種にM&Aを行い参入している企業のことを意味する。

▷プラザ合意
1985年9月22日にニューヨークのプラザホテルで開かれた先進5カ国（日，米，英，独，仏）の蔵相会議（G5）におけるドル安誘導に向けた合意のこと。当時，アメリカでは高金利政策が採られていたためドル高の状態にあり，貿易赤字が拡大していた。プラザ合意以降，ドル安・円高が進行し，日本の輸出産業の空洞化が進展した。

▷2　徳山二郎『アメリカの企業合併：その戦略と実際』日本経済新聞社，1969年，27頁。

XXII 戦略的提携

戦略的提携の意義

▷メガ・コンペティション (megacompetition)
1990年代以後，旧ソ連の崩壊とともに，それ以前まで資本主義と社会主義との冷戦がもたらした自由な取引が不可能な状況から一変し，国境や業界を超えて競争が激しさを増している状況をいう。近年では，アジアやラテンアメリカ諸国の台頭により，生産，販売，流通をめぐる競争が激化している。

▷多国籍企業 (multinational corporation：MNC)
「事業を 2 カ国以上で行う企業」「所有と支配を 6 カ国以上で行う企業」などのようにさまざまな定義がなされているが，現代の大企業の多くがこの形態を有している。1950年代の米国で対外直接投資の急増という時代的な背景とともに，多国籍企業の問題が台頭した。

▷ジョイント・ベンチャー (joint venture：JV)
合弁あるいは合弁事業ともいわれ，1 企業では資金力・技術力・労働力が不足し，事業の遂行な困難な状況のため，複数の企業が出資し，共同作業を行うことをいう。自動車産業ではトヨタと GM が1984年に米国に設立した NUMMI が代表的な事例として知られている。

1 企業間ネットワークの重要性

近年，**メガ・コンペティション**といわれるように企業間の競争が激しさを増している中，現代の企業は，個々の有する組織能力では高度な企業目的を達成することが困難なため，企業間ネットワークのような高次の発展形態をとることが必要となる。多様性，複雑性，不確実性などの急激な高まりを特徴とするグローバル化に機敏かつ効率よく対応するため，各々の企業の経営者たちは数多くの戦略的かつ組織的課題に直面する。

ここで注目されるのがネットワーク組織のような柔軟な組織の存在である。近年では，組織間の連結を表現するものとして，ネットワークという概念がしばしば用いられる。ネットワークの概念の規定には論者によってさまざまなものがあるが Aldrich and Whetten（1981）は，「あるタイプの関係によって結ばれたあらゆる単位の総合体（totality）」であると定義している。また，このネットワークの定義を企業に適用すると，ネットワークの形成条件として，①2つ以上の相互に連結されている取引関係が構成され，さらに，②これらの取引関係は市場（market）より比較的に高い統合性をもたなければならない，という。

本章では，経営環境の急激な変化に機敏かつ柔軟に対応するための組織形態として注目されている戦略的提携について検討する。本章の全体的な流れは，戦略的提携の意義，戦略的提携の類型と手法，**多国籍企業**の戦略的提携，そしてその事例を中心に取り上げる。

2 戦略的提携とは

1990年代以後，企業を取り巻く経営環境の急激な変化の中で，生き残りをかけた有効な経営戦略が必要不可欠となっている。そこで現代企業は成長戦略として多角化戦略をとるが，その具体的な方法として，内部開発，買収，合併，**ジョイント・ベンチャー**，アライアンス（提携），そして外部のパートナーとの契約などを行う。

自社にとって必要不可欠な経営資源を獲得するためにしばしば取り上げられる伝統的な考え方に「自社内で作るか，市場から調達するか（make or buy）」がある。必要な経営資源を自社内で作る場合，安定的な供給ができるなどのメ

リットがある反面，その資源の利用までに時間がかかりすぎるなどのデメリットもある。一方で，市場から資源を調達する場合は，自社にとって必要な時に必要な量だけ調達できるという保証がない。このような見地から，企業間で行われる戦略的な提携は自社内で作るものでもない，しかも市場からの調達でもない中間に位置づけることになるであろう。

表XII-1　内部開発と提携の比較

内部開発		アライアンス（提携）	
利点	欠点	利点	欠点
・漸進的拡大 ・企業文化との適合 ・社内の企業家精神 ・内部蓄積	・開発に時間がかかる点 ・新しい資源を構築する必要がある。 ・不十分な規模での参入の恐れ ・失敗は決定的なダメージ ・リスク負担が大きい	・補完産業へのアクセスのスピード ・競争相手からの相互学習 ・規模の利益追求 ・迅速さ ・新規市場への低コストでの参入	・コントロールの欠如 ・潜在的競争企業への支援 ・長期的な継続性に保証がない ・学習を統合する困難さ

出所：デビット・J.コリス，シンシア・A.モンゴメリー／根来龍之他訳『資源ベースの経営戦略論』東洋経済新聞社，2004年，158-159頁。

では提携とは何かについて触れる。ポーター（Porter, M. E.）によれば，提携とは「企業間で合弁とゆかないまでも，事業のいろいろな面での結びつきを深める正式な，しかも長期間にわたる友好関係（alliances）」であるという。また，竹田（1995）は1970年代を境に，提携の様態がそれ以前とそれ以後に異なる展開をしていると主張している。すなわち，1970年以前に多くみられるものとしての「提携（corporate alliance）」と，それ以後によくみられるものを「戦略的提携（strategic alliance）」に分類している。この2つの相違については以下のとおりである。

第1に，70年代以前の提携は，取引パートナー企業の一方が経営資源の提供を，他方が対価の支払いや経営権の取得という関係が多かったのに対し，70年代以後は経営資源や経営機能を相互補完する双方向的な提携へと性質が変わっている。

第2に，70年代以前の提携の対象と範囲が包括的なものであったのに対し，それ以後の提携は企業同士がかなり「限定的」に行われている。

第3に，70年代以後の提携は，それ以前に行われていたものより，企業の長期・短期的な計画に基づいてかなり「戦略的」に行われている。

このような変化がみられる主な要因については企業間のパワー（権力）の不均衡から説明することができる。提携するパートナー企業同士のパワーが不均衡となっている場合には支配・従属関係を形成し，双方が同等のパワーを有する場合は戦略的提携にみられるような対等な関係が自然に形成できるようになる。

日本では特に1980年代後半以後，半導体，コンピュータ，情報通信，バイオなどのハイテク分野を中心に，国境を越えた企業間の連携が急増する傾向をみせている。これらの背景には「グローバル化」**技術イノベーションの複雑化**と「**市場の不確実性**」が主な要因として指摘されている。

▷「技術イノベーションの複雑化」と「市場の不確実性」

従来までは技術イノベーションを先導する機関に企業の研究開発部門，大学，政府機関があり，それぞれの機関が個別にリードしてきた。しかし，グローバル化の進展を背景に，「技術イノベーションの複雑化と市場の不確実性」への対応が困難になってきた。近年，半導体，家電，スマートフォンなどの分野において短期間で日本企業の競争力に迫ってきた韓国や中国のメーカーが行使した競争戦略として注目されているのがオープンイノベーションである。実際に，スマートフォン業界ではサムスン電子と頭角を争っているアップルがすでにこの競争戦略をとっていることが明らかになっている。

参考文献

ポーター，M. E.／土岐坤也他訳『新訂　競争の戦略』ダイヤモンド社，1995年。
竹田志郎「多国籍企業の競争行動と戦略的提携」江夏健一編著『国際戦略提携』晃洋書房，1997年。

XXII 戦略的提携

戦略的提携の類型

1 戦略的提携の類型

ジェイ・B. バーニー（Barney, Jay B.）は，戦略的提携の類型を，業務提携，業務資本提携，ジョイント・ベンチャーに大分している。図XXII-1が示しているように，戦略的提携は，**企業間結合**の強度によって最も緩い結合である業務提携，業務・資本提携，そして最もタイトな結合の形態であるジョイント・ベンチャーに分類することができる。

まず，業務提携（non-equity alliances）については，株式を相互には所有せず，製品・サービスの開発，製造，販売などいずれかを共同で行う形態である。さらに，業務提携の類型には，**ライセンス契約**，配送契約，供給契約などがある。

第2に，業務・資本提携（equity alliances）についてである。これは，業務提携で享受した相互のメリットを生かすため，さらに提携パートナーとの資本関係までを含む形態である。日本では，2008年にドーナツ・チェーン店で有名なミスタードーナツのダスキンと，ハンバーガー・チェーン店であるモス・バーガーとの間に締結した例がこれに当たる。この業務提携の内容は，販売促進のノウハウの共有化，商品の共同開発，衛生・品質管理の情報の共有，共同購買，共同配送，カフェなどの新業態の共同開発などが含まれている。そして資本提携の内容には，ダスキンがモスフードサービスの株式を所有（発行済株式総数に対する割合4.10％を取得）し，モスフードサービスがダスキンの株式を所

▷**企業間結合**
企業間の連結関係は，連結タイプと連結レベルという2次元の分類が可能である。第1の連結タイプは，組織間が非物質的で象徴的な情報で連結されているか，あるいは有形の人材・金銭・製品という資源で連結されているか，に関わる問題である。そしてこの次元は，情報タイプ，資源タイプ，情報とオーバーラップ・タイプの3つに区分される。また第2の連結レベルの次元でいうと，ある組織の個人が別の組織の個人と情報あるいは資源の交換を行う形態の個人的レベルでの連結，当該組織を代表する代表的レベルでの連結，そして当該組織全体の制度的レベルでの連結の形態に分類することができる。

▷**ライセンス契約**
特許や商標などを有する権利者が他者に対してそれらの利用と実施を許容したり，他者から特許の使用の許与を受けたりする取引のことをいう。この契約には国内ライセンスと国際ライセンスに大別される。

▷**経済価値**
産業体制によって生産され

```
                    戦略的提携
       ┌───────────────┼───────────────┐
   業務提携                          ジョイント・ベンチャー
株式を持ち合ったり，その               提携パートナー企業が共同
共同事業を管理するための               で投資をして独立組織をつ
独立組織はつくらず，契約               くる。その組織から得られ
を通じて企業間の協力をつ               る利益をパートナーで所有
かさどる。                            する。
                 業務・資本提携
              契約による協力関係を補強
              するため，一方が提携パー
              トナーの所有権に投資する。
              相互に投資することもある。
```

図XXII-1　戦略的提携の類型

出所：ジェイ・B. バーニー／岡田正大訳『企業戦略論（下）』ダイヤモンド社，2003年。

有（発行済普通株式の1.55％を取得）する形をとった。

2 戦略的提携の経済価値

次に，戦略的提携で享受できる**経済価値**には，規模の経済の追求，競合からの学習，リスク管理とコスト分担，**暗黙的談合**の促進，低コストでの新規市場参入，新たな業界もしくは業界内新セグメントへの低コスト参入，業界もしくは業界内セグメントから低コストでの撤退，不確実性への対処などさまざまである。**表XXII-2**では，戦略的提携で享受できる経済価値の内容を具体的な事例で明らかにしている。

では上述した企業同士間の提携は表XXII-2で示したさまざまな経済価値について必ずしも同一の目的でのみ行われているのか。答えは「ノー」である。提携に至る企業同士が同一の目的である場合が対称型提携（symmetric alliance），異質である場合が非対称型提携（asymmetric alliance），そして同一の目的で異なる利害を有する場合を混合型提携（mixed alliance）という。これは業界の構造によってそれぞれ異なる結果となる。一般的に，規模の経済性と暗黙的談合を追求する場合は，対象型提携となり，低コストでの新規市場参入，新たな業界や業界内新セグメントへの低コスト参入，競合からの学習は非対称型提携の形をとる。さらに，不確実性の対処，リスク管理とコスト分担を追求する場合は混合型提携の形になる。

しかし，戦略的提携によって得られる経済的価値がいくら大きいとしても，パートナー企業同士（仮にA社とB社だとする）が戦略的提携を締結しようとする基本的な前提は，経営資源や保有資源を統合することによって享受する経済価値がそれぞれの企業が独立して活動して手にした合計の経済価値より大きいという点である。これを図式で表すと以下のようになる。

NPV（A+B）＞NPV（A）＋NPV（B）

NPV（A）：企業Aの資産単独の正味現在価値
NPV（B）：企業Bの資産単独の正味現在価値

表XXII-2　戦略的提携の経済価値

項　目	内　容	事　例
規模の経済の追求	個別に実現できないコスト優位を提携によって実現可能	アルミニウム業界でのボーキサイト採掘のために行われたジョイント・ベンチャー
リスク管理とコスト分担	新事業に投資する際のリスクやコストの分散が可能	米国のビッグスリーのハイリスク・ハイリターン型の研究開発に提携関係を構築
競合からの学習	業界全体の競争力増大のため，競合相手同士で重要なスキルや能力を学習する機会を提供	GMとトヨタのジョイント・ベンチャー
暗黙的談合の促進	法律で禁じられている直接的談合を回避するため提携の形をとる	1900年代初頭の米国の鉄鋼業界の企業間のジョイント・ベンチャー
低コストでの新規市場参入	新規市場，特に海外市場への参入コストを削減するために提携する形態	米国企業の日本市場への参入時にとった日本企業との提携
新たな業界もしくは業界内新セグメントへの低コスト参入	新たな業界への進出を試みる際に，既存のスキルや能力の修得や差別化を図る際の戦略	デュポンとフィリップとのエレクトロニクス業界への参入時の提携
業界もしくは業界内セグメントから低コストでの撤退	期待していたパフォーマンスに達していない状況でその市場からの撤退費用を低減する際に必要な戦略	1980年代後半における医療診断事業をめぐるコーニングとスイスのチバ・ガイギとの提携
不確実性の対処	ある特定の時点での複数の戦略オプションがあるため，自社の追求すべき戦略が特定できない際に必要な戦略	AT&A社の地域事業で子会社設立を行った時に地元企業数百社と締結した提携

出所：ジェイ・B.バーニー／岡田正大訳『企業戦略論（下）』ダイヤモンド社，2003年，9-23頁を筆者が整理。

る実質的価値あるいは実態的価値のことをいう。これはヴェブレンによって提唱された概念である。

▷**暗黙的談合**
直接対話と交渉などで行われる明示的談合（explicit collusion）と対比される概念であり，同業他社の出荷量や価格決定を相互に観察しながら，出荷量や価格戦略を間接的に調整する行為のことをいう。

参考文献

ジェイ・B.バーニー／岡田正大訳『企業戦略論（上）（中）（下）』ダイヤモンド社，2003年。

XXII 戦略的提携

3 多国籍企業の戦略的提携

1 提携と戦略的提携

戦略的提携という用語の定義については XXII-1 で述べたとおり，竹田（1995）が，1970年代を境にそれ以前とそれ以後に分け，1970年以前に多くみられたものを「提携（corporate alliance）」，それ以後によくみられるものを「戦略的提携（strategic alliance）」としている。

▷1 この2つの相違点については XXII-1「戦略的提携の意義」を参照。

2 資源調達のプロセス

戦略的提携を通して持続的競争優位を維持できるのか。この成功の鍵は，提携後に期待できる**シナジー効果**が常に潜んでいる機会主義的な行動で蒙るコストより大きいかどうかにかかっている。この分析に有効な手段として登場するのがVRIO分析である。すなわち，V（value, 経済価値），R（rarity, 稀少性），I（inimitability, 模倣困難性），O（organization, 組織からの支援）という4つの基準でこれから獲得する経営資源や**ケイパビリティ**が自社にとって必要であるかを分析し決断する。このVRIO分析を行う理由は，企業の経営資源やケイパビリティがバリューチェーン（value chain）のいずれかの活動で発揮されていることがわかったとしても，企業の強み・弱みの分析にそのまま適用するのは不都合もありうるからである。

▷シナジー効果
⇒ XIX-4「経営資源と事業の多角化」

▷ケイパビリティ（capability）
企業がもつ組織的能力・素質・可能性など。

表XXII-3 ではVRIO分析の4つの基準によって行われた経営資源評価のためのフローチャートを示している。本格的な分析を行う前に必要とされる事前調査で自社の経営資源を評価する。「外部条件として経済価値があるのか」→「組織がきちんと整備されているのか」→「稀少性はあるのか」→「他社が模倣するのに時間がかかるのか」という順で分析を行い，自社に必要な経営資源やケイパビリティを

表XXII-3　VRIO分析の具体的な内容

分析要素	問われる価値	具体的な事例
V（value）：経済価値	その企業の保有する経営資源やケイパビリティは，その企業が外部環境における脅威や機会に適用することを可能にするか	顧客の要求する機能や価値を提供可能とする経営資源
R（rarity）：稀少性	どれくらい多くの競争企業が，特定の価値ある経営資源やケイパビリティを既に保有しているのか	例えば，トヨタが有する作業者の判断を優先する「ロボット型工場」の事例
I（inimitability）：模倣困難性	ある経営資源やケイパビリティを保有しない企業は，その獲得に際し，それを保有する企業に比べてコスト上有利であるか	直接的複製（direct duplication）か，代替（substitution）による模倣のいずれかの方法が困難な場合
O（organization）：組織からの支援：	その企業は，自社が保有する経営資源やケイパビリティを十分に活用できるように組織化されているか	企業における公式の命令・報告系統・マネジメント・コントロール・システム，報酬体系

出所：筆者作成。

明らかにする。

3 多国籍企業間の戦略的提携

一般によく知られている戦略的提携の事例は日米の自動車メーカー間で長年にわたって行われてきたものがある。具体的にはトヨタとGM，三菱自動車とクライスラー，フォードとマツダなどがその代表的なものである。このように国をまたいで国際的に展開されていた多国籍企業間の戦略的提携は，先述したように自動車業界ではすでに一般的パターンとして認識されている。例えば，トヨタとGM間の戦略的提携が行われたものにシボレ・ノバという小型車があるが，これは当時1車種に限られていた。GMの立場からは，高品質の小型車を，高収益率を確保しつつ製造する手法を学習する意図はあっても，トヨタの車デザイン能力を吸収する目的はなかった。

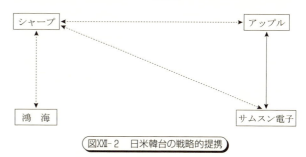

図XXⅡ-2　日米韓台の戦略的提携

出所：『日本経済新聞』2012年7月13日朝刊より筆者作成。

一方で，近年みられる日米韓台の企業におけるグローバルな次元での戦略的提携は上述した自動車メーカー間の単純な提携より，さまざまな事情でより複雑な展開をみせている。これは，具体的に日本のシャープ，米国のアップル，韓国のサムスン電子，そして台湾の鴻海という4社が2012年度から2013年度にわたって行ったものであり，戦略的提携の類型，目的，パワー関係などの面において各々複雑な形で展開されている。

図XXⅡ-2が示しているように，スマートフォンのモノづくりをめぐる多国籍企業間の取引は実に目まぐるしい展開がなされている。

まず，本章の第2節で紹介した戦略的提携の類型によれば，図XXⅡ-2が示しているようにアップル・サムスン電子間の業務提携と，シャープ・アップル間，シャープ・鴻海間，シャープ・サムスン電子間の業務・資本提携が行われている。興味深いのは，シャープ・アップル間，シャープ・鴻海間，シャープ・サムスン電子間の業務・資本提携にみられるように，2社間の必要に応じて単なる業務提携の次元から，業務・資本提携へと取引関係を強化する方向にいく形と，アップル・サムスン電子間にみられるように単なる業務関係に止まっているケースもあることである。特に，後者の場合は，新聞やニュースなどのマスコミによく知られているように，取引の初期段階ではサムスン電子がアップルに半導体やディスプレイなどのようなスマートフォンの性能を左右する中核部品を納入する段階では友好な関係だったが，サムスン電子が完成品を制作してスマートフォン市場に参入した後に敵対関係に変わったケースもある。

XXII 戦略的提携

戦略的提携の課題

1 戦略的提携の異なる選択

　成熟市場か新興市場か，国内中心市場か国際業界か，市場分散型業界での戦略グループの有無によっても異なる戦略的提携の選択を行う。

　一方，これらの提携を行う際に，伝統的な考え方として登場するのが XXII-1 でも述べた企業間のパワー（権力）がいかなる形になっているかが重要なポイントとなる。両者のパワーが不均衡となっている場合には支配・従属関係になりがちである。また同等のパワーを有する場合は対等な関係になる。

2 戦略的提携の限界

　さまざまな利点があるにも関わらず，後述する逆選択，モラル・ハザード，ホールドアップのような提携を裏切るインセンティブも常に潜んでいる。先述したように，企業パートナー同士では戦略的提携が成立するための条件は，パートナー企業同士が，経営資源や保有資産を統合した場合に期待できる経済価値が，それぞれの企業が単独で手に入れる価値を合算した経済価値より大きい場合のみが大前提である。しかし，これらの前提は時間の経過や企業に立ちはだかるさまざまな経営環境の変化によっていくらでも変動する可能性が常に存在する。

　これらの問題は，**エージェンシーコスト・アプローチ**という観点から取り扱った場合に，必ず登場するのが**機会主義**である。言い換えれば，この問題は，サプライヤーが自己利益（self-interest）を自由に追求するという面から発生するものであり，企業間で行われる取引は「契約」という形で進められるのが一般的であるため，最初から発生しうるすべての問題を想定できない。したがって，取引当事者間ではしばしばモラルに反しない範囲内で利己的な行動をとろうとする傾向がみられる。これは自己利益の追求と戦略的な行動として経済学の分野では古くから重要な課題として取り扱ってきた。したがって機会主義を回避するために，取引当事者には相互の利益に合致させるためのインセンティブを提供する必要がある。これは，サプライヤーの行動を監視したり，成果の報酬を計算したりすることによって実現される。機会主義は企業間関係（inter-firm relation）の構築を崩壊させる深刻な危険要因になりうるという点では真剣に考えなければならない課題である。

▷エージェンシーコスト・アプローチ（agency cost approach）
エージェンシーコストとは株主と経営者との間の利益相反により発生する費用のことをいうが，両者が自己の利益を高めようとする観点からアプローチする。

▷機会主義（opportunism）
日和主義ともいわれ，経済学における古典的な概念であり，人間の行動する前提として各々の経済主体が自己利益追求のために与えられた情報を戦略的に操作したり，意図を偽って伝えたりする行動パターンのことをいう。

第1の「逆選択（adverse selection）」は「提携候補企業が提携に持ち寄るスキルや能力の価値を偽って提示すること」を意味する。これは提携時に必要とされる有利な位置に立つため，自社が最初から保有していないか，もしくは入手不可能な状況におかれているにも関わらず，経営資源を提供すると約束してしまう場合がこれに当たる。これが発生する場合は，提携パートナーが期待していた経営資源や**ケイパビリティ**を正確に把握できないか，当初予測していた状況より費用が発生してしまう。したがって，提携を結ぼうとする際には，パートナー企業と提携することによって，期待する経済価値を手にすることができるかを判断する，それなりの知識や経験を有する人的資源が必要とされる。この「逆選択」は取引開始前に経営資源やケイパビリティの質的かつ量的な情報に非対称性が存在する場合に発生する。

　第2は「**モラル・ハザード**」であるが，取引が成立した後に取引パートナー企業同士で生じる**情報の非対称性**の問題である。具体的には，取引企業同士が提携で価値を発揮する優れた経営資源やケイパビリティを保有しながらも，意図的に活用しないことがこれに該当する。もし，提携が失敗に終わった場合は，提携したパートナー企業を，相互がモラル・ハザードだと非難することもしばしばある。しかし，実際に経済活動を行って失敗となった場合には，実に当該取引とは無関係な無数の理由で失敗に終わってしまうケースも多い。

　第3は「ホールドアップ」である。これは逆選択やモラル・ハザードのような機会主義的な行動をとらないとしても，相対的に**取引特殊な投資**を少なく投資した企業の方がとる機会主義的な行動をいう。言い換えれば，これは取引パートナー企業同士で比較的に取引特殊な投資の量が少ない企業の方が，提携が成立した初期に合意した水準をはるかに超える利益を他方の企業に要求する場合を指す。

　この問題は，先述したように，取引締結時に発生しうるあらゆる不確定な要素を契約内容に織り込むことが困難な不完備契約に起因する。具体的には，自動車産業における組立メーカーと部品メーカー間にしばしばみられるのがこれである。特に，資金力が不足しがちな部品メーカーの場合，取引特殊な資産を一旦投資してしまうと，組立メーカーとの交渉力の面において不利な立場に置かれてしまう。逆に，事前に投資して取引特殊な資産があるため逃げ場を失った部品メーカーを，真に「手をあげさせる（hold up）」と有利な立場になる。

▷ケイパビリティ（Capability）
企業の有する組織的能力。

▷モラル・ハザード
⇒Ⅶ-3「日本の企業倫理」
▷情報の非対称性
市場における各主体の情報における量と質の保有量に格差があるため生じる問題のことをいい，この問題が発生する不利益をこうむる主体がでる。
▷取引特殊な投資
投資した特殊性を持っているため，その試算が限定された用途に使用される時のみに特に高い価値を持つという投資。

（参考文献）
デビット・J. コリス，シンシア・A. モンゴメリー『資源ベースの経営戦略論』東洋経済新報社，2004年。
イブ・ドーズ，ゲイリー・ハメル／志太勤一・柳孝一監訳『競争優位のアライアンス戦略』ダイヤモンド社，2001年。
ジェイ・B. バーニー／岡田正大訳『企業戦略論（下）』ダイヤモンド社，2003年。
竹田志郎・島田克美編著『国際経営論：日本企業のグローバル化と経営戦略』ミネルヴァ書房，1992年。
江夏健一編著『国際戦略提携』晃洋書房，1995年。

第 6 部

中小企業とベンチャービジネス

guidance

　日本では廃業企業数が新規開業企業数を上回るという深刻な事態が続いている。これは企業の数が年々減少していくことを意味し，したがって雇用が減少していくことを意味している。そればかりでなく，新しい技術や経営ノウハウをもった新しい企業の設立が減少するということは，日本の経済の活力が失われていくことを意味している。いまやグローバル企業に成長したホンダや松下電器も町工場から出発したことを思い起こせば，中小企業の新規開業が将来の日本経済にとっていかに重要な意味を持つかがわかるであろう。

　中小企業の設立を資金調達や技術の面から支援することによって，有力なベンチャービジネスが続々と生まれた例としてアメリカのシリコンバレーを挙げることができる。シリコンバレーをモデルとしたベンチャービジネス支援は現在わが国において産学連携，TLOなどといった形で徐々に実現しつつある。特に大学発ベンチャービジネスの成功例としてiPS細胞による再生医療（京都大学），医療用としても普及が進む装着型ロボット（筑波大学）など世界最先端の事業が次々と生まれている。第6部では，日本経済の活性化にとって重要な役割を担う中小企業とベンチャービジネスについて学ぶ。

XIII 日本の中小企業の現状と課題

わが国における中小企業

1 中小企業とは何か

わが国における中小企業は全産業の9割以上を占めているが，その中小企業を一概に規定することは難しい。実際，国際的にも中小企業についての定義は定まっていない。そのため，一般的には中小企業を大企業との相対化の中で，従業員数，売上高，資産額等を手掛かりに量的に規定している。

とはいえ，この量的な規定が中小企業にとって本質的に重要なものではなく，その中小企業の内側にひそむ質的な規定こそが意味を持つのである。言い換えれば，量的な側面だけで中小企業を規定すると，質的な側面が曖昧になり，中小企業の実体を理解することは難しい。だからこそ，中小企業を理解するには，量的な側面と併せて質的な側面の両輪を理解し，中小企業を規定していかなければならないのである。

実際，これまでの中小企業は大企業と比較すると前近代的であって，大企業に従属する**二重構造**を成していた。しかも，中小企業の多くは，経済の影響を受けやすく，またさまざまな問題を抱えている。だからこそ，政府は，このような状況にある中小企業が再生し，経済的な自立を可能にするための政策を立案・施行してきたのである。

また，現在の中小企業は，大企業との従属した関係だけでなく，高い経営能力も活かしており，その意味で自らが中小企業であることに有利性を見出している。したがって，これまでの中小企業は経済的弱者であるといった理論がすべてではなく，むしろ中小企業は，中堅企業や大企業へと成長する導入部であると考えることができ，中小企業にとって，質的な側面こそがその浮沈を左右しているのである。

2 中小企業の規模別企業数と従業員数

中小企業基本法によれば，中小企業とは，おおむね，資本金3億円以下または常時雇用する従業員300人以下の会社および従業員300人以下の個人企業を指す。ただし，卸売業の場合は，資本金1億円以下または従業員100人以下，小売業の場合は，資本金5000万円以下または従業員50人以下，サービス業の場合は，資本金5000万円以下または従業員100人以下のものとしている。

また，小規模企業・零細企業は，従業員20人以下の企業を指している。ただ

▷**二重構造**
近代的大企業と前近代的零細企業が並存し，両者の間に資本集約度・生産性・賃金などに大きな格差があるような経済構造。

▷**中小企業基本法**
中小企業基本法は，企業間格差の存在と中小企業の存立基盤の変化に対処して，わが国の中小企業ないし中小企業政策の方向付けを行うことを内容とする法律で，1963年に施行された。その後，経済社会情勢の変化を背景に，1999年12月に法の改正が行われた。改正法では，旧法の「大企業との格差の是正」という基本理念を転換し，中小企業については，独立した中小企業者の自主的な努力を支援することで，その多様で活力ある成長発展が図られねばならないとした。

し，卸売業，サービス業および小売業については，従業員5人以下のものとしている。

さらに，『中小企業白書 2014年版』から中小企業を規模別に確認すると，第一次産業を除く産業を，鉱業，建設業，製造業，電気・ガス・熱供給・水道業，運輸業・郵便業，卸売業・小売業，宿泊業・飲食サービス業，金融業・保険業，不動産業・物品賃貸業，生活関連サービス業と区分することができ，大企業との比較において，どの産業においても中小企業の割合は97％をはるかに超えていることがわかる。

一方，中小企業の規模別従業員数であるが，企業数のように中小企業がおおむね97％を超えることはない。実際に中小企業の従業員数で大企業に対し90％を超えている産業は，鉱業，建設業，不動産業・物品賃貸業であり，限りなく90％に近い産業として運輸業・郵便業，宿泊業・飲食サービス業，生活関連サービス業などがあげられる。

ここから，大企業と比較し中小企業の企業数の圧倒的な多さに対し，従業員数は，大企業の規模と従業員数が比例関係にあることを意味している。

このように日本経済は，圧倒的に大多数の中小企業とわずかな大企業とで構成されている。

3 中小企業の従業員数の付加価値額

このように中小企業を量的な側面から企業数や従業員数によって確認したが，ではその質的な側面はどうなっているのであろうか。

たとえば，**表XIII-1**から，中小企業の製造業における従業員1人当たりの付加価値額を見ると，企業規模が大きければ大きいほど高いことがわかる。

つまり，中小企業はおおむね企業数や従業員数で大企業をはるかに上回っているが，実は，企業活動によって生み出される従業員の付加価値の生産性は，大企業に及ぶことはないのである。

表XIII-1 製造業における従業者1人当たりの付加価値額

(単位：10億)

年 従業員数	1995	1997	1999	2001	2003	2005	2007	2009	2011
4～9人	5.76	6.12	5.8	5.62	5.44	5.68	6.07	5.25	6.19
10～19人	7.02	7.43	7.07	7.29	7.07	7.47	7.64	6.8	7.81
20～99人	8.58	9.08	8.82	9.13	9	9.42	9.28	8.12	9.3
100～299人	12.09	12.76	12.67	12.8	13.25	13.81	12.98	11.27	13.38
300～999人	16.61	17.38	16.56	16.23	16.36	17.56	16.61	13.78	16.39
1,000人以上	19.52	21.05	19.41	19.58	22.77	23.38	23.24	14.8	19.14

(注) 付加価値額のうち，2000年以前の従業員規模4～9人及び2001年以降の従業員29人以下については，粗付加価値額を集計している。
出所：中小企業庁『中小企業白書 2015年版』付属統計資料から作成。

XXIII　日本の中小企業の現状と課題

2 戦後の中小企業の歴史的背景

▷**集中排除法**
日本の財閥解体の一環として、大企業の経済力の集中を排除し分散させるために、1947年に制定された法律。米占領政策の転換でこの法律は徹底されなかった。一般的に集中排除法といわれているが、正確には、過度経済力排除法である。

▷**独占禁止法**
トラスト・カルテル等による競争の制限や事業活動の不当な拘束を排除し、企業結合等による過度の経済力集中を防止して、公正かつ自由な競争を促進し、国民経済の健全な発達を目的とする法律。正式名称は「私的独占の禁止及び公正取引の確保に関する法律」。1947年施行され、独禁法と一般的にいわれている。

▷**ドッジライン（Dodge Line）**
1949年に、アメリカ政府は、インフレに悩む日本経済の安定と自立を図るため、当時デトロイト銀行頭取ドッジをトルーマン大統領の特命公使として日本に派遣した。彼の指導による一連の経済安定政策をドッジラインという。

▷**中堅企業**
企業規模が大企業と小企業の中間にあり、独自の技術や製品を持ち、それぞれの分野で高い市場占有率を維持している企業。

1 戦後の中小企業の展開：1945年から1960年代まで

現在の中小企業は、歴史的変遷を通じ進展してきた。特に、質的側面は、この中小企業の歴史によって培われたのである。では、第二次世界大戦後から、中小企業の展開を確認していく。

敗戦後、GHQの統制下に置かれたわが国の政府は、財閥の解体を目指した経済民主化を実現するため「**集中排除法**」および「**独占禁止法**」を1947年に制定した。その後、政府は1948年に中小企業庁設置法を制定し、大企業の独占を禁じ、同時に中小企業に大企業に対しての健全なカウンターパワーとしての役割を担わせようと試みた。

しかし、1949年に実施された金融引き締め策である**ドッジライン**が、わが国に深刻な経済危機をもたらした。だが、わが国の中小企業は、この危機を転じて大企業からの自立化を実現することができ、また、1950年の朝鮮戦争による特需のため、わが国の経済危機は回避された。

その後、政府の施策は大企業の発展に寄与するものとなったが、それが中小企業を脱中小企業へと刺激し、結果として、**中堅企業**を出現させた。またその結果日本経済は大きく進展し、1968年にわが国はGDP（国内総生産）で世界第2位の経済力を持つことになった。

2 1970年代

1970年代はまさにわが国は高度成長のただ中にあったが、1970年、固定相場制から変動相場制への移行に伴って国際的な通貨危機が起こる。また、1973年および1979年に起こった石油ショックは原油価格の高騰を引き起こし、世界的な経済危機をもたらした。

さらに、この高度成長により発生した公害が深刻な社会問題を引き起こす中で、わが国は、これまでの大量生産、大量消費政策からの構造転換を迫られ、すべての企業は環境に関しても社会的責任を負わなければならなくなった。その結果、大企業はこの社会的な責任に応えるべく、生産の合理化を進めていく。

具体策として、大企業は多品種・少量生産への構造転換を図り、同時に、人員削減や生産規模縮小、さらには賃金カットを行った。そのため、下請け関係にあった中小企業にとって生産規模縮小は大きな打撃となり、経営を厳しいも

のにしたが，中小企業はこの危機を自ら合理化を行うことによって乗り越えていくのである。

③ 1980年代

1980年代に入ると，これまで70年代の世界経済危機により培われてきた企業努力が開花し，わが国の経済力を向上させていく。しかし，アメリカはわが国と違い，国際競争力が低下しており，対日貿易収支の赤字は巨額なものとなっていた。このため，アメリカでは日本製品を排除する事態が起こった。

1985年，G5（先進5カ国蔵相・中央銀行総裁会議）が開かれ，円高・ドル安政策を採ったプラザ合意がなされた。また，1988年アメリカにおいて，不公正な貿易慣行・障壁を有する国に対し報復措置を採る**スーパー301条**が施行された。このようなプラザ合意やスーパー301条の施行を受け，わが国では急速な円高が進行し，円高不況の発生が懸念されたために，低金利政策および内需拡大政策が採られた。また，同時に産業の空洞化現象が起こった。

この産業の空洞化とは工場が海外に移転することを意味するが，これは製造業の中小企業にとって非常に厳しいものになった。だが，低金利政策および内需拡大政策により，株式投資や不動産投資などのマネーゲームが促され，わが国はこれを機に，**バブル経済**へ突入していく。中小企業もこの好景気により，結果として生き延びていくのである。

④ バブル崩壊後から現在

このバブル経済は「平成景気」と呼ばれ，1989年に絶頂期を迎える。1990年3月に大蔵省（現：財務省）は異常な資産価格の上昇を抑えるため「土地関連融資の抑制について」（**総量規制**）という政策を施行し，景気を人為的に後退させた。しかし，この施策は大蔵省の予想を上回る急激なスピードで景気を後退させ，わが国の経済は混乱し，世界的信用を失墜させていく。

このようにして，1990年を境にわが国のバブル経済は崩壊した。この崩壊は多くの企業倒産，それに伴う高い失業率，さらに巨額の不良債権を生み出し，十数年にわたる長期不況を発生させた。その結果，多くの中小企業は倒産に追い込まれていく。ただ，その一方で，他の中小企業がこの厳しい環境を打破し，業績を徐々に伸ばすことができた。この中小企業は，独自の経営資源を持ち，それを高度化し経営に活かしていた。

この大きなきっかけとなったのが2000年に施行された**IT基本法**である。すでにアメリカでは1990年代にインターネットが普及し，新ビジネスが創出されていたが，わが国においてもこのIT基本法を機にインターネットが中小企業にも普及し，独自の経営資源を持つ中小企業にとってはこのインターネットが経営強化に結びついていったのであった。

▷スーパー301条
1988年アメリカで制定された包括通商・競争力法の条項の1つ。不公正な貿易政策をとる国を特定し，制裁措置を振りかざしながら譲歩を迫るための法律。

▷バブル経済
資産価格が，投機によって実体経済から大幅にかけ離れて上昇する経済状況。

▷総量規制
バブル期では金融機関の不動産向け融資に対する総貸出を基準とした規制で，地価高騰と土地投機抑制のため策定された。

▷IT基本法
正式には「高度情報通信ネットワーク社会形成基本法」であり，高度情報通信社会の形成を迅速かつ重点的に推進することを目的として策定された。

XXIII 日本の中小企業の現状と課題

中小企業の多様性

▷企業性，立地，独立性
この基準は清成忠男の『中小企業読本（第3版）』（東洋経済新報社，1997年）を参考にした。

1 社会的分業からの進展

中小企業は，これまで述べてきた通り，業種，業態，規模の面でさまざまな多様性を持っているため一律に論じることはできない。これは，中小企業が，経済発展にともない，社会的に分業の役割を担ってきたことの表れであるといえる。

しかも，中小企業はこの社会的分業によって，量的に増加しただけでなく，質的にも変容していった。つまり，中小企業は量的な多様性と同時に質的な多様性を持って進展していったのである。

以上の点を踏まえ，**企業性，立地，独立性**の3つの中小企業の基準により，中小企業の多様性を確認する。

2 企業性基準

中小企業をその企業性に着目し，類型化すると次の4つのタイプになる。

○本来の企業

企業の理念に従えば，従業員を雇用し，主として利潤の極大化を目的に行動する。規模的には，中堅企業，中企業，小企業に分かれる。しかし，企業といえども，成長性は経営資源によって大きくバラつく。

○企業的家族経営

業主である経営者と主たる従業員が家族といった特徴を持つが，一般の従業員も雇用しており，企業として確立している。また，利潤と賃金とを明確に分類しており，「本来の企業」へと推移するものも少なくはない。

○生業的家族経営

業主と家族従業者主体の経営であるが，企業以前の存在である。利潤と賃金，営業と家計はそれぞれ分離していない。経営の動機は，生活費としての業主所得の極大化である。

○副業的・内職的家族経営

家計補助を目的として営まれ，支出を補う経営を行う。経営資源はそれほど必要ではなく参入が容易である。

③ 立地基準

中小企業はその立地する場所の需要面と供給面とによって経営活動のタイプが異なる。これを基準に類型化すると次の2つがあげられる。

○需要指向立地型

需要が存在する場に接近して立地するタイプの中小企業であり，小売業，製造業，建設業などの地域産業である。また，地域の住民から生ずる局地的な需要を自らの市場とするタイプの産業があげられる。

○供給指向立地型

生産要素の調達に規定されて立地するタイプの中小企業であり，原材料や労働力などの調達，観光資源，港湾などの自然条件に規定される立地を選択する。また，現在のように資源が稀少化し，資源立地として成り立たない地域にも，蓄積された経営資源に依存する理由で立地する場合もある。

その意味で，この供給指向立地型では，特定の地域に立地して産地を形成し，産地内部に社会的分業を展開する地場産業型中小企業と，主として組立工業の大企業に部品や半製品を供給したり，大企業の生産設備そのものの供給やそれに付随するサービスを提供する大企業関連型中小企業が存在する。

④ 独立性基準

大企業と関わりを持つ中小企業は少なくない。同時に，大企業から独立し，自主的に価格形成を行える中小企業も存在する。その意味で，次のように大企業との関係を基準にした2つの類型があげられる。

○独立型中小企業

独立型中小企業は明確に規定できるというわけではないが，経営者の理念から，大企業との関係で独立型であると考える。たとえば，大企業とどちらが価格形成で決定権を持つかなどが独立の尺度として考えられる。

○従属型中小企業

従属型中小企業を支配する企業は，大企業はもちろんのこと，中小企業の生産者，商社，問屋，小売業，独立型中小企業など多様である。つまり，この中小企業は大企業の下請けだけでなく，中小企業の下請けとなる企業である。

以上，企業性基準，立地基準，独立性基準といった類型から中小企業を量的および質的な面でその多様性を確認してきたが，実はこの企業性基準，立地基準，独立性基準のそれぞれにも一元化できない多様性が存在する。たとえば，「健全な経営」といった面で考えると，どの基準においても中小企業ではその良否は存在する。次節においては，この「健全な経営」といった質的な視点で中小企業を考えていく。

XXIII 日本の中小企業の現状と課題

 問題性中小企業と完全機能型中小企業

中小企業の健全性

これまで中小企業がわが国にとって，欠くことのできない存在であり，その歴史的な変遷，また，その量的・質的の両面から中小企業の多様性を確認してきた。

このように考えると，中小企業は多様性を持ち一元化できないが，実はいかような中小企業であっても，経営の諸機能が整備され，それが効果的に働くのであればその中小企業は発展していくのである。言い換えれば，中小企業の経営内部にある経営資源の成熟度が，中小企業の発展の可能性のキーとなり，そのキーこそが中小企業が質的な面で整っていると規定できるのである。

ここでは，このような経営資源を有効に活かすことのできる中小企業を「健全な中小企業」と呼び，中小企業の健全性について考えていく。

2 健全な中小企業とは何か

では，ここで改めて健全といった視点で中小企業について整理すると，自らの経営資源を有効に活かすことのできない中小企業と，また，その逆で経営資源を自らの経営強化の糧として発展している中小企業が確認できる。

ここでは，その経営資源を活かすことのできない中小企業を**問題性中小企業**とし，また，経営資源を活かし発展している中小企業を**完全機能型中小企業**とし，中小企業と経営資源の関係について考えてみたい。

○問題性中小企業

中小企業の抱える一般的な問題の原因は，経営者が経営者としての高い意識を持つか否かによる。もしその高い経営者としての意識が希薄であるなら，実体としてその中小企業は生産性が上がらず，経営資源を有効に活用するどころかその企業の規模利益の適正な算出もおぼつかない。このような中小企業を問題性中小企業と呼ぶ。

つまり，問題性中小企業とは，企業としての使命である存続・発展するといった正常な機能を持たず，経営不振，従属経営，経営破綻などに陥ってしまう中小企業のことをいう。

○完全機能型中小企業

完全機能型中小企業とは，独自の経営資源を持ち，細分化された社会的な分

▷問題性中小企業，完全機能型中小企業

これは加藤孝の「県央地域活性化戦略への示唆」『地域活性化ジャーナル』(第12号，新潟経営大学地域活性化研究所，2006年) を参考にしたが，この問題性中小企業，完全機能型中小企業は，多くの研究者によって様々な解釈がある。

業関係の中で，自立した企業活動を行うに当たって必要な機能を備えた中小企業をいう。さらにいえば，完全機能型中小企業とは付加価値のある生産性の向上や，知識集約化を実現し，競争力を増幅させてきた中小企業を指す。

具体的には，中堅企業やベンチャービジネスのごとく，健全なビジネスを展開し，企業を存続・発展させているものを指している。

このように中小企業は，企業性基準，立地基準，独立性基準に類型化でき，それぞれの類型の中で，問題性あるいは完全機能型といったどちらかの側面を持つ。その意味で，中小企業が仮に問題性中小企業であったとしても，その問題を克服することができるなら，その中小企業はいつでも完全機能型中小企業へと発展する可能性を持つのである。

③ 中小企業の今後の可能性

これまで述べてきた通り，中小企業は大企業と比べ圧倒的な企業数を誇っているが，その中小企業を単純に一元的に捉えることは難しい。だが，中小企業はわが国の経済にとって重要な存在であり，中小企業なくしてわが国は成り立たない。

というのも，中小企業がわが国の大企業だけでなくすべての産業の基盤を支えているからである。実際，地域の自立がさまざまな経済的な局面で求められていく中で，地域を支えてきた中小企業の活性化は，多くの地域にとって切実な問題ともなっている。それは，都市部の中小企業もさることながら，地域に存在する中小企業が地域の経済を支える重要な軸となっているからである。

しかしながら，中小企業の倒産率はここ数十年5％以上を示しており，残念ながら中小企業の開業率を上回っている。特に，地域の中小企業の倒産は地域経済に打撃を与える厳しさを持つ。

この原因は，中小企業が経済状況や大企業といった取引先との外部環境に直に影響を受けてしまうからである。

その意味で，政府をはじめ地域の行政機関は，問題性中小企業だけでなく完全機能型中小企業へも施策を講じていかなければならない。というのも，中小企業の多くの施策は，問題性中小企業への支援に重きが置かれる嫌いがあるからである。

実際，この完全機能型中小企業の支援は，その企業の存続にとどまらない。特に，地域などでは，完全機能型中小企業の成長が，問題性中小企業に対して，インセンティブを与えることができ，そのことが，いずれはその問題性中小企業の再生だけでなく地域への再生にも結び付くのである。

以上から，中小企業がどのような量的な多様性を持ったとしても，質的に健全性を持つことこそが，中小企業を存続・発展させ，さらに中堅企業，大企業へ進展させていくのである。

参考文献

清成忠男『中小企業読本（第3版）』東洋経済新報社，1997年。

加藤孝「県央地域活性化戦略への示唆」『地域活性化ジャーナル』第12号，新潟経営大学地域活性化研究所，2006年。

XXIV　日米のベンチャービジネス

 ベンチャービジネスとは

1　ベンチャービジネスの意義

われわれに馴染み深いアップル，インテル，マイクロソフト，サン・マイクロシステムズ，ヒューレット・パッカードなどのハイテク産業の米企業がある。これらのベンチャ企業が有する共通点は日本の埼玉県くらいの面積のサンフランシスコ郊外にある**シリコンバレー**で生まれたことである。1980年代までのアメリカの長い不景気のトンネルを潜り抜ける立役者にも例えられてもいる存在である。米国の現代のベンチャービジネスはそのほとんどがハイテク産業の分野であり，新たな技術や製品とサービスを生み出す源となっている。そのほとんどがシリコンバレーから出発しており，スタンフォード大学・研究所・リサーチパーク・分譲工業団地を中心とした**産業クラスター**を形成している。

これらの状況は100年以上存続している老舗の数では世界一を誇る日本の状況とは相当異なる。企業の持続的発展という面が重要なテーマとして取り上げられている近年の動向とは逆行する考え方かも知れないが，新たな成長動力を見つけ出さなければならない現時点では，やはりベンチャービジネスに目を向ける意義は大きい。

2　ベンチャービジネスの定義

ではこのベンチャービジネスとは何か。ベンチャービジネスという表現は和製英語であり，実際にアメリカで使用しているのは，エマーゼント・カンパニー（emergent company），ニューテクノロジー・カンパニー（new technology company），ニュー・ベンチャー（new venture）などである。実際に，日本でこの概念が最初に紹介されたのは，1970年ころであり，ベンチャービジネスという概念が日本に急速に普及したのは，清成忠男・中村秀一郎・平尾光司著『ベンチャー・ビジネス――頭脳を売る小さな大企業』（日本経済新聞社，1971年）という書物の公刊がきっかけであった。この書の定義によれば，ベンチャービジネスとは「単なる投機的事業にとどまらず，企業家精神を発揮して展開された新しいビジネス」である。この概念は，その後もさらに多くの研究者によってさまざまな定義が行われたが，統一した概念は未だにみつからない。しかし，それらの研究の中から共通のキーワードを拾うとしたら，①規模の面で中小企業であること，②高い技術力をもっていること，③強い企業家精神を有

▷ **シリコンバレー（silicon valley）**
⇨ XXIV-2 「アメリカのベンチャービジネスの特徴」

▷ **産業クラスター**
企業，大学，研究所などの研究機関が特定の地域に集まってネットワークを構築し，事業展開，技術開発，情報交換などを目標とする産業集積地のことをいう。

▷ 1　**日本のベンチャービジネス**
戦後復興期に急成長したソニー，京セラ，セコム，ホンダ，ヤマダなど，現在では日本を代表する多国籍企業もベンチャービジネスとしての道を歩んできた。さらに近年では，ソフトバンク，楽天，パソナ，ガンホー，アスキーなどの企業は，いうまでもなく日本の経済を支える基盤となっている。

すること，④リスクを恐れないこと，などに集約できる。

3 ベンチャービジネスの成長と組織文化

　ベンチャービジネスは一般企業と同様，スタートアップ期，急成長期，成熟期，安定期という基本的なライフサイクルを有している。しかし，先述したように，一般的な中小企業と異なってあえて高いリスクを負い，豊かな**アントレプレナーシップ**によって率いる特徴を有しているため，資源需要が非常に旺盛である。これらの旺盛な資金需要を満たすために登場するのが**ベンチャーキャピタル**や**エンジェルファンド**であり，**IPO**の成功後に期待されるストックオプションなどのインセンティブが重要な役割を果たすと考えられる。

　まず，スタートアップ期は，創業から2～3年に及ぶ期間であり，最も失敗する可能性が高い時期である。この時期の特徴としては，率先してそのエネルギーと才能を徹底的に発揮するのであるが，企業家とベンチャービジネス経営チーム1～2人で構成されるのが一般的である。しかし，顧客獲得，市場や収益，競争における弾力性をいかに確保できるのかが解決すべき重要な課題である。

　次の急成長期には，創業者にとって最も困難な挑戦的課題が発生する時期である。この時期に急成長を伴う大きな転換の時期に入るが，おおよそベンチャービジネスの60％が倒産するなどの試練が待っている。そのため，最終的なリーダーシップと責任以外には日常行使していた意思決定に関する権限や支配力を手放すなどの課題が残されている。

　成熟期と安定期は，成長より安定して利益を生み出す必要がある時期である。したがって，ベンチャービジネスにとって最も重要な時期はスタートアップ期と急成長期であるという評価が下されている。

4 ベンチャービジネスの類型

　ベンチャービジネスの類型には**営利型**と非営利型に大別されている。文字通りの意味として，企業経営の最終的な目的が収益性を追求するか否かによって区分されている。

　また，ベンチャービジネスは業種別に区分すると，研究開発費の対売上高比率が3％以上の研究開発型製造業を指す「ハイテク・ハイタッチ型（研究開発型・顧客密着型製造業）」と，消費者の健康，環境，安定，製品価値と価格のバランスなどのニーズに的確に対応したり，ユーザーである取引先企業のニーズに柔軟に対応したりするなど，顧客密着型の事業展開を進める製造業を意味する「情報ソフト型（情報関連産業・ソフトウェア産業）」，そして新たな事業展開を進める情報通信産業，ソフトウェア，情報サービスが含まれる「サービス型（ニュービジネス・サービス業）」がある。

▷**アントレプレナーシップ（entrepreneurship）**
起業家精神ともいわれ，新しい事業や企業を起こすために必要とされる態度や発想，能力を総称したものである。

▷**ベンチャーキャピタル（ventur capital）**
高度の技術力をもっているが，経営基盤が脆弱なため，一般的金融機関からは融資な困難な企業を対象に投資を行う投資会社のこと。

▷**エンジェルファンド（angel fund）**
既存の製品やサービスとは異なる技術や斬新なアイディアを持っているが，相対的に資金が不足するベンチャービジネスに資金を支援するハイリスク・ハイリターン型の資本のこと。

▷**IPO（initial public offering）**
新規上場株式ともいわれ，未上場企業が新規に株式を証券取引所に上場し，一般の投資家にその株式を売買可能にさせること。

▷**営利型ベンチャービジネス**
営利型ベンチャービジネスは，独立型と企業革新型に分けられる。独立型はさらに完全独立型と独立支援型に分類される。企業革新型は本社からの指揮命令の有無によって社内組織としての社内ベンチャービジネスと独立法人としての社内ベンチャービジネスに区分できる。

XXV 日米のベンチャービジネス

 アメリカのベンチャービジネスの特徴

1 ベンチャー企業をめぐる経営環境

アメリカのベンチャービジネスを特徴づける2つの背景に，風土的要因と制度的要因がある。これらは現在のアメリカの経済を支える新たな原動力となっている。

まず，風土的要因についてである。これはアメリカ人のチャレンジ精神にもよく見られているように，米国では失敗のリスクを恐れない風土が根付いていることをいい，仮に経営に失敗した企業があったとしても再びチャレンジのチャンスを与える文化的要因に起因する。これは結果的に米国において起業を促進する根源的な要因となり，ベンチャービジネスにとってさまざまな障壁を乗り越えられる良い環境となる。

特に，最もよく知られているのがシリコンバレー（Silicon Valley）である。もちろんここでの経営文化がアメリカのすべてを現すものではない。ここでいう「シリコンバレー」は米国カリフォルニア州北部のサンフランシスコ・ベイエリアの南部に位置しているサンタクララバレーおよびその周辺地域の名称であり，実在する地名ではないという事実は興味深い。

その名称の起源は，インテルやナショナル・セミコンダクターなどをはじめとした多数の半導体メーカーが集まっていたことから，半導体の主原料であるシリコン（Silicon）と渓谷（Valley）の語から合成されたものである。この地域からはソフトウェアやインターネット関連のハイテク企業が多数生まれ，IT企業の一大拠点となっている。アメリカを代表する企業のほとんどがシリコンバレーで誕生したといっても過言ではない。

ここでの起業文化と企業家精神は，東海岸のそれとは異なる独特なものであるというのが一般的な評価であるが，大学や業界団体のような官民組織などが地域社会との連携を非常に重視する独特な経営文化をつくりあげていることで知られている。それらの要因は，起業と関連するすべてのものが1カ所に集積され，結果的に起業を促進する環境になっているためである。

さらに，注目すべき点は，アメリカ特有の企業育成の方法である。これは斬新なアイデアを事業化する支援システムのことを指すが，起業家によって立ち上がった企業の収益を，安定的に創出するために必要とされる資金，信用，マネジメントについてサポートする専門家集団が，最初からバックアップ体制を

とることである。もちろん彼らは事業が成功した後，IPOと企業売却などによって資金を回収するすべてのプロセスに関与する仕組みを有している。グーグルの場合は，そこで手にした豊富な資金を利用して自社の事業と関連する周辺の企業をさらに買収して技術力を高めたり，ライバル企業への攻勢を強めたりする経営戦略をとっている。

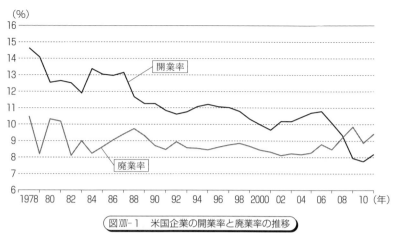

図XXIV-1　米国企業の開業率と廃業率の推移

出所：http://jp.wsj.com/articles/SB10001424052702303513604580072942886415662

次は，制度的な要因についてであるが，これはシリコンバレーに代表されるように，アメリカの経済を牽引する産業クラスターの形成に関連する。

これについては**開業率**と**廃業率**の状況から検討する。『ウォールストリート・ジャーナル』によれば，**図XXIV-1**が示しているように，アメリカ企業は開業率の方が廃業率を上回る状況が2008年を境に逆転していることがわかる。しかし，新興企業は飛行機，自動車，コンピューター，ネット検索の業種などさまざまな分野において**創造的破壊**を通して非常にレベルの高いイノベーションを引き起こしているため，その重要性は下がっていないことがわかる。

❷ アメリカの企業家精神

2015年12月現在，世界で最も高い株価を誇っているアップル社も実はベンチャービジネスの形態でスタートしていた。マイクロソフト，アップル，グーグル，フェイスブックなど短期間で急成長を成し遂げたIT業界の起業家に限定しての分析になるが，裕福で知識人層出身，高学歴のエンジニア出身，大学の中退，20代からの起業経験，ユダヤ系などの共通点を有していることがわかる。

このような背景には，単なる経済的な動機ではなく，新たな技術の開発によって社会を変えて行こうとする知的好奇心や，遊び心に起業の直接的な動機が潜んでいるように思われる。

ご承知の通り，アメリカはキリスト教という強い宗教的な動機の下で建国精神ができ上がったという独特な文化を有している。しかし，それだけに頼るのではなく，外国からの移民や外国人留学生からの知識を吸収する力が，アメリカの経済を支える原動力となっているのも事実である。「アメリカン・ドリーム」ともいわれているように，アメリカでは親から世襲された社会的な地位の高さより，業績という個人的な資質を高く評価する風土がある。

▷ IPO
　XXIV-1「ベンチャービジネスとは」
▷ 開業率と廃棄率
一定の期間において，既存の事業所の数に対して新規に開業した事業所の割合のことを開業率という。廃棄率も同様である。この2つの比率が重要なのは，国全体の創業や起業の動向を現す指数の1つとして評価されているためである。
▷ 創造的破壊
ヨーゼフ・シュンペータによって提唱された概念であり，古い経済・経営体制が破壊されることによって新たな経済発展が生まれるという主張。

XXIV 日米のベンチャービジネス

3 日本のベンチャービジネス

1 日本のベンチャービジネスの現況

日本の現況を知るには，ベンチャービジネス先進国である米国の現況と比較する方法がある。『フォーブス』の調査によれば，世界トップ2000社（Forbes Global 2000）の内，1980年以降に設立された企業（金融を除く）について日米を比較すると，2013年度現在の状況について企業数と時価総額でみると明らかな格差がみられる。

まず，企業数からみると，米国が466社のうちベンチャービジネスが154社であるのに対し，日本は181社のうち24社である。次に，時価総額からみると，米国が約3.8兆ドルであるのに対し，日本は約3800億ドルであることがわかった。時価総額だけで判断しても米国は日本の10倍以上の規模を誇っている。しかも日本の3800億ドルは，新規の企業設立ではなく，ほとんど民営化・合併・持ち株会社化という形で行われている。新規の企業設立は，ソフトバンク・楽天・ルネサス・J: com，ヤマダ電機の5社に過ぎなかった。

次に，日本企業の開業率と廃業率の動向をみると，中小企業庁の調査によれば，1990年代後半以降，開業率（事業所数ベース）は年平均4％程度で低迷する一方で，廃業率は年平均4～6％程度で推移し，廃業率が開業率を大きく上回る状態が続いている。このような状況が継続している背景を探ると，長年の不況による経済の新陳代謝の進行の問題として認識される。特に，中小企業の場合，高齢化の進行による後継者不足の問題がある上に，事業承継者への高い税金などが重なるのもその低迷の重要な原因となっている。

2 日本のベンチャーブーム

日本では高度成長期以後，以下のように3度のベンチャーブームが存在した。
第1次ブームは1970年から73年までの時期に発生した。これはエレクトロニクスや新素材分野を中心としたハイテク型ベンチャービジネスの誕生，経済産業省の外郭団体としての（財）研究開発型企業育成センター設立などが重要な出来事であった。この時期には石油ショックによる企業活動の冷え込みが目立った時期でもあった。

第2次ブームは1982年から86年の時期にみられる。この時期には**新規事業法**の制定などベンチャービジネスを行う上で重要な進展がみられた時期でもあっ

▷**新規事業法**
技術の高度化や経営の能力の向上のために制定された法律である。特定新規事業について，事業資金の調達を円滑にする等その実施をスムーズに進めることを目指す。

た。**プラザ合意**に始まる急激な円高不況が進む中，法制度の整備などの制度的な面での進展がみられたと考えられる。

第3次ブームは1995年以後から2000年までの時期である。この時期には，中小企業創造活動促進法の制定などにより，国や地方自治体による施策展開が行われた。これらの影響により，各種支援法の整備やベンチャー市場の開設，大学発ベンチャー100社計画が実施された。しかし，ITバブルの崩壊と大型金融機関の破綻による景気停滞がみられる時期でもあった。

表XXV-1　主なベンチャービジネス企業支援策の動向

年度	主な内容	支援策の目的
1995	中小企業創造活動促進法の制定	創業及び新規中小企業の事業活動の促進
1997	エンジェル税制の創設	個人投資家への優遇措置
1998	中小企業等投資事業有限責任組合法の制定	業務執行を行わない組合員が負う責任を出資額に限定
	大学等技術移転促進法の制定	技術移転（Technlolgy Licensing Organization, TLO）活動の支援
1999	中小企業技術革新制度の創設	日本版SBIR（中小企業技術革新研究プログラム）制度の導入
2001	大学発ベンチャー1000社構想	大学，公的試験研究機関等の研究者，学生等が兼業等により事業活動を行い創業可能
2002	中小企業挑戦支援法の制定	資本金1円で会社設立が可能
	新創業融資制度の創設	融資上限の増額，自己資本額の低減など
2005	有限責任事業組合（LLP）法の制定	中小企業，大学，研究機関などが連携し，独創的なアイデアや技術力などを活用した新事業を展開することが可能
2006	新会社法の施行	最低資本金規制の撤廃，合同会社（LLC）の導入
2008	エンジェル税制の抜本的拡充	投資先ベンチャービジネスの融資要件緩和

出所：筆者作成。

3　ベンチャービジネス支援策

1963年に東京，大阪，名古屋で中小企業投資育成株式会社の設立を始め，日本においては近年までさまざまなベンチャービジネスを活性化するための支援策が行われている。**表XXV-1**が示しているように，1990年代以後実に経営環境の変化への対応策として数多くの法制度の整備および政府組織の創立があった。

ベンチャービジネス後進国として出発した日本にとってはさまざまな形態での政策的な支援が必要とされたのである。このような，事業の創出や創業を支援するサービス・活動のことを指し，卵をかえす「孵化」を意味する「インキュベーション（incubation）」制度は欠かせない。これは新たなビジネスを始めようとしている人や起業に対し，不足する資源（資金，オフィス，ソフトなど）を提供し，その成長を促進することを目的とするビジネスであり，主に株式などを対価として支援を行うのが一般的である。

日本では，主に政府や自治体と民間企業の連携によるもの，民間組織の営利追求を目的とするもの，大学研究と企業活動が一体化したものなどがある。

しかし，未だにベンチャービジネスへの挑戦者の少なさ，ベンチャーキャピタルを含むリスクマネーの不足，グローバル化への不十分な対応，大学とベンチャービジネスの連携不足，技術開発型ベンチャー・地域発ベンチャーの不足，行政によるベンチャービジネス支援の不足などは解決すべき課題として残されている。

▷プラザ合意
⇨ XXV-4 「M&Aの動向と特徴」

XXIV 日米のベンチャービジネス

4 ベンチャービジネスとイノベーション

1 イノベーションの意義

　先述したように，ベンチャービジネスは短期間で業績を出さなければならない高いリスクを伴っているため，社会を変革するほどの質の高いイノベーションが期待されている。企業経営への貢献という観点からイノベーションの意義を探ると，売り手が価格決定能力を所有することにある。すなわち，イノベーションがなければ，製品やサービスは次第に他社のものと類似してくるのであるが，これを「**コモディティ化**」という。

　このようなコモディティ化への対応はイノベーションが存在する場合は，製品やサービスは時とともに差別化を進行させ，市場の各セグメントでの需要がある選択肢となる。このように，ベンチャービジネスはイノベーションを行うことによって市場での価格決定能力をもつようになる。これがベンチャービジネスのイノベーションを行う最も重要な意義になる。

　またイノベーションの効果には，研究プロジェクト，製品開発，全社的コラボレーションなどがもたらした結果である「差別化（differentiation）」，競合他社の優位性に追いつき，自社の欠点を市場の標準に合致するように克服することで，他社の差別化要素を無効化することを意味する「中立化（Neutralization）」，品やサービスそのものを変えるのではなく，それらを低いコストで提供できるようにする「生産性向上（productivity）」がある。

　しかし，生産性向上をめざしたイノベーションにおいて，コスト削減やサイクルタイム短縮の枠を超えて，不可欠ではない機能の強化に資源を費やしてしまうことを意味する「浪費（waste）」もある。

2 イノベーションの普及と落とし穴

　イノベーションには，イノベーションを引き起こす「イノベーションの開発」と，それらを「市場にいかにスムーズに普及させるのか」も重要な課題である。一般的に，普及（Diffusion of Innovation）とは，「イノベーションが，コミュニケーション・チャネルを通して，社会システムの成員間において，時間的経過の中でコミュニケートされる過程」である。普及はメッセージが新しいアイデアに関するものであるという点において，コミュニケーションの1つの特殊なタイプであり，コミュニケーションのメッセージ内容に含まれるアイデ

▷コモディティ化（Commoditization）
⇨ⅩⅩ-1「競争を優位に進める視点」

アの新しさによって，普及のユニークさが付与される。

　ロージャース（Rogers, E. M.）によれば，イノベーションが普及していく過程を追っていくと，面白いことに多くが同じような形状を示している。第2次世界大戦以後の日本の生活に大いなるイノベーションをもたらした，家庭電化製品の普及を見てみると，カーブの違いこそあれ，「S字」を描いているという。

　ムーア（Moore, G.）は，ロージャースによる普及学（Diffusion of innovations model）をハイテク企業の成長戦略に具体化し適用した事例を述べている。

　ハイテク市場においては，異なるメカニズムが働く。利用者の行動様式に大きな変化を強いるハイテク製品においてロージャースの5つの採用者区間の間にそれぞれクラック（断絶）があり，そのクラックのうちでも早期採用者（early adopter）と前期多数採用者（early majority）の間のクラックは，キャズム（深くて大きな溝）と呼ぶべき「乗り越えるのが困難な大きな溝」が存在しているという。ムーアはこのキャズムをいかに乗り越えるのかが重要な戦略的カギとなるとして，キャズムを超える方法について力説した。

③ ベンチャービジネスと資源調達

　オープンイノベーションを主張したことで有名なヘンリー・チェスブロウ（Chesbrough, H.）の研究によれば，技術イノベーションに必要な要因として「中核となる技術上のノウハウ」と「補完資産」が必要であるという。前者は「中核能力」と類似した概念であり，保有技術が競争優位性の源泉となるベンチャービジネスの場合，最も重要な経営資源であるといえよう。そして補完資産は，技術イノベーションを商業的に成功させるために必要とされるノウハウを指しており，マーケティング・製造・アフターサービスなどに値するノウハウである。実際，数多くの企業が前者より後者の課題に直面している場合も多く，倒産という悲劇的結末になることもありうる。

　そして，ベンチャービジネスは特に創業期からスタートアップ期の期間は，創業者や家族，親友からの資金調達だけでは賄えないくらい膨大な資金が必要とされる。一般的に，ベンチャービジネスの資金調達は，創業者本人および友人，家族，エンジェル，ベンチャーキャピタル，事業会社，資本市場，商業銀行が主な役割を果たしている。しかし，現実的には，エンジェルやベンチャーキャピタルという2つの中心軸がベンチャービジネスの成長に重要な役割を果たしてきたと思われる。

▷**オープンイノベーション（open innovations）**
文字通りに，イノベーションの開発に特定せず，開かれた状況にして進める方法である。イノベーションの主体には当該企業の研究部門だけでなく，大学や研究所，社会事業家などが有する技術，アイディア・ノウハウなどを組み合わせる方法が用いられる。

▷**エンジェル（angel）**
ベンチャービジネスの個人投資家。

参考文献
エベレット・ロージャース／三藤利雄訳『イノベーションの普及』翔泳社，2007年。
ジェフリ・A. ムーア／栗原潔訳『ライフサイクルイノベーション』翔泳社，2006年。

XXV　中小企業とIT

中小企業にとってITとは何か

1　中小企業とIT

中小企業とITとの関係がわが国において注目されたのは，2000年に政府が施行した**IT基本法**からであったが，ここで改めてITについて確認すると，ITとはこれまでの情報化によるコスト削減や業務の効率化に加え，インターネットを基盤としたネットワークを活用しコミュニケーションを強化するものである。そのITも現在では**クラウドコンピュータ**により**ビッグデータ**を活用する段階にまで発展した。

その意味で，IT基本法はわが国がインターネットによって産業を活性化しようとした狙いが的中し，このITにより多くの企業が経営能力をエンパワーすることができた。これは中小企業にとっても朗報となった。しかしその一方で，このITの進展は，ITを駆使できずにいる中小企業を苦しめていくことにもなるのである。

2　中小企業のIT化の限界

わが国のIT化の進展は，まずIT環境の整備から始まった。実際，IT基本法が施行された翌年，政府はe-Japan戦略を立案し，2005年わが国のIT化は通信速度の面とブロードバンド料金の低廉化において世界第1位という評価を国際通信連合から得ることができた。

しかし，IT環境がこのように整備される中で，企業がその環境に順応し，ITを経営強化のツールとする能力はまだ身についてはいなかった。中小企業などはなおさらであった。とくに，中小企業に限っていえば，この原因には，政府が中小企業に施行してきたこれまでの情報化支援政策があげられる。

政府が中小企業に情報化を促したのは1970年代であった。この前提となったものは政府が地域開発として推し進めた**箱物重視至上主義**といったもので，実はこのような中小企業の情報化の支援は公共投資として展開されていったのであった。

こういった流れに対し，中小企業，とくに地域の中小企業は情報化の意味を理解できずにいた。その結果，政府の巨額な情報化への投資は，多くの中小企業にとって大きな負担となってしまった。

このような経験を経た中小企業にとって政府が推し進めるIT政策は，当時

▷ **IT基本法**
⇨ XXV-2「戦後の中小企業の歴史的背景」

▷ **クラウドコンピュータ**
⇨ XXV-4「ビッグデータ時代への展開」

▷ **ビッグデータ**
⇨ XXV-4「ビッグデータ時代への展開」

▷ **箱物重視至上主義**
第二次世界大戦後，特に1950年代から政府が行ってきた地域への支援の考え方で，公共施設，特に学校や庁舎，公民館などを建設していくことをいう。これは現在でも地域支援策として行われている。

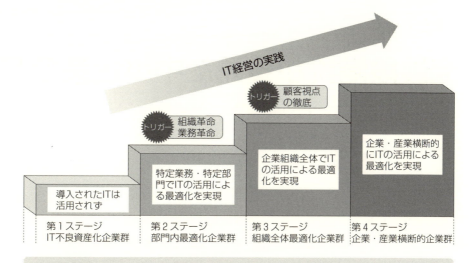

図XXV-1　IT経営の4つのステージ

出所：経済産業省HP「IT経営力指標と4つのステージ」(http://www.meti.go.jp/policy/it_policy/it-keiei/about/it_sisin.html)。

の情報化政策を思い出させるものとなり，多くの中小企業の経営者らはITに対し不信感を持ってしまった。

　実際，IT環境がいくら整ったとしても，それを具体的に企業経営に活かさない限りITは無用の長物に過ぎないのであり，ビッグデータの時代になった現在においても変わることはない。その意味で，中小企業の経営者らがITに対して消極的になるのは当然のことであった。

3　IT経営への期待

　この問題に対し，政府は2003年にe-Japan戦略Ⅱ，2006年にIT新改革戦略を施行し，ITに対し具体的なコンテンツを打ち出すなど，企業のIT活動への提言を示した。また，政府は，とくに中小企業へのIT活用について，「**IT経営**」といったITを戦略的に使いこなし，競争力や生産性の向上を実現し，経営力をアップさせる考え方を提示した。さらに，政府はこのIT経営を可視化し，企業のITによる4つのステージを示し，企業とITの関係を明らかにした（図XXV-1）。

　しかし，このIT経営には，第2ステージと第3ステージの間に大きな壁があり，この壁を超えない限り中小企業はIT経営で成果を出すことは難しい。特に，第4ステージでは単一企業の枠を超え，**バリューチェーン**などを構成するため，その実現にいたる道は中小企業にとって厳しいものとなっている。

▷IT経営
IT基本法の下でIT国家を目指してきたわが国であるが，多くの企業においてITが有効に活用されていない。とくにアメリカは元より国際的にも遅れをとっているわが国の現状を改革すべく，この考え方が特に中小企業で活用されるようになった。

▷バリューチェーン（value chain）
企業活動における業務の流れを機能単位に分割して捉え，業務の効率化や競争力強化を目指す経営手法。

XXV 中小企業とIT

2 発展段階説から見た中小企業のIT

1 発展段階説

IT経営の考え方には，ITといった情報化が企業にとって即効的に有用性を示すことが難しいことを意味している。とくに，中小企業だけでなく，大企業においてもITを有効に駆使している**IT経営の第4ステージ**に達しているのは僅か30％に過ぎない。

したがって，中小企業はこのIT経営のステージを単純に登ることはできない。言い換えれば，中小企業はそのステージを登っていく意味を理解すれば，ITを経営強化のツールにするには一定の時間が必要となることも理解できるのではないかと考える。

実は，このような企業の情報化に時間を要するといった問題は，決して新しいものではない。1960年代，**コンピュータが商用利用**され始めたころにアメリカでも問題となっていたのである。これについてノラン（Nolan, R. L.）は1974年に企業とコンピュータとの関係には時間が必要となることを明らかにした。これがノランの発展段階説である。

2 組織の成長とコンピュータ活用のステージ

ノランは，企業の成長過程とコンピュータの活用のステージは連動し，そのプロセスには2つの時期があることを示した。それは，単純にデータ計算を行うDP（データ処理）時代と，データを経営強化の情報とし，その情報を意思決定の決定項目に据えるIT（情報技術）時代である。

では，次にこのDP時代からIT時代の移行を，コンピュータの活用のレベルを示す各ステージを確認することで考えていく。

第1ステージ（導入期）：このステージは企業がコンピュータを導入する段階で事務のコスト削減や生産性の向上を目指す。

第2ステージ（普及期）：普及期は企業がコンピュータを組織に根付かせ展開させていく時期であるが事務のコスト削減や生産性の向上の域は出ていない。

第3ステージ（統制期）：統制期はコンピュータの活用が一定の水準を越えさまざまな部門において統一性が求められる時期でもある。さらにコンピュータに対する投資の妥当性も検討される。

▷ IT経営の第4ステージ
毎年，経済産業省では，この4つのステージについてアンケートをとっているが，この30％という数字はほぼ平均している。これは，コンピュータ技術の急激な発展とそれに対応する企業組織が連動していないことを示している。⇨ XXV-1「中小企業にとってITとは何か」図XXV-1参照

▷ コンピュータの商用利用
1950年代まで，コンピュータの活用は軍事利用に限定されていた。その後，商用利用が模索され，1960年代にコンピュータは広く企業で活用されるようになる。

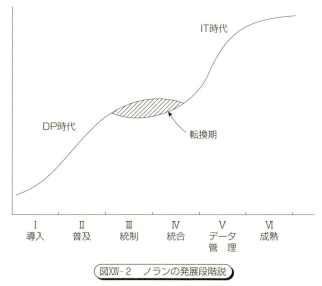

図XIV-2　ノランの発展段階説

出所：Nolan, R. L. (1979).

第4ステージ（統合期）：統合期はこれまでのコスト削減や生産性といった向上の域を超え，まさにコンピュータを経営強化のツールとして活用していく段階を意味する。

第5ステージ（データ管理期）：このデータ管理はコンピュータの活用が単なるデータ処理から経営強化のツールに移行し，データを経営資源として活かしていく時期である。

第6ステージ（成熟期）：この時期は第4ステージ及び第5ステージを経て全社的にコンピュータが有機的に展開し，企業は付加価値を高め他社との競争優位を実現する。

以上がノランの発展段階説の6つのステージであるが，改めて，この6つのステージを確認すると，第1ステージから第3ステージまでが事務のコスト削減や生産性の向上であり，それはあくまでもデータ処理にしか過ぎない。したがって，この時期を先に説明したDP（データ処理）時代という。また第4ステージから第6ステージはコンピュータが経営強化としてのツールとして活用され，その意味でこの時期をIT（情報技術）時代と呼ぶ。

この発展段階説は前節のIT経営の4つのステージに連動するものである。したがって，IT経営の第1ステージ（IT不良資産化企業群），第2ステージ（部門内最適化企業群）はDP時代であり，第3ステージ（組織全体最適化企業群），第4ステージ（企業・産業横断的企業群）をIT時代とすることができる。

しかし，このDP時代からIT時代へと移行するには転換期を超えなければならない。これが企業にとっては決して簡単なことではなく，とくに，中小企業がこの転換期を超えられるか否かが，IT経営を実現できるか否かにかかっている。この説明は，次節にて行う。

参考文献

Nolan, R. L., "Managing the Crises in Data Processing," *Harvard Business Review*, March-April, 1979, pp. 115-126.

XXV 中小企業とIT

  ナレッジマネジメントと中小企業

1 ナレッジマネジメントとIT

ITを支える考えの1つはネットワークであり，ネットワークに必要なものは場の概念である。ここでいう場とは，企業内部の効率化と組織と組織との関係を深めていく2つの場であるが，その2つの場において求められるものをここでは**ナレッジマネジメント**とする。そしてこのナレッジマネジメントこそが，これまで述べてきたITの限界を超えさせていくものなのである。

したがって，前節で学んだノランの発展段階説の転換期についてナレッジマネジメントの考え方を参考にすると，DP時代からIT時代への移行へと転換することは，ある一定のコンピュータスキルが企業の組織的成長を促していくことを意味するのである。つまり，その転換を牽引していくものこそがナレッジマネジメントなのである。

2 暗黙知と形式知

ナレッジマネジメントとは個人の持つ知識や情報を組織全体で共有し，また有効に活用することで業績をあげようとする経営手法であるが，一般的に知識創造ともいわれている。この知識創造の知識とは**形式知と暗黙知**を意味する。

形式知とは言葉や数字で表し，容易に伝達・共有することができる。これはコンピュータではマニュアルのことである。

一方，暗黙知とは主観に基づく洞察，直観，勘であり，個人の行動，経験，理想，価値観，情念などにも深く根ざしている。そのため，非常に形式化しにくく，他人に伝達して共有化することが難しい。実際，この暗黙知は，経験を重視する製造業で活かされ，それは技術を伝授するという形をとる。

したがって，マニュアル化された形式知によって稼働するコンピュータをエンパワーするには，そのコンピュータ活用を暗黙知に落とし込み，さらにその暗黙知を動員し，形式知に変換することが必要となる。つまり，この暗黙知と形式知の連続的な転換が，ITを経営資源として活かしていく可能性を持つのである。言い換えれば，この暗黙知と形式知との転換によって成長していくITこそが組織に関わる個人の能力を最大限に引き出し，組織の能力を相乗的に高めていくことができるのである。

▷**ナレッジマネジメント（knowledge management）**
野中郁次郎がハンガリーの哲学者であるポラニー（Michael Polanyi：1891-1976）の暗黙知と形式知の考え方を企業の視点で独自に整理した理論である。

▷**形式知と暗黙知**
ポラニーが考えた科学哲学上の概念で，形式知とは客観的で言語化できる知識，暗黙知は，明確に言葉には表せないが科学的創造性を支えている身体を基盤とする知識と提唱した。

図ⅩⅩⅤ-3　SECIシステム

出所：野中郁次郎・竹中弘高『知識創造企業』東洋経済新報社，2002年，93頁。

3　SECIシステム

　暗黙知と形式知との連続した転換は次の4つのモードに分けることができる。そして，この4つのモードのスパイラルがナレッジマネジメントを高度化し，同時に企業におけるコンピュータ活用を高度化していくのである。

・共同化（暗黙知から暗黙知へ）

　共同化とは，観察，模倣，練習などの暗黙知を共有し，メンタルモデルや技能などの新たな暗黙知を創造するプロセスである。

・表出化（暗黙知から形式知へ）

　表出化とは，コンセプト，仮説，モデルなどの暗黙知を明確なコンセプトなどの形式知に表すプロセスである。

・連結化（形式知から形式知へ）

　連結化とは，形式知と形式知とのコンセプトを組み合わせて1つの知識体系を作り出すプロセスである。

・内面化（形式知から暗黙知へ）

　内面化とは，共同化，表出化，連結化のスパイラルを通じてメンタルモデルや技術的ノウハウという形で形式知が暗黙知ベースで内面化していくことをいう。

　以上がSECIシステムであるが，中小企業にとってこのSECIシステムの視点でIT活用していくことはきわめて重要である。というのも，中小企業にとって，IT経営では第2段階から第3段階，ノランの発展段階説ではDP時代からIT時代へ転換していく手懸りがこのSECIシステムにあるからであり，ITのスキル向上だけではなく，その転換期を乗り越え，ITを経営強化のツールとして活用できる組織をつくることだからである。

参考文献

野中郁次郎・竹内弘高『知識創造企業』東洋経済新報社，2002年。

XXV　中小企業とIT

ビッグデータ時代への展開

1　ビッグデータ時代と中小企業

　これまで述べてきたことは，ITは中小企業にとって大企業と競合できるツールになるが，そのIT活用にはナレッジマネジメントによる一定の期間が必要になるということであった。というのも現在ビッグデータといった大量データを企業が駆使するにはITスキルだけではあまりにも心許ないからである。

　実は，ビッグデータとは，単純に大量データを扱うことではない。そこには「量（Volume）」「種類（Variety）」「速度（Velocity）」といった3つの特徴があり，このビッグデータが3つの特徴を持つ大量データであるために，このデータの活用には経営能力は必須なのである。

　さらに，ここで注意しなければならないことは，このビッグデータ時代の情報ツールはスマート化した簡易ツールへと移行しつつあることである。かつては，1970年代の中小企業にとって重荷となっていた大型コンピュータも，小型化が進みパソコンとなり，現在の情報ツールは，タブレット化したスマート化ツールへと転換した。生産量においても，タブレット化したツールの生産量はパソコンを抜いた。

　では，何故簡易化したツールでビッグデータを駆使できるのであろうか。そこには，クラウドコンピュータの活用があった。

2　クラウドコンピュータ

　改めてビッグデータを確認すると，ビッグデータに求められていることは社会・経済の問題解決や，業務の付加価値向上などである，つまり，ビッグデータを活用するには，量的側面はもちろんのこと，そのデータがどのように利用されるかという質的側面において有用性を示せなければならない。そういった意味で，この膨大なデータを駆使するには従来のシステムとは根本的に違ったシステムを構築する必要があった。

　それがクラウドコンピュータである。クラウドコンピュータとはその言葉通り「雲」のようにわれわれが知ることのできない場所にメインサーバーを置き，そこで一括処理を行っていくことを意味する。

　このように考えると，情報ツールが簡易なものであったとしても，ネットワークによってクラウド化されたメインサーバーに接続できれば，ビッグデータ

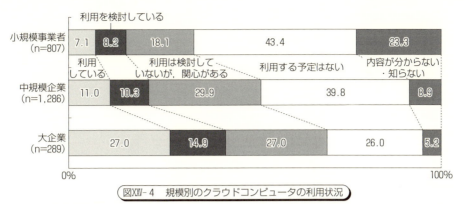

図XXV-4 規模別のクラウドコンピュータの利用状況

出所:「ITの活用に関するアンケート調査」三菱UFJリサーチ&コンサルティング, 2012年。

を自分の思い通りに，経営に有効活用することができる。しかも，その操作はこれまでにないほど簡易で，さらに安価に行うことができるのである。

では，ここで，クラウドコンピュータの構造を確認してみたい。クラウドコンピュータは3つのサービスモデルによって構成されている。

・ソフトウエアサービス（SaaS: Software as a Services）
・プラットフォームサービス（PaaS: Platform as Services）
・インフラストラクチャーサービス（IaaS: Infrastructure as Services）

この3つのサービスは米国国立標準技術研究所（NIST）の定義を参考にしたものであるが，いくらスマート化ツールが簡易化しようとも，インフラストラクチャーが整備されていることで，安定的に一般化されたソフトウエアや，自社用にカスタマイズされたプラットフォームをクラウドコンピュータであればいつでも，どこでも利用することができるのである。

3 これからの中小企業とIT

実は，クラウドコンピュータへの関心は企業規模と比例しており，そのため，中小企業である中規模企業，小規模企業のクラウドへの期待は決して高いとはいえない（図XXV-4）。

しかし，これまで述べてきた中小企業の抱えるITへの問題は，このビッグデータ時代にITを駆使してきた大企業ですら，クラウドコンピュータの活用について苦戦している。その意味で，この図のデータが示す数値は，ITを経営強化のツールにする難しさを示すものである。だからこそ，中小企業は，ITを経営強化のツールにする意味を理解し，転換期を超えるための企業努力が必要となる。というのも，この転換期を乗り越えた時，中小企業は大企業へと飛躍する可能性を持つからである。

▷インフラストラクチャー（infrastructure）
社会的基盤のことであるが，経済基盤として道路・港・鉄道・水道などあり，このクラウドコンピュータをなす通信もこの経済基盤に含まれる。ちなみに，学校・病院・公園は生活基盤としてインフラストラクチャーを構成している。

▷米国国立標準技術研究所
このクラウドコンピュータのサービスは米国国立標準技術研究所（NIST: National Institute of Standards and Technology）の情報技術ラボラトリ（ITL: Information Technology Laboratory）で考案された。このラボラトリは他には国家の測定および標準に関する基盤において，技術的リーダーシップを提案することにより米国の経済と公共の福祉に貢献している。

さくいん

あ行

- IR 活動　48
- ISO14001　46
- ISO14000 シリーズ　47, 65, 67
- ISO26000　37, 42, 47, 49
- ILO 三者宣言　46, 47
- IT 基本法　191
- IT 経営　205
- IPO　197
- アウトソーシング　142
- AccountAbility 社　50
- アジェンダ21　60
- アドボカシー　138, 142, 143
- アドボカシー活動　141
- アフェルマージュ　16, 146
- アメリカ環境保護庁　66
- アメリカ法曹協会　151
- アライアンス（提携）　178
- アンゾフ, H. I.　28, 160
- 安定株主　72, 94
- アントレプレナーシップ　197
- アンバンドリング　16
- 暗黙知　208
- ERM　58
- EU（欧州連合）　37, 44
- イールズ, E.　38
- 委任状　20
- イノベーション　44, 134
- インキュベーション　201
- インサイダー取引　24, 32
- インフォーマル・セクター　107
- インフラストラクチャーサービス　211
- VRIO 分析　182
- VFM　13
- ウォーターゲート事件　54
- ウォール・ストリート・ルール　81
- ヴッターパル研究所　67
- 営利活動　136
- 営利原則　136
- 営利性　62, 136
- AA1000　50
- AMEX（アメリカ証券取引所）　82
- エージェンシーコスト・アプロー
- チ　184
- エコプロダクツ　64, 65
- エコマーク　65
- エコ・マーケティング　64
- エコ・ラベル　64, 65
- エコロジカル・マーケティング　64
- SRI（社会責任投資）　41
- SA8000　46, 47
- NGO　137
- NPO　137, 138
- NPO 経営　136, 137
- NPO バンク　119
- NPO 法人　116, 140-143
- NYSE（ニューヨーク証券取引所）　82, 84
- エネルギー収支　63
- エネルギー問題　61
- エノキアン協会　124
- M&A　160
    - In-Out 型——　177
    - In-In 型——　177
    - コングロマリット型——　170
    - 垂直的——　170, 176
    - 水平的——　170, 176
- MBO　174
- ERISA 法　44
- LIME　67
- LED ランプ　64
- LLP（有限責任事業組合）　9
- エルキントン, J.　41
- LCA（Lifecycle Assessment）　64
- L3C（Low-profit Limited Liability Company）　116
- エンゲージメント　50
- エンジェルファンド　197
- エンド・オブ・パイプ　61
- エンフォースメント　46, 47
- エンロン社　84
- 近江商人　122
- OECD　42
- OECD 多国籍企業ガイドライン　42, 46, 47
- オーガニック　137

か行

- オープンイノベーション　203
- オープン・システム　154
- オール・オア・ナッシング　148
- オゾン層の破壊　61
- オリセットネット　110

- 開業率と廃業率　199
- 会計期間　66
- 会計参与　8
- 外国人機関投資家　73
- 外国人投資家　91
- 会社機関　78
- 会社企業　2
- 会社法　6
    - アメリカの——　78
- 改正内閣府令　98
- 外部経営環境　156
- 海洋汚染　61
- 化学物質　65
- 革新性　114
- 合併　170
- 株式　5
    - ——の分散　18
- 株式会社　2
- 株式公開買い付け（TOB）　171, 174
- 株式交換　171, 175
- 株式譲渡　171, 175
- 株主　28
- 株主至上主義　120
- 株主総会　5, 80, 86
- 株主提案　33, 81
- 仮認定特定非営利活動法人　139
- 環境意識　61
- 環境会計　66, 67
- 環境管理　63
- 環境経営（論）　60, 64-67, 136, 137
- 環境効率　67
- 環境コスト　66
- 環境情報　67
- 環境戦略商品　65
- 環境対策　60, 61, 63
- 環境と開発に関する国連会議　61
- 環境と開発に関する世界委員会

さくいん

環境配慮型住宅　63
環境配慮型製品　64, 137
環境配慮型設計　64, 65
環境ビジネス　115
環境負荷物質　67
環境報告書　66
環境保護　137
環境保護運動　64
環境保護活動　64
環境保全　139, 142, 143
環境保全活動　61, 63
環境マーケティング　64
環境マネジメント　63
環境マネジメントシステム　67
環境問題　60, 62, 64, 67
勧告　88
監査委員会　76, 89
関西国際空港　147
監査等委員会設置会社　8, 70
監査法人　84, 100
監査役会（Aufsichtsrat）　86
監査役会設置会社　8
監査役会内委員会　89
完全機能型中小企業　194
完全民営化　12
官民パートナーシップ　→ PPP　144
管理会計　66
管理学　136
機会主義　184
機関投資家　44, 81
企業改革法　84
企業会計　66
企業学　136
企業価値　36, 39, 131
企業間結合　180
企業経営　136
企業コスト　66
企業性　192
企業統治論　23
「企業と社会」論　39, 137
企業ドメイン　158
企業の社会的責任　→ CSR
企業不祥事　52, 130
企業領域における監視と透明性のための法律　90
企業倫理（論）　32, 39, 53, 62
　──の課題事項　57
　──の制度化　55

61
企業論　136
議決権行使理由説明書　81
気候変動　61
気候変動枠組条約　60
技術イノベーションの複雑化　179
希少性　182
規制緩和　143
寄託議決権（Depotstimmrecht）　92
寄付き商品　137
規模の経済　4, 172
逆選択　185
キャロル, A. B.　40
キャンペーン GM　38
共益の活動　137
供給指向立地型　193
行政企業　11
競争優位　61
共通価値の創出　→ CSV
協同組合　2
共同実施　62
共同支配　22
京都議定書　62
業務・資本提携　180
業務提携　180
金融支配論　23
グッドウィル　31
組合企業　2
クライシス・マネジメント　58
クラウドファンディング　148
　投資型の──　149
クラウンジュエル　175
クリーン開発メカニズム　62
グリーン調達・購入　64, 65
グリーン・マーケティング　64
経営管理　62, 63, 136
経営協議会　87
経営参画　124
経営資源　160
経営者支配　20, 22
経営戦略　61-63
経営理念　62, 63
経営倫理　52
経営倫理実践研究センター　52
経済格差　104
経済価値　181, 182
経済的組織　137
形式知　208
傾斜生産方式　60

原産地表示　131
公益活動　139
公益性　137
公益的活動　137
公益的民間非営利組織　137
公開会社　8
公害訴訟　60
公害対策基本法　60
公害防止型　61
公害問題　60
公企業　2
公共法人　11
合資会社　7
公私合同企業　2
公設民営　13, 16
公的介護保険制度　139
合同会社　2, 6, 9
行動原理　136
高度経済成長期　60, 135
合弁　170
公民権運動　54
合名会社　2, 6
高齢者福祉　139
ゴーイングコンサーン　40, 100, 154
ゴーイング・プライベート　175
コープテーション　142
コーポレート・ガバナンス　70
コーポレートガバナンス・コード　77
ゴールデンパラシュート　81, 175
顧客ニーズ　126
国際経営論　136
国際自然保護連合　61
国際標準化機構（ISO）　34
小口融資ポートフォリオ　108
国防に関する大統領ブルーリボン諮問委員会　55
国連グローバル・コンパクト　46, 47
御所御用　127
個人企業　2
コスト・リーダーシップ戦略　162, 166
小林俊治　56
コミュニティ・ビジネス　115, 136
コミュニティ利益会社　116
コモディティ化　202

213

コモン・キャリア　14
雇用機会　139
雇用差別　35
混合型提携　181
コンセッション方式　17, 146
KonTraG　93
コンプライアンス　40, 60, 125

さ行

サード・セクター　141
サービスグラント　151
サーベンス・オクスレー法　101
再資源化　65
在宅福祉活動　139
最低資本金制度　6
財務会計　66
サステナビリティ　44, 62
サステナビリティ報告書　66
砂漠化　61
サプライチェーン　37, 44, 48
差別化戦略　162, 166, 167
産業クラスター　196
酸性雨　61
三方よし　45, 56, 122
GRI　49
GRI ガイドライン　47
CSR　25, 34, 36, 62-64, 143
　　人権——　37, 42
CSR ピラミッド　40
CSR 報告書　48
CSR マネジメント　63
CSV（戦略）　41-43, 62, 63
シェルドン, O.　38
時価会計　73
私企業　2
事業委託　143
事業継続計画（BCP）　59
事業性　114
資源生産性　66, 67
市場取引　141
市場の規律　94
市場の失敗　140
市場の不確実性　179
持続可能性　62, 63, 105, 136,
持続可能な開発　61, 62
持続可能な開発のための世界経済
　　人会議　67
持続可能な社会　61, 62, 67, 137
執行役員　75
執行役会（Vorstand）　86
指定管理者制度　145

指導原理　62
シナジー効果　161, 170, 172
資本市場振興法　90
市民性　137
指名委員会　76, 89
指名委員会等設置会社　8, 70
社員　6, 9
社会貢献　105
社会性　62, 114, 136
社会・地域貢献基金　13, 17
社会的企業　112
社会的企業家　112, 138
社会的企業論　137, 138
社会的事業　138
社会的即応性　62, 136
社会的組織　137
社会的排除　117
社会的利益　64
社外取締役　71, 82
社債の格付け　95
ジャパン・フード・リカー・アラ
　　イアンス（JFLA）　121
収益性事業　141
従業員持株会　72
自由主義経済学　142
自由主義経済政策　142
住生活基本法　63
修正資本主義経済政策　142
従属型中小企業　193
集中戦略　167
集中排除法　190
需要指向立地型　193
「遵守せよ，さもなくば説明せよ」
　　99
シュンペーター, J. A.　163
ジョイント・ベンチャー　178
省エネ技術　63
障害者雇用　35
障害者支援　137
障害者自立支援法　139
障害者総合支援法　139
障害者福祉　139
商業的マーケティング　64
上下分離　13, 17
少数所有支配　22
消費嗜好　128
消費者保護　139
消費電力　65
情報公開　66
常務会　71

職業能力　139
諸国産物廻し　123
女性管理職　35
所有と経営の分離　5, 18, 38
シリコンバレー　198
新規事業法　200
人権デュー・ディリジェンス　42
新自由主義　142
新自由主義的経済政策　139, 142,
　　143
森林原則声明　60
垂直統合　129
SWOT 分析　157
スーパー301条　191
スチュワードシップ・コード　77,
　　97
ステークホルダー　25, 28, 38,
　　120
　　社会的——　29
　　非社会的——　29
ステークホルダー・アプローチ
　　28, 39-41
ステークホルダー・エンゲージメ
　　ント　44, 49-51
ステークホルダー・ダイアログ
　　50
ストック・オプション　82, 99
スマートエネルギーネットワーク
　　16
製造物責任制度　35
制度会計　66
制度開示　67
政府現業　11
生物多様性　63
生物多様性条約　60
政府の失敗　140
積水ハウス株式会社　62, 63
世代間倫理　62
世代内倫理　62
説明責任　66
ゼロエミッション　63
善管注意義務　133
選択と集中　171, 172
全般管理　75
専門経営者　5, 19, 38, 79
戦略的（な）提携　160, 179
創エネ技術　63
相互会社　2, 8
創造的破壊　163, 199
相補性　134

さくいん

ソーシャル・アントレプレナーシップ　113
ソーシャル・イノベーション　113
ソーシャル・インパクト・ボンド　118
ソーシャル・ビジネス　112, 136, 138
ソーシャル・ファーム　117
ソーシャル・ファイナンス　118
ソーシャル・プロダクト　137
ソーシャル・マーケティング　64
ソーシャルメディア　129
ソーシャル・レンディング　149
ソシエタル・マーケティング　64
組織からの支援　182
組織の有効性　141
SOX法　77, 85
ソフトウエアサービス　211
ソフトロー　36, 40, 42, 46

た行

第1セクター　140, 141
第3セクター　3, 141
対称型提携　181
第2セクター　140, 141
ダイバーシティ　63
多角化　161, 176
　関連――　161
　非関連――　161
高田馨　56
多国籍企業（論）　136, 178
多様性　128
単一指標　67
談合　30
男女共同参画社会　139
地域リハビリテーション　139
小さな政府　142
チェスブロウ，H.　203
地球環境問題　61
地方3公社　11
チャリティ　138
チャレンジャー　168
中間支援機能　141
中堅企業　190
忠実義務　133
中小企業基本法　188
中小企業創造活動促進法　201
中小企業の多様性　192
長時間労働　35
朝鮮特需　60

調停委員会　89
TRI制度　66
DII原則　54
定款　70
定足数　80
敵対的企業買収　72, 94, 96, 175
敵対的買収　91
丁稚奉公制　125
デフォルト　95
デュー・ディリジェンス・ガイダンス　42
電子医療　109
電子農業　109
天然資源　64, 66
　――の枯渇　61
ドイツ・コーポレート・ガバナンス・コード　88
統合報告　45, 49
投資ファンド　173
特殊会社　11, 12
独占禁止法　190
特定非営利活動　138
特定非営利活動促進法　138, 139, 140
特定非営利活動法人　138
特別目的会社（SPC）　146
独立監査役　89
独立性　192
　――の判断基準　98
独立取締役　74, 85
独立役員　98
ドッド＝フランク法　45
トップ・マネジメント　78
ドメイン　158
トリオドス銀行　118
取締役会　5
取引コスト理論　140
取引費用　140
トリプルボトムライン　41
トレーサビリティ　30
ドレスナー銀行　93
トレランス　128

な行

ナイキ　37
内部化　170
内部経営環境　157
中村瑞穂　57
NASDAQ　82, 85
ナレッジマネジメント　208
二重構造　188

二層型の取締役会　88
ニッチ（隙間）市場　167
ニッチャー　168
日本経営倫理学会　52
人間開発指数（HDI）　106
認定特定非営利活動法人　138
熱帯林の減少　61
ネットワーク産業　14

は行

パートナーシップ　142, 143
パートナーシップ・サポート・センター　143
パートナーシップ戦略　143
ハードロー　46
バーリ，A. A.　22, 38
買収　170
排出量取引　62
白紙委任状　72
「働き方ASU-NET」　143
パックス・アメリカーナ　54
バブル経済　191
バリューチェーン（価値連鎖）　42, 162
ピア・レビュー　141
PRTR制度　66
BIS規制　34
PFI　13, 16, 145
BOP層　107
BOPビジネス　43, 104, 115, 136
Bコーポレーション　43
BTO　145
PDCAサイクル　140
PPP（官民パートナーシップ）　13, 144, 147
Bラボ（B-Lab）　43
非営利性　137
非営利セクター　140
非営利組織　136-138
東日本大震災　149
非公式接触　81
ビジネス・エコシステム　129
ビジネス・チャンス　143
非政府性　137
非対称型提携　181
非対称規則　17
ビッグデータ　204, 210
貧困問題　62
品質管理　132
ファクター　67
ファクター10　67

ファクター4　67
ファミリービジネス　124
フィランソロピー　31, 37, 137
フェアトレード　43, 137
フェアトレード商品　137
フェアトレード認証ラベル　46, 47
フォロワー　168
普及　202
福祉国家　139
　　──の危機　139
復興支援　137
部門管理　75
プライマリー及びセカンダリー債権市場　108
プラザ合意　176, 201
プラットフォーム　148
プラットフォームサービス　211
プラハラード, P. K.　43
フリーマン, R. E.　40
フルコスト　66
フルコスト会計　66
ブルントラント委員会　61
プログラム関連投資　119
プロダクト・ライフサイクル　66, 154
プロボノ　150
紛争鉱物開示規則　45
米国国立標準技術研究所　211
平成の大合併　13
ペイン, L. S.　55
ベスト・プラクティス　141
ベネフィット・コーポレーション　43
ベンチ・マーキング　140, 14
ベンチャーキャピタル　197
ベンチャービジネス　196
ポイズン・ピル　81, 175
報酬委員会　76
法人　138
ボーエン, H.　38
ポーター, M. E.　41, 42, 164
ホーム・ヘルプ・サービス活動　139
ホールドアップ　185
補完的役割　139
ポジショニング・アプローチ　164
ボパール化学工場　66
ボランタリー・セクター　141
ボランタリー組織　137
ボランティア（活動）　137, 140, 150
ホワイトナイト　175

ま行

マーケット・シェア　132
マーケティング近視眼　158
マネジリアル・マーケティング　64
マイクロ・ファイナンス　108, 115, 119
マスメディア集中排除原則　17
まちづくり　139, 142
松居遊見　126
マテリアリティ　44, 49, 50
マテリアルフローコスト会計　67
丸紅商店　123
ミーンズ, G. C.　22, 38
水谷雅一　57
未然防止型　61
ミッション　140
3つのE　16
3つの基本戦略　166
ミドル・マネジメント　78
身の丈経営　127
ミューチュアル・ファンド　81
民営化　139, 142-144
民間セクター　142
ムーア, G.　203
無限責任　4
無限責任社員　7
メインバンク　73
メガ・コンペティション　178
メセナ　37
持株会社　121, 171
　　ピラミッド型──　23

モチベーション　135
モノ言う株主　96
模倣困難性　182
モラル・ハザード　57, 185
森本三男　57
問題性中小企業　194

や行

野生生物種の減少　61
有害廃棄物の越境移動　61
有価証券報告書　49
有限会社　2, 8
有限責任　4
有限責任社員　7
有効性　140
友好的企業買収　175
ユニバーサル・サービス　13, 14, 17
良き企業市民　40, 44

ら・わ行

ライフサイクル　66
ライフサイクルコスティング　66
ライフサイクルコスト　66
ラギー, J. G.　42
ラギー・フレームワーク　42
リーダー　168
利益供与　32
リオ宣言　60
リコー　65
リサイクル　65
利潤極大化　62, 136
リスクマネジメント　58, 130
Resource-Based View　160
立地　192
倫理管理役員協会（EOA）　55
レッドデータリスト　61
ロアー・マネジメント　78
労資共同決定制度　86
労働組合　87
ローマクラブ　67
ロジャース, E. M.　203
ロッキード事件　54
ロッチデール経営原則　3
ワシントン条約　61

執筆者紹介(氏名／よみがな／執筆担当／現職／主著／企業論を学ぶ読者へのメッセージ)

佐久間信夫(さくま のぶお／Ⅰ, Ⅲ, Ⅳ, Ⅸ, Ⅻ) 編者
創価大学名誉教授
『企業支配と企業統治』白桃書房
『コーポレート・ガバナンスと企業倫理の国際比較』(編著) ミネルヴァ書房
企業と社会の関係は、時代とともに変化するものですが、近年その変化が非常に早くなっています。本書がこのような変化について考える契機となれば幸いです。

鈴木岩行(すずき いわゆき／Ⅱ)
和光大学経済経営学部教授
『インドネシアとベトナムにおける人材育成の研究』(共編) 八千代出版
『現代企業要論』(共編) 創成社
企業を取り巻く環境は、日々ダイナミックに変化しています。いま目の前にある現象だけでなく、それが形成される原因となった歴史的事実にも関心を持ち、幅広い視野で問題を捉えるようにしてください。

田中信弘(たなか のぶひろ／Ⅴ, Ⅵ)
杏林大学総合政策学部教授
『ストーリーで学ぶマネジメント』(共編) 文眞堂
『CSR経営要論』(共編) 創成社
戦略論や組織論のパースペクティブと併せ、企業論を学ぶことの意義は、現代企業が存立する経済的・社会的背景を理解することもその目的として重要です。

文 載晧(ムン チェホー／Ⅶ, ⅩⅩⅠ, ⅩⅩⅣ)
常葉大学経営学部准教授
『バランシングの経営管理・経営戦略と生産システム』(共著) 文真堂
『オンデマンド時代における企業経営』(共著) 創成社
現代の株式会社の体系と近年の動向について理解することは非常に重要です。特に、米国を中心に拡散あるいは浸透しているアングロサクソン型の経営を理解するのは世の中を理解するのに重要な課題です。

山田雅俊(やまだ まさとし／Ⅷ, ⅩⅦ)
駒澤大学経済学部教授
『新 現代経営学』(共著) 学文社
『経営学者の名言』(共著) 創成社
企業の管理活動と役割を学ぶことによって、社会問題の原因と解決方法を考えることができるようになります。多角的にものごとを見る方法を習得してください。

金 在淑(キム チェスク／Ⅹ)
日本経済大学経営学部准教授
『新 現代経営学』(共著) 学文社
『経営学原理』(共著) 創成社
本書を通して我々の生活に便益を与え、生活の質の向上に寄与する企業活動について多方面から学び、「企業」を理解することに役に立てると幸いです。

村田大学(むらた だいがく／Ⅺ, ⅩⅣ, ⅩⅧ)
大原大学院大学会計研究科准教授
『コーポレート・ガバナンス改革の国際比較』(共著) ミネルヴァ書房
「ドイツ上場大企業における監査役会内委員会の現状」『日本経営学会誌』第40号
私たちは、消費者や従業員としてなど様々な立場で企業と密接に関わっています。本書が、企業についての基礎知識の習得にお役立てできれば、うれしく思います。

ビシュワ・ラズ・カンデル(BISHWA RAJ KANDEL／ⅩⅢ)
名古屋外国語大学世界共生学部教授
『アジアのコーポレート・ガバナンス改革』(共著) 白桃書房
『多国籍企業の戦略経営』(共著) 白桃書房
本書は、これから経営学を学習しようとする学生、また、日本やグローバル経営学の実際を経営学に沿って理解したいと考えるビジネスマンなどの社会人を対象にも書かれた本です。

井上善博(いのうえ よしひろ／ⅩⅤ, ⅩⅥ)
神戸学院大学経済学部教授
『現代中小企業経営要論』(編著) 創成社
『多国籍企業の戦略経営』(共著) 白桃書房
企業は経済活動の中心的存在です。企業論を学ぶことによって、将来の経済を展望することができます。本書は企業や経済に関心を持つすべての方への最適な書です。

池田武俊(いけだ たけとし／ⅩⅨ, ⅩⅩ)
千葉商科大学サービス創造学部教授
「現代の企業経営における「サービス」の位置づけについて」『工業経営研究』第27号
「サービス業における人材の現状と課題」『経営学論集』第86集
企業は私たちの社会に大きな影響を与える存在です。企業論や経営学を通じて企業とその活動の論理を学ぶことは、社会をより良く理解することにつながります。

執筆者紹介（氏名／よみがな／執筆担当／現職／主著／企業論を学ぶ読者へのメッセージ）

セダイン・マダブ・プラサド（SEDHAIN MADHAV PRASAD／XXI）

元・創価大学経営学部助教，現・一般社団法人アジアパシフィックアライアンス・プログラムコーディネーター（博士，経済学）
「インドの航空業界のM&A戦略」『年報財務管理研究』（23）
「インド・フランス・日本の自動車企業のM&A」『創価経営論集』37（1・2・3）
本書を読んでグローバル化時代の経営学に必要な基礎知識を修得してください。

石井泰幸（いしい　やすゆき／XXIII, XXV）

千葉商科大学サービス創造学部教授
『新 現代経営学』（共著）学文社
『現代中小企業経営要論』創成社
わが国の中小企業は，全企業の95％以上を占めています。したがって，中小企業にははかり知れない可能性があります。ぜひ皆さん，このテキストでその可能性を学んでください。

やわらかアカデミズム・〈わかる〉シリーズ
よくわかる企業論　［第2版］

2006年6月15日　初　版第1刷発行	（検印省略）
2014年12月20日　初　版第6刷発行	
2016年9月20日　第2版第1刷発行	
2021年11月20日　第2版第6刷発行	

定価はカバーに
表示しています

編著者　佐久間　信　夫
発行者　杉　田　啓　三
印刷者　江　戸　孝　典
発行所　株式会社　ミネルヴァ書房
607-8494 京都市山科区日ノ岡堤谷町1
電話代表（075）581-5191
振替口座　01020-0-8076

©佐久間信夫ほか，2016　　共同印刷工業・新生製本

ISBN978-4-623-07650-5
Printed in Japan

やわらかアカデミズム・〈わかる〉シリーズ

よくわかる現代経営	「よくわかる現代経営」編集委員会編	本体	2400円
よくわかる経営戦略論	井上善海・佐久間信夫編	本体	2500円
よくわかる組織論	田尾雅夫編著	本体	2800円
よくわかる看護組織論	久保真人・勝山貴美子ほか編	本体	2800円
よくわかる経営管理	高橋伸夫編著	本体	2800円
よくわかる現代の労務管理	伊藤健市著	本体	2600円
よくわかる社会政策	石畑良太郎・牧野富夫編著	本体	2600円
よくわかる労働法	小畑史子著	本体	2500円
よくわかる憲法	工藤達朗編	本体	2400円
よくわかる刑法	井田良ほか著	本体	2500円
よくわかる司法福祉	村尾泰弘・廣井亮一編	本体	2500円
よくわかる社会保障	坂口正之・岡田忠克編	本体	2500円
よくわかる学びの技法	田中共子編	本体	2200円
よくわかる社会福祉	山縣文治・岡田忠克編	本体	2400円
よくわかる子ども家庭福祉	山縣文治編	本体	2400円
よくわかる障害者福祉	小澤温編	本体	2200円
よくわかる家族福祉	畠中宗一編	本体	2200円
よくわかる地域福祉	上野谷加世子・松端克文・山縣文治編	本体	2200円
よくわかる心理統計	山田剛史・村井潤一郎編	本体	2800円
よくわかる臨床心理学	下山晴彦編	本体	2800円

― ミネルヴァ書房 ―

https://www.minervashobo.co.jp/